Max Wirth

Das Geld

Geschichte der Umlaufsmittel bis in die Gegenwart

DOGMA

Max Wirth

Das Geld

Geschichte der Umlaufsmittel bis in die Gegenwart

ISBN/EAN: 9783955802820

Auflage: 1

Erscheinungsjahr: 2013

Erscheinungsort: Bremen, Deutschland

Das Geld.

Geschichte der Umlaufsmittel von der ältesten Zeit
bis in die Gegenwart

von

Max Wirth.

Mit 52 in den Text gedruckten Abbildungen.

Leipzig:
G. Freytag.   1884.   F. Tempsky.

Prag:

Inhalt.

Einleitung.

Unter allen Elementen der Kulturentwickelung, welche nach Zeit und Raum hin die gleichen Erscheinungen darbieten, ist die Gestaltung der Tauschmittel eines der charakteristischsten, und im gleichen Rang mit der Vervollkommnung der Werkzeuge der Arbeit. Die ebenso erfreuliche als eigentümliche Thatsache, daß die jüngste Zeit stets im Besitz der meisten geschichtlichen Kenntnisse, daß ihr Blick weiter in das Dunkel eingedrungen ist, welches die Vorzeit verhüllt, daß stets diejenigen Generationen am wenigsten vom Altertum wußten, welche demselben am nächsten standen — dieser eigentümliche Umstand ist auch der Geschichte des Geldes zu gute gekommen. Erst 25 Jahre sind es her, seitdem durch die erste Auffindung der Pfahlbauten mit ihren Stein- und Bronzewerkzeugen und Gerätschaften die Einsicht in tausendjährige Kulturepochen eröffnet wurde, deren Arbeitsspuren auffallend mit den Gerätschaften wilder Völker übereinstimmen, welche heute noch an den äußersten Grenzen der Zivilisation, im Innern Afrikas und im Nord- und Südende Amerikas, in Neu-Guinea und an manchen Punkten Australiens wohnen. So merkwürdig übereinstimmend ist die Kulturentwickelung nach Zeit und Raum, daß man an den Sitten, Gebräuchen und Einrichtungen wilder Stämme der Gegenwart die Lücken unserer historischen Kenntnisse ausfüllen kann, welche die Bodenfunde aus der Stein- und Bronzeperiode noch übrig gelassen haben. Auch bezüglich der Tauschverkehrsmittel erhalten wir aus den Pfahlbauten wenigstens den negativen Aufschluß, daß das Geld in jener Zeit noch nicht existiert hat. Dessen Ursprung läßt sich vielmehr nahezu erst in der historischen Periode verfolgen. Wenigstens reichen unsere historischen, auf schriftlicher Überlieferung beruhenden Quellen bei vielen Völkerschaften bis in eine Epoche zurück, wo das Edel-Metallgeld noch nicht bestand. Bei den Völkern des Abendlandes tragen die schriftlichen Überlieferungen bis in eine Zeit, wo der Wertausgleich des Güterverkehrs noch durch besonders beliebte oder notwendige Gegenstände bewerkstelligt wurde, deren Wahl aus dem einfachen Tauschverkehr hervorgegangen war.

Schon die philosophischen Schriftsteller des Altertums waren darüber im klaren, daß der Wertverkehr aus dem einfachen Tausche entstanden war. Vor dem Anfang der Kultur läßt sich allerdings ein paradiesischer Zustand denken, in welchem die Menschen unter den Wendekreisen, in einem Klima ohne Winter, von den Früchten der Bäume lebten und unter deren Blätterdach Schutz vor den Unbilden der Witterung fanden. Von dem Augenblicke an aber, wo die Menschen eine bestimmte Thätigkeit entfalten mußten, um sich die erforderlichen Lebensmittel zu verschaffen — sei es, daß sie aus irgend einem Grunde in ein rauheres Klima zogen, sei es daß ihre Bedürfnisse sich steigerten oder die erwachende Lust zur Jagd oder Leidenschaft und Streit untereinander zum Gebrauche der Waffen führte, — von diesem Augenblicke an war auch die Teilung der Arbeit nahe! Denn demjenigen, welcher den besten Jagdspeer und den besten Bogen zu machen verstand, wurden gewiß die ausgesuchtesten Lebensmittel dargeboten, um sich in Besitz einer ausgiebigeren Waffe zu setzen, als man selbst herzustellen imstande war. Damit war der Anfang des Tausches gegeben. In demselben Verhältnis nun, in welchem die Teilung der Arbeit stieg und die technischen Fertigkeiten der Menschen sich vervielfältigten, genügte der einfache Austausch des Überflusses der eigenen Erzeugnisse der Familie gegen andere Güter nicht mehr den wachsenden Bedürfnissen.

Je weiter der Kreis verschiedener Beschäftigungen sich ausdehnte, umsomehr bedurfte man zum Austausch einer Ware, welche allen unentbehrlich war und daher in den Augen eines jeden den gleichen Wert besaß. Damit kam ein neues wirtschaftliches Element in den Verkehr, die Schätzung des Wertes der Güter nebst einem gemeinsamen Umsatzmittel. Dieses Umsatzmittel bildeten bei den Viehzucht treibenden Vorfahren der Völker des Abendlandes hauptsächlich Rinder. Aus Homer erfahren wir, daß bis in die Zeit des Trojanischen Krieges Rinder wenigstens teilweise sowohl bei den Troern wie bei den Griechen die Stelle des Geldes versahen. Sowohl in der Gesetzgebung von Drako wie in den ältesten Gesetzbüchern der Germanen ist die Höhe der Bußen in einer gewissen Anzahl von Rindern festgesetzt. Die Römer rechneten viel länger als die Griechen noch nach Rindern. Auch Tacitus, welcher 600 Jahre vor der Aufzeichnung der leges barbarorum schrieb, bezeugt, daß bei den Germanen der Totschlag mit einer Anzahl Ochsen oder Rinder gebüßt wurde und daß diese ihren Hauptreichtum bildeten. Nach dem Zeugnis der Bibel gelten die Heerden sowohl als Geld, wie als Kapital. So zutreffend ist das wirtschaftliche Gesetz der Entwickelung nach Zeit und Raum, daß heute noch bei vielen Stämmen Afrikas Rinder das Geld repräsentiren, ja daß sogar noch in den 1820er Jahren bei den europäischen Einwandrern in Texas Rinder die Stelle des Geldes vertraten, weil im Anfang der Kolonieen die Ansiedler nur reich an Boden und ihren Produkten, einschließlich des Viehes, dagegen arm an allen Erzeugnissen der Zivilisation, von Geld aber lange Zeit ganz entblößt zu sein pflegen. So legt Sealsfield dem texanischen Oberst Morse in seinem „Kajütenbuch" (I. Band, Seite 193) folgende Worte in den Mund: „In Texas wird nämlich alles nach Rindern gerechnet. Sie sind der Stapelartikel, das allgemeine Tauschmittel, die zirkulirende Münze. Der Doktor wird für eine ärztliche Behandlung mit einem Rinde bezahlt, der Schullehrer für seinen Unterricht, der Rechtsanwalt für seine Vertretung vor den

1*

Gerichten." So hat sich ein Tauschmittel bis auf unsere Zeit erhalten, dessen sich die Zeitgenossen Jakobs vor vier Jahrtausenden nur noch ausnahmsweise bedienten. Zahlreiche Zeugnisse über den Gebrauch der Rinder und anderer Geldsurrogate in der trojanischen Zeit finden sich bei Homer. An einer Stelle der Ilias (VI. Gesang, Vers 235), wo Glaukos seine goldene Rüstung gegen die eherne des Diomedas tauscht, wird der Wert der letzteren auf 9, der der ersteren auf 100 Ochsen angegeben. Im zweiten Gesang wird der Wert einer einzigen der 100 Goldquasten, welche am Schild der Pallas Athene hingen, auf eine Hekatombe geschätzt. Im 23. Gesang (Vers 702 u. f.) wird ein Dreifuß auf 12 Rinder im Werte veranschlagt, während der Wert eines „blühenden Weibes, das klug in mancherlei Kunst" nur auf 4 Rinder geschätzt wurde, ein Beweis, wie weit das Volk der Danaer noch in der Industrie zurück war! Dagegen wird im 21. Gesang der Wert eines kriegsgefangenen Königssohnes auf 100 Ochsen vermeldet, um welche Achilleus den Lykáon, den Sohn des Priamos, nach Lemnos verkaufte. In der Odyssee (I. Ges. Vers 431) erkauft Laertes die jungfräulich erblühte Eurykleia um 20 Rinder. Doch dienten in jener Zeit auch schon andere Gegenstände als Tauschmittel, nämlich Häute, Erz, Eisen und Kriegsgefangene oder Sklaven, wovon die folgende charakteristische Stelle am Schlusse des VII. Gesanges der Ilias den Beweis liefert:

„Rings in den Zelten schlugen sie Stier' und nahmen das Spätmahl.
Viel der Schiffe nunmehr, mit Wein beladen, aus Lemnos,
Landeten abgesandt vom Jasoniden Euneos,
Welchen Hypsipile gebar dem Völkerhirten Jason.
Dann auch für Atreus' Söhn' Agamemnon und Menelaos
Sandt er edleren Trank zum Geschenk her, tausend der Maße!
Dort nun kauften des Weins die hauptumlockten Achäer:
Andere brachten Erz und andere blinkendes Eisen,
Andere dann Stierhäut' und andere lebende Rinder,
Andere Gefangene der Schlacht, und sie rüsteten lieblichen Festschmaus.
Ganz die Nacht durchharrten die hauptumlockten Achäer —
Schmausend —."

Sklaven waren auch bei den alten Germanen ein beliebtes Tauschmittel bei Käufen von hohem Werte, wie z. B. römische Waffen und Rüstungen. Auch war der Wert der Sklaven in den Rechtsbüchern genau bemessen, indem für einen getöteten Sklaven fakultativ eine bestimmte Entschädigung in Geld oder in einer Anzahl von Rindern festgesetzt war. Außer Rindern und Sklaven bedienten sich die Germanen als Tauschmittel auch der Häute, des Pelzwerkes und des Bernsteins. Die häufig in den Gräbern des Nordens und Nordostens gefundenen Hals= und Armringe dienten nach den alten Nordlandssagen häufig als Zahlungs= mittel. Die Armringe bestanden aus längeren Spiralen, welche zuweilen den Arm als Schutz dienten. Von diesen wurden je nach Bedarf größere oder kleinere Stücke als Tauschmittel oder Geschenke abgehauen, wovon freigebige Fürsten im Norden den Spitznamen „Ringbrecher" erhielten. Diese Goldringe und über= haupt das Gold zu diesem und anderen Geschmeide scheinen durch den Bernsteinhandel aus Griechenland und Kleinasien gekommen zu sein und bildeten, unseren Barren vergleichbar, das älteste deut= sche Handelsgeld. Auch die ersten wirklichen Münzen, welche die Bodenfunde lieferten, waren altgriechischen und ägyptischen Ursprungs.

Noch in späterer Zeit galt sowohl in Rußland wie in Dänemark und auf Island Getreide und Brot als Tauschmittel. Auch von den alten Persern wird dies berichtet. Salz ist in der ältesten bis in die neueste Zeit als Tauschmittel in An= wendung gewesen, ebenso Kupfer, Eisen und Zinn, Wolle, Tabak und Muscheln. Bei den Tscherkessen waren Rinder bis zur rus= sischen Eroberung noch teilweises Tauschmittel. In den vom Handelsweg entlegeneren Teilen der Vereinigten Staaten von Ame= rika, sogar in den Goldländern, wird heute noch häufig in Na= turalien bezahlt. Die Goldgräber kaufen mit Goldkörnern, die sie in Lederbeuteln mit sich führen, nach dem Gewicht. In rein Ackerbau treibenden Territorien Nordamerikas werden heute noch Zeitungsverleger und Ärzte mit Fleisch, Mais, Weizen, Tabak

und anderen Naturalien bezahlt, weil das Land noch zu arm an
Geld ist. Dieses Verfahren grenzt eigentlich an den alten reinen
Tauschhandel, von welchem noch um die Mitte des 19. Jahr=
hunderts auf den Inseln des Stillen Ozeans folgendes interessante
Beispiel vorgekommen ist, welches ich hier aus meinen „Grund=
zügen der Nationalökonomie" (I. Bd. 5. Auflage, Seite 382—383)
anziehe.

„Der reine Tausch der Naturalien ohne Vermittelung des
Geldes kommt noch vielfach in neuen Ansiedelungen vor. Eine
der anschaulichsten Schilderungen dieses Zustandes findet man in
dem Briefe einer Sängerin des „Théâtre Lyrique" in Paris,
Frl. Zelie, welche das Abenteuer gewagt hatte, in den 1860er
Jahren auf den Inseln des Stillen Ozeans Konzerte zu geben.
Gestern, heißt es darin, hat der König Makea zum drittenmale
persönlich unserem Konzerte beigewohnt. Er ist von schönstem
Schwarz und hat in seinem Palast, wenn man eine Bambusrohr=
hütte so nennen darf, auf dem Krucifix, welches die Missionäre
im Jahre 1857 zurückließen, auch den Heiland schwarz anstreichen
lassen. Man muß den unermeßlichen Stillen Ozean durchschifft
haben, um solche Dinge zu sehen. Unser Konzertsaal war ein
großer Schuppen, in dem man lange getrocknete Fische aufbe=
wahrt hatte. Die Fische sind fort, aber der Geruch ist geblieben.
Indessen war weder in dem Palast Seiner schwarzbraunen Ma=
jestät noch auf der ganzen Insel ein geeigneter Raum für unsere
Übungen. Du hast vielleicht in einem Roman von Leon Gozclan
die Erzählung einer Schauspieleinnahme in natura gelesen. Dieser
Spaß ist uns hier in Wirklichkeit widerfahren. Der König hat
aus Mangel an Geld, selbst an kleiner Münze, mit gravirten
Kokusnußflaschen bezahlt. Auf der einen befindet sich eine Sil=
houette; ich hebe sie Dir auf, meine liebe Tante, Du kannst eine
Zuckerdose daraus machen lassen, indem Du einen Fuß anbringen
läßt. Du wirst Deinen Kaffee trinken, indem Du daran denkst,
daß Deine arme Zelie sie mitten im Archipel geholt hat, den
man die „Freundschaftsinseln" heißt, ohne Zweifel, weil man da

nur Wilde antrifft, sowie die benachbarten „Gesellschaftsinseln" wahrscheinlich so heißen, weil sie beinahe gänzlich unbewohnt sind. Auf mich fiel, wie Du Dir denken kannst, der größere Teil des Programms, und deshalb kam mir auch der größere Teil der Einnahme zu. Ich erhielt allein ein Drittel, die Campana Fenotti und mein Bruder, unser unermüdlicher Kapellmeister, teilten sich in den Rest. So habe ich also im Tausch gegen mein Lied aus der Anna Bollena, für ein Duo der Norma und Adalgisa, für eine Arie aus der Lucia und für die Melodie: „O, welche Lust Soldat zu sein" als Zahlung meines Anteils der 860 Billete gestern Abend folgendes einkassiert: 3 Schweine, 23 Welsch- hühner, 44 Hühner, 500 Kokosnüsse, 1200 Ananas, 120 Maß Bananen, 120 Kürbisse und 1500 Orangen. Was nun machen mit dieser Einnahme? In der Halle von Paris würden sie wohl 4000 Franken wert sein, vorausgesetzt, daß die Kokosnüsse und die Bananen noch in gutem Zustande. 4000 Franken wären nicht übel für das Absingen von fünf Stücken, obgleich nach dortigem Maßstabe nicht ganz eine Sau das Lied kommt, oder nicht ganz fünf Welschhühner. Aber hier, wie alles das Zeug wieder ver- kaufen, wie es zu Geld machen? Die Sache liegt so, daß kaum zu hoffen ist, daß man bei den Insulanern Geld findet, welche das Vergnügen, uns zu hören, selbst mit Kokosnüssen und Kür- bissen bezahlt haben. Die wenigen Münzen, welche auf der Insel vorkommen, dienen zur Bezahlung der Steuern, weil Seine Majestät Makea sich nicht dazu versteht, daß man seine Kisten mit Gemüse und Geflügel ausstaffiere. Was ist also mit dieser Einnahme zu machen? Soll ich sie verzehren? Aber überschlage liebe Tante, meinen gestrigen Einnahme=Anteil, rechne dazu den der zwei anderen Konzerte und denke ein wenig darüber nach, was Deine arme Zelie mit einem solchen Speisezettel anfangen soll. Man sagt mir, daß ein Spekulant von der benachbarten Insel Maugéa (sie verdient ihren Namen, diese Insel, wenn sie meine Beute verschlingt) morgen kommen soll, um mir und meinen Kameraden Kaufofferten in klingender Münze zu machen. In=

zwischen geben wir unseren Schweinen, um sie am Leben zu er=
halten, die Kürbisse zu fressen, die Puter und die Hühner ver=
zehren die Bananen und Orangen, so daß ich, um den anima=
lischen Teil meiner Einnahme zu erhalten, den vegetabilischen
opfern muß."

Diese humoristische Schilderung der lustigen Pariserin zeigt
einleuchtend, mit welchen Schwierigkeiten der Tausch und die Re=
produktion des Kapitals ursprünglich zu kämpfen hatten. Sie
macht klar, wie die Gesellschaft bald dahin streben mußte, mög=
lichst dauerhafte Güter als Tauschmittel zu gebrauchen, und wie
man wahrscheinlich zuerst darauf kam, die nutzbaren Haustiere
als solche zu wählen, weil sie am leichtesten dauernd zu ernähren
und durch Nachzucht fortzuerhalten sind, während Getreide sich
nur wenige Jahre aufbewahren läßt.

Im Innern Afrikas sieht es noch ebenso aus. „Die eigent=
liche Existenz der Völkerschaften an der Westküste Afrikas, er=
zählt ein neuerer Reisender, beruht auf Tauschhandel. Der
Kaufmann führt ganze Schiffsladungen ein von Salz, Pulver,
Gewehren, Tabak, Rum, Perlen, Porzellan, Eisenwaren, Zeugen ꝛc.,
wogegen der Eingeborene mit seinen Produkten, hauptsächlich
Palmöl, Palmkerne, Elfenbein, Gummi, Ebenholz, Farbhölzer
und an der Goldküste wohl auch Goldstaub bezahlt. Freilich
gab es noch vor ungefähr 20 Jahren eine andere Bezahlung der
Waren, ich meine den Sklavenhandel, welches System, obschon es
im Innern des Kontinents noch in vollster Blüte, so doch, dank
Englands unermüdlichem und energischem Einschreiten, für den
Handel nach außen insofern gänzlich vernichtet ist, als kein Schiff
mehr mit schwarzer Menschenware sich über die Wellen getraut,
denn die englischen Kriegsschiffe schwärmen umher wie die Bienen
und sind die Instruktionen der Offiziere höchst positiver Art.
Die standesrechtliche Todesstrafe ist die unvermeidliche Folge für
jeden, der zur See in diesem scheußlichen Gewerbe betroffen wird.
Man darf übrigens nicht denken, daß die Sklaverei durch uns
Europäer oder Amerikaner in Afrika eingeführt worden sei, im

Gegenteil ist sie eine ganz von den Eingeborenen geschaffene Institution und haben dieselben schon von alten Zeiten her ihre Kriegsgefangenen und die in physischer Hinsicht untergebenen Nachbarstämme gegen Geld (resp. Waren) verhandelt, was, wie schon erwähnt, im Innern noch heute tagtäglich geschieht."

Während im größten Teil des innern Afrikas der Tausch= handel herrscht und Sheffielder und Solinger Waffen, Messer und Werkzeuge, sowie Nürnberger Flitterwaren insbesondere durch die Vermittelung englischer, portugiesischer und hamburger Kaufleute gegen Elefantenzähne, Kokosnüsse u. dergl. direkt aus= getauscht werden, in den Küstenlandschaften dagegen bereits euro= päische Scheidemünze zirkulirt, gilt im Nigergebiete und in den an= grenzenden Gegenden die kleine Porzellanschnecke noch statt Klein= geld. Diese auch Kauri (Cypraea moneta) genannte 1—2¹/₂ cm große gelblichweiße Schnecke mit unten platter Schale und enger Mündung, deren beide Ränder gezähnelt sind, war schon seit alter Zeit nicht nur in Afrika, sondern auch in Asien das ver= breitetste Scheidemünze=Surrogat. Dieselben werden in großer Menge an der Ostküste Afrikas bei Zanzibar gesammelt und auch von den Engländern nach der Westküste Afrikas sowie nach Hinter= indien ausgeführt 30—40000 Schnecken gehen auf den Zentner und es werden davon in manchen Jahren 100 000 Zentner ge= sammelt und in den Verkehr gebracht. An der Westküste dienen sie beim Einkaufen des Palmöls; auch dienen sie beim Umwechseln des Maria Theresiathalers.

Heute noch besteht das allgemeine Tauschmittel der Pioniere und Pelzjäger Nordamerikas aus Fellen und Pelzen. In den Ländern der Hudsonsbai=Gesellschaft gilt das Biberfell als Wert= einheit des Warenverkehrs. Drei Marderfelle gelten soviel als ein Biberfell, ein weißer Fuchs zwei Biber, ein schwarzes Fuchs= oder ein Bärenfell vier Biber und ein Schießgewehr fünf Biber. Im russischen Sibirien bestand vor der Eroberung Rußlands durch die Mongolen eine ganz eigentümliches Geldsurrogat, wel= ches bis nach Nowgorod Eingang fand. Wahrscheinlich um

das Abnutzen der Felle zu verhüten, war der Brauch aufgekom=
men, als Repräsentant der ganzen Zobelfelle nur die Schnauzen,
welche mit einem Stempel versehen wurden, zirkuliren zu lassen
und nur beim wirklichen Umsatz die Felle auszuliefern, welche in
von der Obrigkeit beaufsichtigten Magazinen aufbewahrt wurden.
Als die mongolischen Eroberer diese Art von Kreditgeld nicht
anerkennen wollten, brach eine Art Staatsbankrott aus, worauf
man im Nordosten wieder zu den effektiven Tierfellen zurück=
kehren mußte, während im übrigen Reiche das Silbergeld Ein=
gang fand.

Salz wird an der chinesisch=birmanischen Grenze wie im In=
nern Afrikas noch als Tauschmittel gebraucht. Ein Reisender
fand bei den Mandingos den Wert einer Salztafel von der un=
gefähren Größe eines Backsteins gleich einem Pfund Sterling.
In Darkulla in Afrika hatte nach Ritter ein vierzehnjähriger
Sklave den Wert von 12 Pfund Salz.

Auch in Abessynien werden noch Salzbarren und in Hoch=
asien Theeziegel als Geld gebraucht. Die Chinesen verwandten
sie zuerst als Truppensold für die Mongolen. Die alten Mexi=
kaner gebrauchten Kakaobohnen in Säckchen zu 24 000 Stück,
Baumwollenzeug und Goldstaub in Federkielen.

Hier verdient auch der am 19. Mai 1883 vom französischen
Parlament angenommene Gesetzentwurf Erwähnung, nach welchem
der Kriegsminister ermächtigt wurde, der Expedition Brazzas im
Innern Afrikas 100 000 alte Steinschloßgewehre unentgeltlich
zu überlassen, weil dieselben in Zentralafrika als Umlaufsmittel
gleich Geld angenommen würden.

Das Geld.

Das gleiche Bedürfnis, welches im Beginn der Kultur dahin führt, aus dem Verhältnis des direkten Tausches in einen Zustand zu treten, wo der Tausch bereits in Kauf und Verkauf übergeht, und eine beliebte oder notwendige Ware als allgemeines Tauschmittel zu diesem Zwecke verwendet wird, hat, mittelst eines weiteren Fortschrittes, zu der Einführung der Metallmünze, d. h. des wirklichen Geldes, geführt. Auch bei der Entstehung und Vervollkommnung der Münze ist ein, dem vorstehenden ähnlicher Entwickelungsgang zu beobachten.

Um den ganzen Bedarf eines Volkes an Metallgeld herzustellen, ist, wie klein auch der Anteil des einzelnen Individuums sein mag, eine solche beträchtliche Menge des betreffenden Metalls erforderlich, daß dazu gewöhnliche zufällige Funde reinen Metalls, wie sie heute noch in neu entdeckten Ländern vorkommen, nicht ausreichen. Metallgeld konnte regelmäßig daher erst von dem Zeitpunkt an in allgemeine Anwendung kommen, wo die Kunst des Bergbaues und des Verhüttungsprozesses in Anwendung gekommen war, so roh deren erste Anfänge auch gewesen sein mögen. Im alten Ägypten, der Wiege unserer abendländischen Kultur, scheinen auch in der Kunst der Metallgewinnung die ersten Anfangsgründe gewonnen worden zu sein, denn es besaß das erste Eisen. Ägyptens Schüler, die Phönizier, holten das Zinn schon aus dem heutigen Großbritannien, die Athener waren stolz auf ihre reichen Silberbergwerke und die Römer führten allenthalben in den neu eroberten Provinzen den Bergbau in so großem Maßstab ein, daß wir heute noch in allen bekannten Montangegenden auf die Spuren ihrer Schächte und Stollen stoßen, obgleich ihnen damals weder Pulver noch Dynamit zur Seite stand. Die große Bedeutung des Bergbaues der Römer reizt freilich zur Vermutung, daß sie doch irgend ein Explosivverfahren gekannt haben, welches die Arbeit des Stoßmeisels er-

leichterte. Vielleicht wendeten sie das erst in jüngster Zeit beim
Bergbau wieder vorgeschlagene Verfahren an, Explosionsdämpfe
mittelst der Einführung gebranntes Kalkes in die Bohrlöcher
durch Bespritzen mit Wasser zu entwickeln. Wie dem auch sei,
jedenfalls stand mit der größeren Entwickelung des Bergbaues
nicht blos die reichlichere Ausrüstung der römischen Zeughäuser,
sondern auch die steigende Anwendung der Münze in Verbin=
dung. Mit der Gewinnung der Metalle und dem wachsenden
Vorrat derselben mußte sich den Handelsvölkern zunächst die Über=
zeugung aufdrängen, daß der Güterumsatz durch den Gebrauch
von Metallen als allgemein gültiges Tauschmittel wesentlich ver=
einfacht und erleichtert werden müsse. An die Stelle leicht zer=
störbarer, wenig dauerhafter oder schwer teilbarer Güter trat als
Umsatzmittel ein Stoff, der eine verhältnismäßig unbegrenzte
Dauer hat und auch durch den stärksten Gebrauch erst in so
langen Perioden abgegriffen werden kann, daß ein Substanzver=
lust erst so spät bemerkbar wird, daß er für den jeweiligen In=
haber einen Verlust nicht nach sich zieht. Außerdem sind die
Metalle wenig oder gar nicht dem Verderben ausgesetzt, sie sind
in die kleinsten Teile zerlegbar und wegen ihres im Verhältnis
zum Umfang starken spezifischen Gewichts leicht auf große Ent=
fernungen transportierbar. Endlich sind sie auch als Stoff an
und für sich zu zahlreicheren Zwecken verwendbar als die anderen
Güter. Da sie von ihrer Gewinnung an sofort zu den für die
Menschen wichtigsten Zwecken, nämlich zu Waffen, Werkzeugen
und Gerätschaften verwendet wurden, so waren sie auch bald die
am meisten und in den weitesten Kreisen gesuchte Ware. Zuerst
bediente man sich derselben als beliebtes Tauschmittel nach dem
Gewichte. So sehen wir, wie die Griechen bei Homer mit ab=
gewogenem Erze Wein kaufen. Die Phönizier scheinen sich in
ähnlicher Weise des Zinns bedient zu haben, und ehe dieses Me=
tall von den Phöniziern aus Großbritannien in größerer Menge
gebracht wurde, scheint unter Erz meist Kupfer verstanden wor=
den zu sein. Schon frühzeitig waren in Kleinasien und Griechen=

land Metallbarren in Keilform im Umlauf gewesen, welche sowohl den Waffen- und Blechschmieden als Rohstoff dienten, wie als Umsatzmittel verwendet wurden. Die Spanier haben bei den Azteken in Mexiko sogar noch eine Münze aus Zinn vorgefunden, welche aus einem Barren in der Form eines großen lateinischen „T“ bestand. Es liegt in der Natur der Sache, daß bei der regelmäßigen Gewinnung der Metalle solche Barren nicht blos in der gleichen Form, sondern auch nach einem bestimmten gleichmäßigen Gewicht gegossen wurden. Bei wachsendem Verkehr mag sich bei dem ältesten Kulturvolke das Bedürfnis herausgestellt haben, das jedesmalige Abwiegen der Metallstücke zu ersparen, dadurch, daß die Barren mit einem Stempel versehen wurden, welcher das Gewicht bezeichnete, und zwar von seiten des Landesherrn, bezw. des Staates. Von solchen gestempelten Barren zur wirklichen Münze war dann nur noch ein Schritt. Auch der Übergang der Gestalt der Münzen aus der Barren- in die Scheibenform war ein natürlicher Fortschritt, wie er sich bei der Entwickelung des Verkehrs überall von selbst ergiebt. Da die Münze in dieser neuen Gestalt als allgemein gültiges Umsatzmittel der Garantie des Staates bedurfte, so war es natürlich, daß der Staat das Münzrecht für ein Regal erklärte, das Geld in seinen eigenen Werkstätten prägen, außer der Wertbezeichnung mit Symbol und Wappen, später mit dem Namen und dem Bildnisse des jeweiligen Staatsoberhauptes sowie der Jahreszahl versehen ließ und jede unbefugte Nachahmung oder Fälschung mit hohen Strafen belegte. Der Staat leistete dadurch sowohl dem inländischen wie dem internationalen Handel einen wichtigen Dienst, weil er dadurch Millionen Menschen die Mühe und Kosten des Abwiegens und Transportes der Tauschmittel ersparten. Zu Münzen wurden im Altertum sämmtliche damals bekannte Metalle mehr oder minder weniger verwendet, nämlich Zinn, Blei und Eisen, wovon noch spät die Spartaner ein Beispiel lieferten, sodann Erz, Kupfer, Silber und Gold, welche letztere nebst Nickel noch den Rohstoff der heutigen Münzen bilden, wobei nur Rußland eine Ausnahme macht, insofern es in neuerer Zeit auch Platinamünzen geschlagen hat, welche dem Gold ungefähr gleichwertig waren.

Bezüglich der vorherrschenden Wahl und des Gebrauches der Metalle läßt sich in der Kulturgeschichte ein wirtschaftliches Gesetz beobachten, nach welchem in den früheren Perioden der Entwickelung die häufigeren und wohlfeileren und in den späteren fortgeschritteneren Epochen die selteneren und wertvolleren Metalle vorzugsweise als Umsatzmittel und Wertmesser dienen. Man muß in dieser Hinsicht bei der Feststellung des Charakters der Münze die beiden letzteren Aufgaben streng unterscheiden. Als Tausch- und Umsatzmittel sind gleichzeitig mehrere Metalle oder nach dem heutigen Stand der Wirtschaft Edelmetalle anwendbar. Für die Wertbestimmung kann aber nur ein Edelmetall dienen, weil der Maßstab unwandelbar sein muß, weil der Preis der Metalle untereinander aber infolge der wechselnden Bedingungen der Metallgewinnung und des gewerblichen und häuslichen Gebrauches an Gerätschaften, Schwankungen unterworfen ist. Im Interesse der Stabilität und Sicherheit des Verkehrs hat daher der Staat die Pflicht, dafür zu sorgen, daß nur ein Metall als Wertmesser zugelassen wird, während die anderen, aus welchen außerdem noch Münzen geschlagen werden, je nach den Marktkonjunkturen im Werte schwanken. Man nennt dieses vom Staate festgesetzte Verhältnis die Währung, das Mengenverhältnis zur Gewichtseinheit, in welchem die Münzen geprägt werden, den Münzfuß. Der räumliche Umfang wird Schrot und deren innerer Gehalt Korn genannt.

Obgleich der Staat nur ein Edelmetall, aus welchem der Hauptkapitalstock der Münzen geprägt wird, zur gesetzlichen Währung ausersehen sollte, so pflegt doch auch noch derjenigen Gattung des Geldes, welches zum Kleinverkehr dient, der Scheidemünze, ein vom Staate garantirter unwandelbarer und mit der Währungsmünze gleichberechtigter Wert beigelegt zu werden. Dies geschieht aber nur mit der Einschränkung, daß das Kleingeld im begrenzten auf den Umfang des Inlandverkehrs sich bescheidendem Maße geprägt wird und zu Zahlungen auch nur in beschränkten Summen verwendet werden kann. Um bei wechselnden Marktpreisen der Edelmetalle die Ausfuhr von Scheide= münze ins Ausland zu verhüten, pflegt dieselbe überdies in ge= ringerem Korn, d. h. geringerwertig in Metall geschlagen zu werden, als der Nominalbetrag anzeigt. Der eigentliche Cha= rakter der Währungsmünze aber besteht darin, daß sie voll= wertig und in beliebiger Menge je nach dem Bedarf des Verkehrs, und zwar auch für Rechnung der Privatpersonen, ge= prägt wird, um soviel als möglich auch im Verkehr mit dem Auslande als Zahlungsmittel zu dienen.

In neuerer Zeit ist zwar faktisch in Preußen und in Frank= reich durch das Gesetz von 1803, welches auch in anderen Län= dern Nachahmung gefunden hat, der Versuch gemacht worden, zwei Metalle, d. h. Silber und Gold, gleichzeitig zum Währungs= geld zu verwenden, allein die Erfahrung hat gelehrt, daß das Münzsystem in solchen Ländern infolge von Schwankungen des einen oder des anderen Edelmetalles Störungen unterworfen war, unter denen sowohl der öffentliche Verkehr als die Staats= finanzen Schaden erlitten. In solchen Fällen treibt regelmäßig das billigere Metall das teurere aus dem Lande, und wenn die Verkehrseinrichtung eines Landes gar derart ist, daß die Münz= stätten des Staates unbeschränkt Barren für Rechnung von Privatleuten zu Münzen schlagen müssen, oder daß die privile= gierte Notenbank Gold= oder Silberbarren zum vollen Werte oder nur mit Abzug des Schlagschatzes gegen ihre Noten umtauschen muß, dann wird das Nationalkapital von Edelmetallspekulanten und Arbitrageuren gebrandschatzt, wie an späterer Stelle näher nachgewiesen werden soll. Preußen kam nur deshalb nicht in eine solche Kalamität, weil es im Grunde doch keine Doppel= währung, sondern nur die Silberwährung besaß, weil es Gold= stücke nur in sehr beschränkter Menge prägte, die zu einem festen Kurs an den Staatskassen angenommen wurden.

In der Kulturgeschichte kann also der regelmäßige Gang beobachtet werden, daß die Nationen mit der Vermehrung ihrer
Volkszahl, ihres Handelsverkehrs und ihres Reichtums ihre Währung von dem geringeren bis zu dem teuersten Edelmetall wechseln. Diese Bewegung läßt sich auf zwei Hauptursachen zurückführen. Erstens repräsentiert das Geld einen Teil des National-
kapitals. Ein sehr armes, im ersten Stadium der Kultur befind-
liches, d. h. ein noch Jagd oder Viehzucht treibendes Volk,
welches entweder die Gewinnung der Metalle noch nicht kennt
oder keine offenen Fundstellen besitzt, bedient sich noch des primi-
tiven Tausches oder der oben erwähnten natürlichen Tauschmittel.
Erst sobald es imstande ist, Überschuß an Lebensmitteln auf-
zusparen, wird es trachten, diesen in dauerhaftere allgemein gültige
und leicht transportirbare Güter zu verwandeln, mit anderen Worten
Pelz, Häute und Vieh in Geld umzusetzen und sich Werkzeuge
zur Einführung des Ackerbaues anzuschaffen. So sehen wir, daß
die Germanen noch zur Zeit des Tacitus kein eigenes Geld besaßen, sondern ihre ersten Münzen von den Griechen und Römern erhielten, die ihnen auch Waffen und Wein zuführten,
während sie Bernstein, Pelze, Felle, Sklaven dafür bezogen. Nehmen
Landwirtschaft, Gewerbe und Verkehr in einem Lande zu, steigert
sich mit dem auswärtigen Handel der Reichtum, dann vermehren
sich auch die Mittel, sich eines teureren Metalls zu bedienen,
durch welches die Unannehmlichkeiten und Kosten des Transportes
eingeschränkt werden, weil ein geringeres Gewicht des teureren
Metalls eine größere Menge von Waren repräsentirt. Wir
kommen damit zur zweiten Ursache dieser Evolution der Währung, dem Vorzug des teuersten Metalls im großen internationalen Verkehr, sowohl wegen der leichteren Transportfähigkeit
als des bequemeren Umrechnens der Werte. Wir sehen daher
Rom in der ersten Periode unter den Königen mit der Kupferwährung beginnen, bei steigender Wohlhabenheit unter der Republik sich der Silberwährung bedienen, und als die Weltherr-
schaft begründet war, unter den Kaisern zur Goldwährung über-

zugehen. Wir sehen, wie Großbritannien beim erſten Anlauf zur Erringung ſeines heutigen Reichtums am Anfang dieſes Jahr= hunderts zur Goldwährung überging und wie heute Europa und Amerika dem gleichen Ziele zutreiben, es zum größten Teil ſchon erreicht haben, wie aber in Indien noch die Silberwährung, in China aber eigentlich noch die Kupferwährung beſteht und nur im auswärtigen Handel dort Gold, hier Silber zur Anwendung gelangt. In China mag außer der Armut der großen Maſſe des Volkes und dem geringen Nationalkapital die Erhaltung der Kupferwährung auch dem frühen Gebrauch des Papiergeldes beizumeſſen ſein, in welchem es Europa um viele Jahrhunderte zuvorgekommen iſt.

Urſprung der Münze in Ägypten und Vorder= Aſien.

Gleichwie es heute feſtſteht, daß die erſten Keime der abend= ländiſchen Kultur vor fünf oder ſechs Jahrtauſenden in Ägypten gelegt worden ſind, während Oſtaſien einen ſelbſtändigen Entwickelungs= gang genommen hat, ſo läßt ſich auch annehmen, daß das erſte Geld eine Erfindung der Ägypter iſt und von dieſen im Laufe der Zeit zu den Lydern, Aſſyrern, Medern, Perſern, Phöniziern und den anderen Völkern Kleinaſiens und dann zu den Griechen und Römern in der gleichen Weiſe übergegangen iſt, wie auch die erſten aſtronomiſchen, phyſikaliſchen, mediziniſchen Kennt= niſſe und philoſophiſchen Anſchauungen dem Abendland von den Ägyptern überkamen. Wie es heute noch in Siam kleine läng= liche Porzellanmünzen giebt, ſo hat uns die ägyptiſche Altertums= kunde aus der älteſten Zeit mit Münzen aus Serpentin bekannt gemacht, welche in der Form eines Keils, auf dem eine Halbkugel ſitzt, geſchliffen wurde, und aus dem Schatz zu Onu (Heliopolis) stammen. Schon um 1250 v. Chr. hatte Ramses III. ein reich gefülltes Schatzhaus, von dessen Plünderung der Vater der Geschichtschreibung (Herodot) eine so reizende Schilderung giebt. Im Tempel von Medinet-Abu befindet sich ein Verzeichnis der Edelmetalle und kostbaren Steine, welche in Säcken da aufgespeichert wurden, wieviel Gold aus Cusch in Äthiopien, wieviel von Cobdas an Flutgold eingebracht war. Die ersten positiven Nachrichten über das Geld, und zwar die Silbermünzen, finden wir im alten Testament, wo bereits Abraham (Genesis 20. Kap. Vers 16) von Abimelech tausend Silberstücke als Sühngeschenk erhält, weil dieser die Sara, im Glauben, sie sei Schwester des Abraham, geraubt hatte. Obgleich Jakobs Lohn in seiner Jugend noch aus Vieh bestand, wurde Josef von seinen Brüdern an die ägyptischen Kaufleute um 20 Silberstücke verkauft. Später als Josef Minister des Königs von Ägypten geworden war, kamen seine Brüder auf Befehl Jakobs während der Hungersnot nach Ägypten, um Getreide zu kaufen, wobei sie für einen Sack Getreide einen Beutel mit Silberstücken boten. Die betreffende Stelle lautet: „Bitte mein Herr? wir kamen herab das vorige Mal Speise zu kaufen; und es geschah, als wir in die Herberge kamen und unsere Säcke öffneten, siehe da lag das Geld eines Jeden an der Öffnung seines Sackes nach seinem Gewichte, und wir bringen es wieder und noch anderes dazu, um Speise zu kaufen." Von Wichtigkeit ist sodann das 47 Kap. des 1. Buchs Mosis, welches überhaupt von volkswirtschaftlicher Bedeutung ist. Die Hungersnot dauerte noch nach der Übersiedelung Jakobs und seiner Söhne nach Ägypten dort und in Kanaan fort. Josef hatte durch den Verkauf des Getreides aus den Staatsmagazinen eine so große Summe Geldes in dem Königsschatz aufgehäuft, daß die Bevölkerung dessen entblößt war und bei der anhaltenden Getreidenot keine Kaufmittel mehr besaß. Auf ihre Klagen nahm Josef Vieh an Zahlungsstatt. Da die Hungersnot noch ein weiteres Jahr fortdauerte, boten die Bewohner ihr Land dem Könige an Zahlungsstatt an und erboten sich, ihm überdies leibeigen zu sein, wenn er außer der Nahrung auch noch den Samen gebe, damit das Feld nicht brach liegen bleibe. Darauf kaufte Josef für den Pharao das ganze Ägypten mit Ausnahme des Feldes der Richter und teilte in seinem Namen Saatkorn aus, daß das Feld bestellt werde, von dessen Ertrag die Bebauer dem Eigentümer, d. h. dem Pharao, den fünften Teil abzuführen hatten.

Wir sehen also hier, daß lange bevor die Nachkommen Abrahams in Ägypten zum Volksstamm herangewachsen waren, welcher den Pharaonen beim Bau der Pyramiden helfen mußte, ein internationaler Handelsverkehr zwischen Kleinasien und Ägypten bestanden hatte, bei welchem die in Kleinasien gültigen Silberstücke in Ägypten ohne Einrede an Zahlungsstatt angenommen wurden. Da dieses Silbergeld nach der biblischen Überlieferung als ein längst gang und gäbes internationales Umlaufsmittel der ägyptisch-kleinasiatischen Kulturländer erscheint, so muß angenommen werden, daß die Münze schon viele Jahrhunderte vorher von den Ägyptern aufgebracht worden war, deren Kultur nach den neuesten Forschungen bis auf 4000 Jahre vor der gewöhnlichen Zeitrechnung zurückverfolgt werden kann. Von ihnen ist der Gebrauch der Münze zu den übrigen Völkerschaften, den Phöniziern, Babyloniern, Syrern übergegangen.

Von dem Auszug aus Ägypten an um 1500 v. Chr. finden wir schon genauere Benennungen und Wertangaben der Münzen und zwar ist es der „Schekel", der erwähnt wird. Außerdem ist bei der Einrichtung des Allerheiligsten von einer enormen Menge von Gold, Silber, Edelsteinen und seidenen Geweben die Rede.

Der Schekel*) war Gewicht und Münze zugleich, da die letz-

---

*) Die folgenden Münz-Abbildungen sind nach getreuen Wachs- und Staniolabdrücken der Originale zinkographisch dargestellt, welche letztere sich in dem k. k. Münzkabinet zu Wien, einem der reichhaltigsten Europas befinden, dessen Direktion, insbesondere Herrn Hofrat Dr. von Kenner und Herrn Dr. Hartmann von Franzenshuld wir für ihre zuvorkommende Auskunft zu großem Danke verpflichtet sind.

2*

tere durch Aufdrückung des Stempels naturgemäß aus ersterem hervorgegangen ist. Wir finden auch Wertbezeichnungen. Im 4. Buch Mosis 7. Kap. bestand eine Opfergabe aus einer silbernen Schüssel, welche 130 Schekel, einer silbernen Schale, welche 70 Schekel, einem goldenen Löffel, welcher 10 Schekel Goldes wert war. Die ganz gleiche Wertangabe wird zwölfmal wiederholt. Im 5. Buch Mosis, Kap. 2, wo Boten aus der Wüste zum Nachbarkönig geschickt werden, um Durchzug durch sein Land zu begehren, heißt es: „Ich will durch dein Land

Fig. 1.

Schekel der alten Juden.

ziehen, auf der Straße bleiben und weder rechts noch links ausweichen. Es wird nur zu Fuß marschiert; Speise sollst du mir ums Geld verkaufen und Wasser sollst du mir ums Geld geben." Da der König abschlägige Antwort erteilte, griffen die Juden zum Schwert, besiegten ihn und eroberten alle seine Städte, 60 an der Zahl. So entwickelt war die Kultur in Asien vor mehr als 3000 Jahren. Es kann ebenfalls als feststehend betrachtet werden, daß das Münzsystem aus Ägypten über Vorderasien nach Griechenland und in die übrigen Länder des Mittelmeeres gelangt ist.

Den ersten Nachrichten über das Münzwesen Vorderasiens begegnen wir in Herodot. Derselbe bezeichnet die Lydier als die ersten, welche überhaupt Handel getrieben und Münzen aus Gold und Silber geprägt haben. Dies kann nur bezüglich des Goldes angenommen werden, da die ältesten Quellen bei dem Verkehr

mit den Ägyptern von Silberstücken sprechen. Bezüglich der
ersten Ausprägung von Goldmünzen kann, da der Goldschekel
der Juden erst nach dem Auszug aus Ägypten erwähnt wird,
dem sonst zuverlässigen Zeugnis Herodots Glauben geschenkt
werden, weil die Lydier die ersten waren, welche einen großen
Reichtum an diesem Edelmetall aufgespeichert hatten und daher
imstande waren, sich zu ihren Umsätzen der wertvolleren Münze
zu bedienen. Sonst bestand in Kleinasien die babylonisch=per=
sische Währung, welcher zwei Talente, eines von Gold und eines
von Silber, zu Grunde lagen, von denen wir hören, wo von den
Einkünften des Perserkönigs die Rede ist. Das große, von Cy=
rus befestigte Reich war von Darius in 20 Provinzen oder Sa=
trapien eingeteilt worden, deren jede einen Statthalter oder Sa=
trapen zum Vorsteher hatte, welche zunächst Zivilbeamte waren
und nur ausnahmsweise die höchste Militärgewalt in ihrer Person
vereinigten. Diese Statthalter hatten den Jahrestribut, bezw.
die jährlichen Steuern einzuheben, deren Betrag von Darius im
Vorhinein bestimmt und angelegt wurde, was unter Kambyses
und Cyrus noch nicht der Fall gewesen war. Da letztere sich
mit freiwilligen Geschenken begnügt hatten, war Darius von den
Persern ein Krämer gescholten worden. Darius Hystaspes hatte
nun festgesetzt, daß diejenigen Provinzen, welche Silber zu ent=
richten hatten, das Talent nach babylonischem Gewicht, diejenigen,
die Gold zu entrichten hatten, nach euböischem Gewicht bemessen
sollten. Ein babylonisches Talent, sagt Herodot, beträgt 70
euböische Minen. Herodot zählt nun den Betrag der Steuern
der einzelnen Provinzen auf. Es waren deren 20, unter wel=
chen Indien als die volk= und goldreichste bezeichnet wird. Das=
selbe habe an 360 Talente in Goldsand geliefert, welche die Be=
wohner, die nach Herodot auch bereits Baumwolle und Reis
pflanzten, teils aus Gruben, teils aus den Flüssen gewannen.
Den Jahrestribut zusammenzählend, fährt nun Herodot fort:
Wenn man nun das babylonische Silber in das euböische Talent
umsetzt, so kommen 9540 attische Talente heraus. Rechnet man

das Gold in dem 13fachen Betrag, so findet man, daß der Gold=
staub, d. h. die von den Indern gesteuerten 300 Talente Gold=
staub, 4680 euböische Talente wert ist. Alles zusammengerechnet
kommt für den Darius, abgesehen von einigen geringeren Ein=
künften, ein jährlicher Tribut von 14560 euböischen Talenten
heraus. Hultsch schätzt diese in seinen trefflichen Untersuchungen
über die griechische und römische Metrologie nach heutigem Metall=
werte auf die Summe von 68 Millionen Mark. Herodot macht
dazu folgende, das Münzwesen der damaligen Zeit charakteri=
sierende Beobachtung: „Diesen Tribut verwahrt der König auf
folgende Weise: „Er läßt alles Edelmetall schmelzen und in
Thongefäße gießen; wenn das Faß voll ist, so läßt er die ir=
dene Hülse abschlagen. Wenn er dann Geld braucht, so läßt er

Fig. 2.

Gold=Stater Dareikos.

(von dieser Art Barren) so viel Edelmetall abhauen, als er jedesmal
nötig hat.“ Aus dieser Stelle würde hervorgehen, daß die Münzein=
heiten in der damaligen Zeit ganz identisch mit dem Gewicht waren.

Jene Gold= und Silberbarren wurden vor der Übergabe in
den Umlauf zu Münzen geschlagen und mit dem Stempel des
Königs versehen. Die gangbarste persische Goldmünze läßt sich
auf denselben Darius zurückführen, aus dessen Regierungszeit
auch, wie das obige Zitat beweist, die ersten Nachrichten über
das Bestehen einer geregelten Münzwährung stammen. Die Gold=
münze, genannt der „Stater Dareikos“ oder auch kurzweg
„Dareikos“, war in ganz Kleinasien bis nach Griechenland ver=
breitet, und nach Mommsen war es die Hälfte eines Großstückes
von 16.50—16.70 gr. Das Gewicht des Dareikos konnte

nach einem Goldfunde am Berge Athos bestimmt werden. Von dort ausgegrabenen 300 Dareiken wog Borrell 125 Stücke und fand als Durchschnittsgewicht 8.85 gr. Die späteren Dareiken stellen sich durchschnittlich etwas niedriger. Der Stater Dareikos war nach dem griechischen Sprachgebrauch identisch mit dem Didrachmon und es sind davon 3000 auf das euböische Goldtalent zu rechnen.

Neben diesem Goldstater war in Vorderasien eine entsprechende Silbermünze, der babylonische Silberstater, im Umlauf, welcher von den Satrapen des persischen Reiches sowie von den Städten Kleinasiens geschlagen wurde, als Didrachmon in die äginetische Währung überging und der in seinem Gewicht zwischen 9.5 und 11.5 gr schwankt. Eine halb so große

Fig. 3.

Medisches Siglos.

Silbermünze war der medische „Siglos“, später auch „Silberdareikos“ genannt, welcher 5.56 gr wiegt und von Xenophon gleich 1¼ attischer Drachme geschätzt wurde. Es ist nach Hultsch anzunehmen, daß in dieser Münze das persische Silbergewicht vertreten war, wie in den Dareiken das Goldgewicht. Das persisch-babylonische Silbertalent stand zum Goldtalent wie 4 : 3. Aus der oben erwähnten Stelle des Herodot, daß das Wertverhältnis des Silbers zum Golde wie 1 : 13 stand, während es später bei den Griechen auf 1 : 10 sank, war ein Golddareikos = 20 Silberdareiken. Hultsch vermutet, daß das Gold als Ware auch in jener älteren Zeit zum Silber wie 10 : 1 stand und daß die persische Krone den Goldmünzen nur einen höheren Nominalwert gab. Auf Grund des Wertverhältnisses des Goldes zum Silber, wie es vor 1872 bestand und dem Münzvertrag der Staaten des lateinischen Münzbundes zu grunde liegt, d. h. zu 15½ : 1 gerechnet, würde der Golddareikos 22 Mk. 69 Pf., der babylonisch-persische Silberstater 2 Mk. und der medische „Siglos" oder Silberdareikos 97 Pfennige deutscher Reichswährung betragen haben. Unter Zugrundelegung dieser Münzen wäre das euböische Goldtalent auf 25.075 kg oder 68 100 Mk. und das babylonische Silbertalent auf 33.42 kg oder 5820 Mk. anzusetzen.

Die Phönikier hatten sowohl ihr Gewichts- als ihr Münzsystem aus Babylonien überkommen; sie überlieferten es den Griechen, unter welchen schon gegen das Jahr 750 v. Chr. unter dem äginischen Tyrannen Pheidon, welcher über den nördlichen Peloponnes, Ägina und Korinth herrschte, auf jener Grundlage Einheit im Gewichts- und Münzwesen eingeführt wurde.

Das griechische Münzwesen.

Zu der trojanisch-homerischen Zeit waren die Griechen mit den Münzen noch unbekannt. Sie lernten deren Gebrauch erst durch den Verkehr mit Kleinasien kennen und bedienten sich daher auch ursprünglich der babylonisch-persischen Silberwährung, welche unter dem Namen der äginetischen in allen griechischen Staaten eingebürgert wurde, bis Solon gleichzeitig mit einer Reform der Gesetzgebung eine Änderung des Münzfußes durchsetzte, welche, wahrscheinlich der lydisch-euböischen nachgebildet, sich als so zweckmäßig erwies, daß sie, da auch Korinth in ähnlicher Richtung vorgegangen war, die vorderasiatische Währung nicht blos allmählich in ganz Griechenland verdrängte, sondern von Alexander dem Großen in Asien eingeführt wurde, während nur Ägypten seine eigene ältere beibehielt. Zwei Gründe waren es, welche die Entstehung des attischen Münzfußes veranlaßten, erstens der Umstand, daß das lydisch-persische — eigentlich mit Unrecht euböisch genannte Goldtalent — denn die Euböer hatten es erst durch den Verkehr mit Kleinasien kennen gelernt — mit dem babylonischen Silbertalent nicht korrespondierte. In griechischen Handelsstädten, wie Korinth, hatte sich das Bedürfnis einer einfacheren Rechnungsweise geltend gemacht. Eine solche wurde erzielt, wenn man die Silbermünzen im gleichen Gewichte, wie die Hauptgoldmünze — den Dareikos, prägte, so daß nach dem damaligen Wertverhältnis des Silbers zum Golde 13 Silbermünzen von der Größe des im damaligen Welthandel gebräuchlichsten Goldstückes, einem Golddareikos gleich war. Um diesen Zweck zu erreichen, wurde der Metallgehalt der alten äginetischen Drachme im Verhältnis von 7 : 5 bis 5 : 3 herabgesetzt. Der zweite Grund zu diesem Verfahren war der Umstand, daß ein großer Teil der Bevölkerung von Athen zur Zeit Solons sehr verschuldet war, und daß Solon durch seine Reform ihr Verhältnis mit den Gläubigern erleichtern wollte.

Die äginetische Währung war in folgender Weise zusammengesetzt. (Wir folgen dabei den Untersuchungen von Böckh, Mommsen und Hultsch, welche sich auf das Gewicht der aufgefundenenalten Münzen selbst stützen). Die höchste Rechnungseinheit war das Silbertalent im Gewicht von 37.2 kg oder im Werte von 6522 Mark nach dem Silberwerte der Relation des Silbers zum Golde von 1 : 15½ (oder 5218 Mark nach) dem Silberpreis in der ersten Hälfte des Jahres 1883). Sodann kam die Mine mit einem Gewicht von 6.2 kg im Werthe von 1087 Mark des Silberwertes vor 1872. Unter den wirklich geprägten Münzen war die größte der Stater im Gewicht von 12.40 gr und im Werte*) von 2 Mark 17 Pfennigen; die Drachme im

---

*) Es ist dabei wohl zu beachten, daß nur vom Metallwert, nicht vom heutigen Kaufwert des Edelmetalls die Rede ist, welcher heute zehn mal geringer ist.

Gewicht von 6.20 gr und im Werte von 1 Mt. 9 Pf.; das Triobolon im Gewicht von 3.10 gr und im Werte von 54 Pfennig, der Obolos zu 1.03 gr im Wert von 18 Pfennig und der Hemiobilion im Gewicht von 0.52 gr und im Werte von 9 Pfennig.

Fig. 4.

Didrachmon von Aegina = kleinasiatischer Silber-Stater.

Die von Solon eingesetzte attische Silberwährung, auf deren Basis später auch Goldmünzen von gleichem Gewicht geprägt wurden, hatte folgende Gewichtseinteilung. An der Spitze stand das dem lydisch-persisch-euböischen Maße gemeinsame Talent, welches ein Gewicht von 26.1962 kg repräsentierte. Das

Fig. 5.

Didrachmon von Elis.

Talent bestand aus 60 Minen im Gewichte von 436.6 gr. Die Mine enthält 100 Drachmen, von deren jede ein Gewicht von 4.366 gr enthalten hat. Geprägt wurden ferner Zehn-Drachmenstücke im Gewichte von 43.66 gr, Vier-Drachmenstücke im Gewichte von 17.46 gr, Doppel-Drachmen und

Goldstater im Gewicht von 8.73 gr, ferner Fünf=Obolen=
stücke von 3.64, Vier=Obolenstücke von 2.91 gr, Drei=Obolen=
stücke von 2.18, Doppelobolen von 1.45 gr, Obolen zu 0.73
und dann noch kleinere Scheidemünzen von $^3/_4$=, $^1/_2$=, $^1/_4$= und
$^1/_8$=Obolen, letztere in Gold — solche kleine Goldmünzen, wie sie
heute noch bei den Arabern in Kairo bei besonders festlichen
Veranlassungen, wie der Hochzeit von Fürsten und Kronprinzen
geprägt und unter das Volk geworfen werden.

Da in Attika der Silberbergbau einen so großen Aufschwung
nahm, daß dessen Ausbeute von berühmten Schriftstellern, gleich
Xenophon, während einer gewissen Zeit sogar als die beträcht=

Fig. 6.

Tetradrachmon von Athen.

lichste Quelle des Einkommens der Athener betrachtet wurde,
und da diese eine für den Verkehr geeignetere Silbermünze
schlugen, so war die Verbreitung der attischen Währung, insbe=
sondere, nachdem die Makedonier, deren praktischen Nutzen er=
kannt hatten, begreiflich. An die Stelle der alten äginetischen
Staters führten die Athener einen neuen Silberthaler, den Te=
tradrachmon, im Gewichte von 17.46 gr und im Werte von un=
gefähr 3 Mark R.=W. ein.

In der äußeren Form trugen die attischen Münzen nach
Solon einen Pallaskopf auf der Vorder= und eine Eule auf
der Rückseite. Hultsch vermutet, daß erst Peisistratos 560 v. Ch.
dieses Gepräge an Stelle des einfachen Wappens einführte,
welches letztere etwa sechsthalb Jahrhunderte vor denselben zu=

rückreicht. Die vollwichtige und geregelte attische Prägung wird von der Epoche der Pallasmünzen an datiert. Dieselben bilden zwei Oberabteilungen, deren erste durch einfachen Stil sich auszeichnet, während die zweite sich mehr der Kunst befleißigt und das Gepräge weiter ausschmückt, indem der Helm der Pallas mit einem Olivenzweig versehen und auch noch andere Zieraten angebracht sind. Die Münzen der ersten Klasse sind kleiner und dicker; der Pallaskopf ist sehr erhaben, die Nase lang, das Auge groß, die Haare in Locken, während sie bei den Münzen der zweiten Klasse, welche größer und von geringerem Durchmesser, über die Stirne geflochten sind. Die Münzen der zweiten Klasse sind auch etwas leichter geprägt und sinken unter 17 gr, zuweilen bis auf 16 Gramm herunter.

Während das Silber das Material zur attischen Währungsmünze lieferte, wurde in späterer Zeit wahrscheinlich zum Verkehr mit Asien und den nordeuropäischen Völkern, auch Goldstücke in geringer Quantität geprägt. Die in Bodenfunden Süddeutschlands häufig enthaltenen kleinen, unter dem Namen „Regenbogenschüsselchen" bekannten Goldmünzen waren ja auch griechischen Ursprungs. Wie schon erwähnt, herrschte für die Goldstücke derselbe Münzfuß wie für das Silber. Die kuranteste Goldmünze war eine Doppeldrachme, zu dem der persische Dareikos als Vorbild gedient hatte und welche wie dieser „Goldstater" genannt wurde. Auch wurden kleinere Stücke im Gewicht von Drachmen und Bruchteilen derselben bis zu dem oben erwähnten Achtel-Obolos geschlagen. Der attische Goldstater wurde gleich 20 Silberdrachmen gerechnet, was also einem Wertverhältnis zwischen Silber und Gold wie 1 : 10 entspricht.

Aus der außerordentlichen Teilung des Silbers in kleinste Münzen bis zu $1/_5$ gr, wie sie heute gar nicht mehr gebräuchlich sind, wird der Schluß gezogen, daß diese auch für den kleinen Verkehr bestimmt waren und daß daher in Attica keine kupferne Scheidemünze geprägt wurde. Da die kleinste Silber-

münze aber noch immer vier Pfennig nach heutiger Reichs=
währung wert war, so mußte sich doch das Bedürfnis nach einem
noch geringern Umlaufsmittel geltend gemacht haben, welches
auf die Ausprägung eines kupfernen Zwei=Pfennig=Stückes führte.
Der um die Mitte des 5. Jahrhunderts v. Chr. lebende Dichter
und Staatsmann Dyonisios soll den Athenern zuerst den Ge=
brauch der Kupfermünze geraten und dafür den Namen der
„eherne" erhalten haben. Jene Kupfermünze, der Chalkas, findet
sogar in den Reden des Demosthenes Erwähnung.

Um die Zeit Alexanders des Großen fand eine Revision
des Münzwesens statt. Die kleinsten Silbermünzen wurden ein=

Fig. 7.

Tekadrachmon von Syrakus.

gezogen und es blieben nur diejenigen bis zum Triobolon im
Gewicht von 3.18 gr herab, während die kleineren Münzen
sämtlich in Kupfer verschiedener Größe geschlagen wurden und
zwar von 1 bis 10 gr.

Die attischen Münzen fanden auch aus dem Grunde große
Verbreitung im internationalen Verkehr, weil sie ganz rein und
ohne Legierung geprägt wurden. Zwar war die Legierung nach
unseren heutigen Begriffen, wo $1/10$ Kupfer beigemischt wird, um
dem Goldstücke größere Dauerhaftigkeit zu verleihen, wobei der
vorgeschriebene Silber= oder Goldgehalt doch voll geliefert wer=

den muß, im Altertume noch nicht üblich, und die Beimischung der geprägten Münzen an fremden Metallen, ist auf den niedrigen Stand des Scheidungsprozesses in jener Zeit zurückzuführen; denn es findet sich auch Gold in den antiken Silbermünzen. Die Verschlechterung und Fälschung der Münzen scheint indessen auch zur Zeit Solons vorgekommen zu sein, denn in fast allen griechischen Staaten bestand die Todesstrafe auf Falschmünzerei. Selbst Regierungen scheinen damals schon Münzverschlechterung getrieben zu haben, denn nach einer Äußerung Solons hätten viele Staaten Silbermünzen im Umlauf, welche offenkundig mit Blei und Kupfer vermischt waren. Die attischen Silbermünzen wurden deshalb wegen ihrer Vollwertigkeit auch von fremden Völkern, insbesondere bei Friedensschlüssen für die Zahlung von Kriegsentschädigung bedungen.

In Sparta gab es nach der lykurgischen Verfassung als Umsatzmittel nur eiserne Münzen. Der Gebrauch der Edelmetalle war untersagt, um das Volk vor Habsucht und Korruption zu bewahren. Das Eisengeld, zuerst in Form von Stäben und erst später in der bei Münzen üblichen Scheibengestalt geprägt, zirkulierte natürlich weit über seinen Nominalwert und war also nur ein Zeichengeld, gleich unserem, heute nicht selten vorkommenden Wirtshausmarken. Selbstverständlich konnte dieses Zeichengeld nur zur Bestreitung der Geschäfte im Inlande dienen. Infolge der vielen Kriege, welche Lakedämon führte und welche nicht blos eine Vergrößerung des Landes, sondern auch größere Kriegs- und Friedensbedürfnisse mit sich brachten, konnten die Befriedigungsmittel bald nicht mehr vom Inland geliefert werden, zum Verkehr mit dem Ausland aber konnte man sich der eisernen Münzen nicht bedienen. Auch Sparta war daher genötigt, im internationalen Verkehr sich des Gold- und Silbergeldes zu bedienen. Zuerst ist dies nur seitens des Staates geschehen, welcher sich teils durch Kriegsbeute, Kriegsentschädigungsgelder und auferlegte Tribute, teils durch persische Subsidien die Mittel dazu verschaffte. So schickte Lysander nach der

Bewältigung Athens eine Summe Gold und Silber nach
Sparta, meist in Münzen attischen Gepräges, welche auf 1000
Talente geschätzt wurde. Obwol Privaten die Ansammlung von
Edelmetall gesetzlich bei Todesstrafe untersagt war, so fingen
von jener Zeit doch einzelne Bürger an, sich zu bereichern. Von
der Zeit Alexander des Großen an, begann Sparta selbst Silber-
und Kupfermünzen nach der attischen Währung zu schlagen,
während es hinsichtlich des Goldes wahrscheinlich des persischen
Goldstaters sich bediente.

Die attische Währung war infolge ihrer praktischen Brauch-
barkeit und dem soliden Münzgebahren Athens allmählich zu solchem internationalen Ansehen gelangt, daß sie nach der Unter-
werfung Athens durch Philipp im neuen macedonischen Reiche
eingeführt wurde. Das ältere Münzwesen Macedoniens beruhte
auf der Silberwährung, deren Kurantmünze aus einem Thaler
von 29 gr bestand, aus welchem Hälften und Sechstel geschlagen wurden. Im übrigen scheint sich Macedonien dem ägi-
netisch-kleinasiatischen Münzfuß angeschlossen zu haben. Zur
Zeit der Eroberungen Philipps zirkulierten die persischen Goldstücke in großer Menge in Griechenland und da Philipp schon
lüsterne Blicke nach dem persischen Reiche warf und die Notwendigkeit einer internationalen Goldmünze erkannte, so nahm
er den Dareikos insofern an, als er Goldstücke unter seinem
Namen nach dem attischen Münzfuß prägen lies, welches nur
um eine Kleinigkeit stärkeres Korn hatte. Alexander der Große
setzte diese Goldprägungen in größerem Maßstabe fort, führte
zugleich die attische Silberwährung für sein Reich ein und behielt dieses Münzsystem bei, auch nachdem letzteres um einen
großen Teil Asiens vergrößert war.

Die zur Zeit der Gründung des macedonischen Weltreiches
vorherrende Währung setzte sich also folgendermaßen zusammen.
Die verbreitetste war ein der persischen Hauptgoldmünze nachge-
bildetes Goldstück, der Goldstater, im damaligen durchschnittlichen Kurswert von 19—21 Mark und im heutigen Metallwert

(im Werte vor 1872) von 24⅓ Mark. 3000 Stater bildeten ein Goldtalent. Als Einheit der Silbermünzen galt die Drachme von welchen 100 eine Mine bildeten.

Das Silbertalent präsentierte einen Wert von 4715 Mark, die Mine einen solchen von 73 Mark 80 Pf.

Das Zehn-Drachmenstück war =	7 M.	87 Pf.
Das am zahlreichsten zirkulierende Vier-Drachmenstück, das Tetradrachmon, der eigentl. griechische Silberthaler =	3 M.	15 Pf.
Die Doppeldrachme =	1 „	59 „
Die Drachme =	— „	79 „
Das Pentobolion (Fünf-Obolenstück) = ⅚ Drachme =	— „	66 „
Das Tetrobolion (Vier-Obolenstück) = ⅔ Drachme =	— „	53 „
Das Triobolio (Drei-Obolenstück) = ½ Drachme =	— „	31 „
Das Diobolion (Doppel-Obolenstück) = ⅓ Drachme =	— „	27 „
Das Trihemiobolion (1½-Obolenstück) = ¼ Drachme =	— „	20 „
Das Obolos =	— „	14 „
Das Tritemorion = ¾ Obolos =	— „	10 „
Das Hemiobolion = ½ Obolos =	— „	8 „
Das Tetartemorion = ¼ Obolos =	— „	4 „
Das Kupferstück Chalkus =	— „	2 „

Neben diesen Hauptmünzen, welche im Altertum auch im internationalen Verkehr die meiste Geltung hatten, gab es noch eine große Menge anderer Geldsorten, denn die Münzgeschichte weist aus dem Altertum (schon nach Josef Ekhel) nicht weniger als 85 Länder auf, denen das Mittelmeer als Verkehrszentrum galt, und welche zwar dem allgemeinen Kulturgesetz gehorchend, sich mehr oder weniger an die tonangebenden babylonisch-persischen und attischen Währungen anschlossen, aber dabei doch nicht auf das Recht, eigene Münzen zu schlagen, verzichteten. Die meisten dieser Münzen wurden indessen durch die attisch=

Fig. 8.

Tetradrachmon Alexander des Großen.

macedonische Währung verdrängt. Dieser Zustand dauerte mit wenigen Variationen bis zum Beginn der römischen Welt= herrschaft.

Das römische Münzwesen.

Ebenso wie bei den alten Griechen und den späteren Ger= manen war auch in Italien das erste allgemeine Umsatzmittel das Vieh. Selbst bei den Römern läßt sich in den ersten An= fängen noch die Spur des Rindes und Schafes als Tausch= mittel und Werteinheit wahrnehmen, denn die ältesten obrig= keitlichen Bußen waren in Rindern und Schafen ausgesetzt Leitet man doch das lateinische Wort für Geld „pecunia“ von „pecus“ Rindvieh ab. Dieser Naturalverkehr scheint noch be= standen zu haben, nachdem schon längst griechische Kolonieen an der Ostküste Unteritaliens gegründet waren, welche sich bereits der Silbermünze bedienten. Die alten Römer und die ursprüng= lichen Einwohner Italiens überhaupt waren eben ein armes Volk, welches sich erst infolge glücklicher Eroberungskriege, der

Verbesserung des Ackerbaues, des Handels und des Bergbaues allmählich bereicherte, um die Mittel zur Erwerbung von Edel= metall zu erhalten. Als sie zum Gebrauche des Metalls als Tauschmittel übergingen, sahen sie sich daher genöthigt zuerst des billigsten, des Kupfers oder richtiger des Erzes sich zu bedienen; da sie nämlich das erstere in der Regel bis zu ¹/₃ mit Zinn und Blei legierten, vielleicht auch das Material oft in dieser Mischung schon gewannen, und da man in der Scheidekunst sehr wenig erfahren war.

Zuerst bediente man sich zur Vermittelung des Tauschver= kehrs einfacher Kupferstücke oder Barren, welche nach dem Ge= wicht bemessen wurden. Wahrscheinlich wurden mehrere Klassen gleich schwerer Kupferbarren gegossen und mit der Marke ihres Gewichtes versehen. Von der Zeit der 12 Tafel=Gesetze, um die Mitte des 5. Jahrhunderts v. Chr. G., scheinen die Kupfer= stücke mit einem gewissen Wertzeichen versehen worden zu sein. In den 12 Tafeln erscheinen bereits bestimmte Geldsätze, und 430 v. Chr. wurden durch das julisch=papirische Gesetz sämtliche bis dahin in Rindern und Schafen bestimmten Bußen in Geld umgewandelt.

Die Kupferwährung wurde ursprünglich auf die As, welche einem Pfund gleich war, basiert. Zur Zeit des ersten punischen Krieges aber wurde die As auf ¹/₆ Pfund herabgesetzt. Diese Maßregel hing mit einer Münzreform zusammen, wovon weiter unten die Rede ist. Die Münzen wurden mit Zinn und Blei legiert, und auf der einen Seite mit dem Wappen der Stadt dem Vorderteil eines Schiffes, auf der anderen mit Götterköpfen, wie dem doppelköpfigen Janus, Jupiter, Merkur und Herkules oder dem Symbol der Roma versehen. Die erste Münzperiode bis zur Änderung der Währung, zur Zeit des ersten punischen Krieges, dauerte 200 Jahre. Der Wert der Münzen in dieser ersten Periode wird nach unseren Metallpreisen von Hultsch wie folgt berechnet:

1 Uncia	=	5	Pfennige
1 Sextans	=	9	„
1 Quadrans	=	12	„
1 Semis	=	24	„
1 As	=	48	„
1000 As	=	467	Mark.

Wie die Griechen einst mit dem Golde der Perser, so waren die Römer infolge ihres Krieges mit dem König Pyrrhus, sowie durch ihren Verkehr mit den griechischen Städten Unteritaliens, einesteils in den internationalen Verkehr gezogen, andererseits auch in den Besitz der Mittel gekommen, um sich als Grund=

Fig. 9.

Römischer Denar.

lage der Münzordnung eines wertvolleren, demnach für den Transport weniger lästigen Metalles zu bedienen, als des Kupfers. Es war um das Jahr 270 v. Chr., daß daher die Silberwährung eingeführt wurde. Infolge der unaufhaltsam wirkenden Kulturentwickelung war es natürlich, daß die Römer sich bei der Prägung ihres ersten Silberstückes, des Denars, an den damals verbreitetsten Münzfuß, die attische Währung, anschlossen und die Drachme als Vorbild nahmen. Zwar wurde das Normalgewicht der Drachme von 4.37 g nicht immer genau festgehalten, denn es finden sich frühere Denare, welche 4.55 g und später die 3.90 g wiegen, allein diese Differenz kann zum größten Teil von der geringen Ausbildung der Technik her= rühren, zumal auch den heutigen so vollkommenen Münzstücken

ein gesetzlicher Spielraum eingeräumt werden muß. Gleichzeitig
mit der Einführung des Gesetzes über die Silberwährung.
270 v. Chr. wurde eine Münzstätte in dem Tempel der Juno
errichtet und eine Münzbehörde (triumviri monetales) einge=
setzt. Die Münzen trugen auf der einen Seite einen weiblichen
Kopf mit einem Helm, an dessen Seiten Flügel angebracht sind,
und dessen ausgezackter Raum in einem Vogelkopf endet. Auf
der Kehrseite befinden sich die beiden Dioskuren zu Pferde mit
eingelegter Lanze und wehendem Mantel mit rundem Schiffer=
hut bedeckt, über dem Haupte das Emblem des Morgen= und
Abendsterns, neben einander sprengend. Die Götterbrüder waren
wahrscheinlich gewählt, weil sie nach der Sage den Römern in
der Schlacht am See Regillus einst den Sieg gebracht. Der
weibliche Kopf dagegen ist wahrscheinlich das Symbol der ver=
sinnbildlichten Roma. Außen den Dioskuren kam bald auch die
geflügelte Viktoria auf dem Zweigespann als Gepräge vor, wo=
nach der Denar auch den Namen Bigatus erhielt, welche Münzen
nach dem Zeugnis des Tacitus die Germanen besonders gern
im Verkehr annahmen, da sie das Silber im Gebrauche dem
Gold vorzogen, was dem wirtschaftlichen Zustand, in dem sie
sich noch befanden, ganz angemessen war. Die Denare waren
in halbe und Viertelstücke eingeteilt, welche letzteren Sesterzien
hießen, und mit entsprechenden Wertzeichen versehen waren. Zu=
erst wurden 72 Denare aus dem Pfund Silber geprägt, sehr
bald darauf aber 84; wenigstens sind die aus der zweiten
Periode vorgefundenen Denare nur noch $1/_{84}$ Pfund oder gegen
4 g schwer. Das Silber wurde damals im 250fachen Werte
des Kupfers geschätzt. Das Kupfergeld wurde reduziert und zum
Zeichengeld erniedrigt. Der Denar war gleich 10 reduzierten
Assen, der Quinar gleich 5, der Sesterz gleich 2½ Assen oder
gleich einem As nach dem alten Pfundsystem, welches das librale
genannt wird, während das neue auf Grund der neuen Asse das
trientale heißt. Vielleicht rührt auch von diesen Stimmen des
Sesterz zu den beiden Währungen die Vorliebe für das Rechnen

in Sesterzen her, welche bei den Schriftstellern viel häufiger vorkommen, als Denare. Der Silbergehalt

des Denars war gleich 82 Pf.

des Halbdenars oder Quinars gleich 41 „

des Sesterz gleich 20 „

2 Denare oder 8 Sesterzen hatten den Metallgehalt von 1 M. 64 „

250 Denare oder 1000 Sesterzen von 206 M. — „

Im Jahre 217 wurde das Münzwertverhältnis des Kupfers durch ein eigenes Gesetz bestimmt. Die Kupfermünzen hatten ein weit über ihrem Korn stehenden Nominalwert erhalten, und waren, wie schon bemerkt, bloße Zeichenmünzen geworden, näm- lich im Wertverhältnis zu Silber, wie 70:1. Dieses wurde durch das flaminische Gesetz 217 v. Chr. wieder beseitigt und eine Wertrelation von 112:1 angenommen. In dem gesetzlichen Nominalwert der Münzen scheint sich dabei nichts geändert zu haben, denn der Sold der Soldaten, welcher täglich 2 Asse be- trug, wurde nach wie vor zu 10 Assen der Denar berechnet.

Die Römer pflegten gleich den Athenern ihr Silber im feinsten Korn auszuprägen, und gebrauchten für ihre Denare nur $^2/_{1000}$ — $^7/_{1000}$ Legierung. In der ersten Periode, wo noch 72 Denare aus dem römischen Pfund im Wert von rund 59 Mark geprägt wurden, hatte der „victoriatus“, die mit der Sieges- göttin versehene Münze einen Wert von 62 Pfennigen, und der Denar von 82 Pfennigen; in der zweiten Periode der Re- publik, wo 84 Denare aus dem Pfund geschlagen wurden, hatte der Denar einen Metallwert von 70 Pfennigen, der „Victoria- tus“ von 53 Pf., der Quinar von 36 Pf., der Sesterz von 19 Pf. Beim Kupfergeld war damals die As gleich $^1/_{16}$ Denar oder $5^1/_4$ Pfennigen

Semis	= $2^5/_8$	„
Triens	= $1^3/_4$	„
Quadrans	= $1^5/_{16}$	„
Sextans	= $^7/_8$	„
Uncia	= $^7/_{16}$	„

Vom Jahre 207 bis zum Ende der Republik hatten 1 Denar oder 4 Sesterzen, den Metallwert von 70 Pfennigen,

10 Denare	oder	40	Sesterzen	=	7 M. 2	Pf.
100	„	„ 400	„	=	70 „ 16	„
250	„	„ 1000	„	=	175 „ 41	„
		100 000	„	=	17 541 M.	

Fig. 10.

Denar Julius Cäsars.

Die große Vorliebe, welche man in der Republik für die Rechnungseinheit in Sesterzen hatte, bewirkte, daß in Handschriften Abkürzungen verwendet wurden, so daß z. B. 10 000 Sesterzen folgendermaßen bezeichnet wurden: HSX.

Fig. 11.

Römischer Sesterz

Während des Bestandes der Republik dauerte die Silberwährung und wurde erst mit dem Ende des Volksstaates unter der Regierung des Augustus mit der Goldwährung vertauscht. Während der längsten Zeit der Republik, wurden wenig oder keine Goldmünzen geprägt. Indessen bediente sich der Staat der Goldbarren, zu welchen er das Material sowohl durch Steuern, als durch Kriegsbeute gewonnen hatte. Das Pfund Gold wurde zu 1000 Denaren oder 4000 Sesterzen gerechnet, und das Wertverhältnis zum Silber stand in den beiden letzten

Jahrhunderten der Republik wie 1:12. Als gegen Mitte des 2. Jahrhunderts v. Chr. in Noricum (den heutigen österreich= Alpenländern) reiche Goldlager entdeckt wurden, sank der Gold= preis auf kurze Zeit um $\frac{1}{3}$. Ein Jahrhundert später brachte Cäsar aus dem gallischen Kriege, als Beute, so viel Gold heim. daß das Pfund nur noch zu 3000 Sesterzen auf dem Markt genommen wurde, und zum Silber sich wie 1:9 stellte. Diese Entwertung brachte Cäsar auf den Gedanken, das Gold dadurch zu höherem Preise zu verwerten, daß er es ausmünzen ließ, da Gold= stücke bis dahin nur ausnahmsweise und vorübergehend geschlagen worden waren. Schon in Gallien hatte er sich als Feldherr und Diktator neben dem Senat das selbständige Münzrecht an= gemaßt. Er hatte aus dem Pfund Gold 40 Münzen, im Werte von je 100 Sesterzen, schlagen lassen, von denen z. B. jeder seiner Soldaten, beim Triumphe im Jahre 46 v. Ch., 200 Gold= stücke ausgezahlt erhielt. Auch nach der Rückkehr aus dem Feld= lager fuhr er fort auf eigene Faust Goldmünzen zu schlagen und denselben in Nachahmung eines orientalischen Königs, sogar sein Bildnis aufprägen zu lassen, während die Münzen bis da= hin nur Götterbilder als Symbole getragen hatten.

So hatte die Auflösung der Republik auch schon in der Umwälzung des Münzwesens ihren Ausdruck gefunden, und die beiden Staatsgewalten, der Senat und der oberste Beamte der Republik, übten das Münzrecht gleichzeitig aus. Während Cäsar Silber= und Goldmünzen schlug, begnügte sich der Senat mit der Prägung von Silber. Nach Cäsars Tode ließ auch der Senat, sowie die Nachfolger Cäsars im Militärkommando, Gold prägen. Vom Jahre 16 v. Chr. aber an fand eine radikale Reform der Münzordnung mit dem faktischen Übergang zur Goldwährung statt, nach welcher das Münzrecht gänzlich an den Kaiser übertragen wurde, und dem Senat nur das Schlagen des Kupfergeldes verblieb, welches ein halbes Jahrhundert lang ein= gestellt worden war.

Die Goldwährung war mit Beginn des Kaiserreiches aus

der obenerwähnten Ursache ebenso eine unabwendbare Thatsache geworden, wie heutzutage das Abendland infolge der vermehrten Goldausbeute in Californien, Australien und Rußland der ausschließlichen Goldwährung zutreibt. In ähnlicher Weise wie durch die riesigen Goldprägungen in Frankreich von 1855—1865 (mit 6000 Milliarden Franken) infolge des, wenn auch unbedeutenden Sinkens des Goldpreises, das Silber mehr oder weniger verdrängt wurde, also verdrängte der neue „aureus" Cäsars, der aus dem billiger gewordenen Material geschlagen wurde, das verhältnismäßig teurere Silber, so daß Augustus nicht mehr zögern konnte, der eingetretenen Thatsachen den Stempel des Gesetzes aufzudrucken. Cäsar hatte seinen Aureus noch im Wert-

Fig. 12.

Aureus Cäsaris.

verhältnis des Goldes zum Silber wie 1:11.90 schlagen lassen. Infolge der raschen Aufnahme der Goldmünzen scheint der Preis des Goldes sich wieder bis auf 1:12½ gehoben zu haben. Wenigstens ließ August statt 40, 42 aus dem Pfund schlagen. Diese Maßregel schlug noch mehr zur Verdrängung des Silbers bei, so daß unter Nero der Beschluß gefaßt wurde, das Korn des Denars zu vermindern, nämlich von 84 auf 96 vom Pfund Silber und dieselben auch stärker zu legieren. Der Silberwert des Denars sank dadurch von 70 auf 51 Pfennige, und auch das Silbergeld war damit zur Rolle der Zeichen- oder Scheidemünze herabgedrückt.

Die Goldwährung der Kaiserzeit von Augustus bis Septimus Severus stufte sich nach dem heutigen Goldwert auf der

Basis von 1 : 15½ wie folgt ab: Während der Silberdenar von
70 Pf. auf 51 Pf. an innerem Korn gesunken war, galt er im
Verkehr doch gleich dem entsprechenden ideellen Bruchteil des
Goldes mit 87 Pfennigen. Das Pfund Gold, im Wert von
1000 Denaren oder 4000 Sesterzen, wurde in 42 Kaisergold-
stücke zu 25 Denaren oder 100 Sesterzen, welche einem Metallwert von 21 M. 75 Pf. gleichkam, geprägt.

Wie in der Politik das Kaiserreich allmählich dem Verfall
entgegeneilte, so geschah es auch im Münzwesen. Schon damals
kam jene Praxis auf, welche im Mittelalter ja bis zu unserer
Zeit vielfach von kleinen und großen Münzherrn geübt wurde,
sich aus Geldverlegenheiten durch Verminderung des Metallge-

Fig. 13.

Aureus des Marc Aurel.

haltes der Münze zu helfen. So sank das Korn der Münzen
von Stufe zu Stufe, so daß im 3. Jahrhundert n. Chr. die
Silbermünze mehr Kupfer enthielt, und absolut nur Scheidemünze repräsentierte, während schon unter Caracalla 50 Goldmünzen auf das Pfund geprägt wurden. Da von den Silbermünzen überdies mehr geprägt wurden, als deren Bedarf an
Scheidemünzen erforderte, und verkehrterweise kein Maximum
für den Gebrauch von Silbermünzen bei Zahlungen gesetzlich
festgesetzt war, die reine Goldwährung also eigentlich in ihrer legalen
Form noch nicht durchgeführt war, sondern nur faktisch bestand,
so trat eine Entwertung ein und Heliogabal sah sich zur einer
Verordnung genötigt, wonach die Zahlung der Steuern in Gold
geboten wurde. Dieser schlechte Zustand des Münzwesens ver-

anlaßte endlich den Kaiser Konstantin zum Erlasse einer neuen Münzordnung, durch welche der Münzverschlechterung und Fälschung auf einen Schlag ein Ziel gesetzt wurde, indem das Münzwesen wieder zu seinem Ursprunge, zum Gebrauch der Wage zurückkehrte.

Die konstantinische Münzordnung.

Die Münzen waren mit dem Niedergang des Römerreiches dermaßen verschlechtert worden, daß die Bevölkerung zuletzt sich sogar weigerte, die Währungsgoldmünzen zum Nominalwert anzunehmen; und daß die Kaufleute wieder genötigt waren, sich der Gold- und Silberbarren zu bedienen, deren Feingehalt geprüft und die nach dem Gewicht gebraucht wurden. Nachdem unter Diocletian der Versuch einer Reform gescheitert, gelang es endlich unter Kaiser Konstantin, der auch in so mancher anderer Hinsicht als Wiederhersteller, wenigstens der östlichen Reichshälfte zu betrachten ist, eine neue Münzordnung herzustellen, welche die ganze Völkerwanderung überdauerte, auch im großen Frankenreiche angenommen wurde und bis in die spätere byzantinische Zeit sich erhielt. Der Grund dieser Dauerhaftigkeit, während einer der stürmischsten Perioden der Weltgeschichte, lag in der Solidität und in dem unverbrüchlichen Festhalten des neuen Münzfußes. Die einfache Goldwährung wurde nun auch formel gesetzlich festgestellt, und der Münzfuß streng auf das reine Goldkorn basiert und zwar so, daß aus dem Pfund fein Gold 72 Stücke, von denen jedes bei dem damaligen kleinen Pfund 4.55 g wiegt, geprägt wurde. Um nicht einmal den Namen mit dem vorherigen in Miskredit geratenen System gemein zu haben, wurde die neue Münze „Solidus", d. h. das „Ganzstück" genannt. Außer diesem wurden Drittel-Solidi (triens oder tremissi) von 1.52 g Gewicht, und halbe Solidi

von 2.27 g geprägt. Unter Konstantin selbst wurden auch noch
1½=Solidi zu 6.82 g geschlagen, sowie auch Denkmünzen in
noch höheren Beträgen bis zu einem Pfund

Da das Prinzip der neuen Münzordnung die Vollwichtig=
keit war, so kam es vor, daß die zuerst unter Konstantin ge=
prägten Solidi, wegen des beim Prägen unvermeidlichen Spiel=
raums, zuweilen mehr als das Normalgewicht zeigen. Diese
Erscheinung ist bei den Münzen nach Theodosius nicht mehr
wahrzunehmen. Vielmehr macht sich in der Zeit des Justinian
bis in die Mitte des 7. Jahrhunderts, eine Gewichtsabnahme
bemerkbar, die bis auf 4.4 g herabgeht. Wie auf das Gewicht,

Fig. 14.

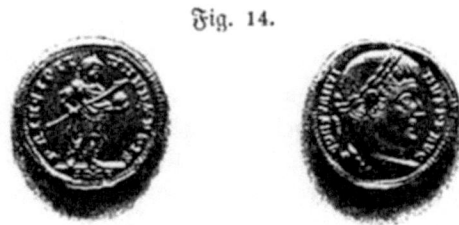

Gold=Solidus Konstantins.

so wurde auch auf den Feingehalt gesehen, und das Verbot gegen
Legierung in der oströmischen Gesetzgebung erneuert.

Infolge der Solidität der neuen Münzordnung erhielt sich
dieselbe nicht bloß bis zum Untergang des oströmischen und des
Frankenreiches, sondern sie wurde auch als internationale Handels=
münze bei allen damals bekannten und mit einander verkehrenden
Völkern jeder anderen Münze vorgezogen, so daß der „S o l i=
d u s" dieselbe Rolle spielte, welche heute der Napoleonsd'or oder
der englische Sovereign einnehmen.

Das Silber wurde in der konstantinischen Münzordnung
teils zur Deckung des Bedarfes an Scheidemünze gebraucht, teils
im großen für den Handel verwendet. Im letzteren Falle wurde
es nach dem Gewicht ausgemessen, und sein Verhältnis zum
Golde nach dem jedesmaligen Marktpreis festgesetzt. Die Haupt=

silbermünze, die als Kleingeld diente, war der Denar geblieben, von welchem seit Nero 96 auf das Pfund Silber geschlagen wurden. Nach der konstantinischen Münzordnung gingen $18^1/_2$ Denare auf den Goldsolidus und 1333 auf das Pfund Gold. Da diese Einteilung etwas verwickelt war, so kam noch unter Konstantin neben dem Denar ein neues Silberstück auf, von welchen 1000 auf ein Pfund Gold gingen, und der daher den Namen miliarense ($\mu\iota\lambda\iota\alpha\varrho\dot\eta\sigma\iota o\nu$) erhielt, ein Name der sich offenbar in dem portugiesischen Milreis erhalten hat. Ein Solidus galt also $13^8/_9$ Miliarensien oder im Verkehr wahrscheinlich rund 14.

Da das Wertverhältnis des Goldes zum Silber in längeren Perioden damals etwas niedriger stand, so litt der Staat durch die Ausgabe dieser Silbermünze Einbuße. Dieser zeitweise Versuch einer Doppelwährung konnte sich daher nicht halten, und schon von Julian an wurde das schwere Silberstück von 72 auf das Pfund Silber so selten mehr ausgeprägt, wie jene silbernen Denkmünzen, welche zur Verteilung bei öffentlichen Festen im Gewichte von $^1/_4$ bis zu $^1/_2$ Pfund geprägt zu werden pflegten. Man mußte von der Prägung dieser vollwertigen Silbermünzen wieder abstehen und schlug neben den alten Denaren eine neue Münze, von denen 24 Stück auf einen Solidus kamen, was den 1728sten Teil des Goldpfundes ausmachte. Da dieser Bruchteil im römischen Gewichtssystem „siliqua" hieß, so erhielt die Münze den gleichen Namen.

Außer diesem Silberkleingeld waren auch Kupfermünzen von 2, $2^1/_2$, 8 und 10 g im Umlauf. Wurde das Kupfer auch zu größeren Zahlungen verwendet, wie dies im Kleinhandel unvermeidlich ist, so wurde dasselbe in Beutel verpackt, welche meistens 20 bis 25 Pfund Kupfer oder den Gegenwert eines Solidus enthielten, ein Brauch, der auch auf das Mittelalter überging und im Pfund Sterling einen Anklang übrig gelassen hat. Außerdem kamen Beutel noch als Kupfergewicht vor, und zwar von $312^1/_2$ Pfund Kupfer. Das Kupfer stand in jener Zeit zum Silber, wie 1:100 bis 125 und zum Gold, wie 1:1440 bis 1800.

Der Denar scheint später geringerwertig geschlagen worden zu sein. Denn im 5. und 6. Jahrhundert war er vorübergehend bis auf $1/6000$ bis $1/7200$ des Solidus gesunken. Nach dem heutigen Metallpreise stellt sich der Wert der konstantinischen Münzordnung wie folgt:

ein Pfund fein Gold	= 913 M.	60 Pf.
ein Solidus = $1/72$ Goldpfund	= 12 „	69 „
ein Miliarense = $1/1000$ „	= — „	91 „
eine Siliqua = $1/24$ Solidus	= — „	53 „
der Denar 2½ Pf., später im 5. und 6. Jahrh.		$1/4$ „

Die Münzordnung des Frankenreiches.

Das Münzwesen des Frankenreiches beruhte auf der konstantinischen Währung, denn die alten Germanen hatten, nach dem Zeugniß des Tacitus, kein eigenes Geld, obwohl die Gallier schon Münzen prägten, auf denen ein Pferd oder ein Rind abgebildet war. Als Wertmesser und Tauschmittel galt in erster Linie das Rindvieh; sodann auch noch Sklaven. „Ob den Germanen," sagt Tacitus, „die Götter aus Gunst oder Mißgunst Gold und Silber versagt, weiß ich nicht zu entscheiden. Auch wage ich nicht zu behaupten, daß es in Deutschland überhaupt keine Silber- oder Goldader gebe; denn wer hat es untersucht? Übrigens legen die Germanen keinen Wert auf den Besitz oder Gebrauch dieses Edelmetalls. Man sieht bei ihnen silberne Gefäße, die ihre Gesandten und Fürsten zum Geschenke erhalten, kaum höher geachtet als wenn sie aus Thon wären. Nur die deutschen Grenzbewohner schätzen Gold und Silber wegen des Handelsverkehrs, und nehmen gewisse Sorten römischen Geldes an, am liebsten die alten und längst bekannten Münzen, wie die mit einem Zweigespann geprägten Denare. Auch ziehen sie die silbernen Münzen den goldenen vor, weil jene zum Kaufe billiger, und vermischter Waren zweckdienlicher sind. Die im Innern des Landes wohnenden beharren dagegen beim einfachen alten Tausche." Die ältesten nordischen Sagen, sowie die Gräber= funde des Nordens und Nordostens legen Zeugniß ab, daß die dort häufig gefundenen Hals= und Armringe ebenfalls als all= gemeines Zahlungsmittel galten. Diese Armringe bestanden, wie schon früher erwähnt, aus längeren Spiralen, welche zuweilen sogar dem Arm als Schutz dienen konnten. Von diesen wurden, je nach Bedarf, größere oder kleinere Stücke als Tauschmittel oder Geschenk abgehauen, wovon freigebige Fürsten im Norden den Namen „Ringbrecher" *) erhielten.

Diese Goldringe sowie überhaupt das Gold zu diesem und anderem Geschmeide scheinen durch den Bernsteinhandel aus Griechenland und Kleinasien nach dem Norden gekommen zu sein. Es bildete, unseren Barren vergleichbar, die älteste deutsche Handelsmünze, doch sind auch altgriechische und ägyptische Münzen gefunden worden. Außerdem haben uns die Gräberfunde in Süddeutschland mit einer kleinen Goldmünze in Gestalt von Hohlpfennigen oder Schüsselchen (die sog. „Regenbogenschüssel= chen") bekannt gemacht, auf welche Tierköpfe, Sonne, Halbmonde, Sterne, Dreiecke, Küchelchen, Hufeisen u. dergl. eingeprägt sind. Dieselben waren eine Handelsmünze, welche von den Griechen in der ältesten und daher rohesten Form geprägt wurde, weil diese ihren nordischen Kunden am bekanntesten war, und daher am meisten Vertrauen einflößte, gerade wie man heute noch in Österreich Dukaten und Theresienthaler in der Form des vorigen Jahrhunderts zum Verkehr in der Levante schlägt.

Nachdem die Germanen sich Jahrhunderte lang mit fremden Münzen beholfen, nahmen erst die Franken bei der Eroberung Galliens ein eigenes Münzsystem an, das aber nichts anderes

*) Man sehe meine „Deutsche Geschichte" im Zeitalter germanischer Staatenbildung Seite 318 und folgende. Frankfurt a. M. 1862.

war, als das römische, dessen sie sich faktisch im Grenzverkehre schon seit Jahrhunderten bedient hatten. In der damaligen Zeit war überhaupt das römische Gold, nach der konstantinischen Währung, die einzige Handelsmünze, so daß die Goldstücke bis nach Persien hin, im Kurse waren, indem das Tausend Jahr früher bestandene Verhältnis sich umgedreht hatte. Der Solidus, das römische Hauptgoldstück mit dem Bildnis des Kaisers, spielte damals die Rolle, welche in einer früheren Epoche der Dareikos eingenommen, und der Geschichtsschreiber Procop sagt sogar, es sei nur einem römischen Kaiser, aber keinem anderen Fürsten, selbst wenn er in Besitz von Goldbergwerken gewesen wäre, erlaubt gewesen, Goldmünzen mit seinem Bildnis zu prägen. Selbst die Barbaren würden solche in ihrem Verkehr nicht angenommen haben. Chlodwig nahm faktisch die römische Münzordnung, wie sie nach dem konstantinischen Gesetz bestand, hin Seine Nachfolger fingen an, unter Beibehaltung der gleichen Währung, Goldmünzen mit ihrem eigenen Bildnis prägen zu lassen.

Die Haupt-Umsatzmittel, welche bei den Franken unter den Merowingern und Karolingern während eines Zeitraumes von 500 Jahren im Gebrauch standen, waren:

A. Das Pfund Gold,

1. der Goldsolidus, solidus aureus oder einfach solidus, aureus (von solidus stammt die spätere Münzbezeichnung der Italiener soldo und der Franzosen sol-sou entsprechend dem deutschen Schilling oder ursprünglich Schildling, von dem auf die Münzen geprägten Wappenschild),

2. der Triens oder Tremissis, Dreier, der dritte Teil des Goldsolidus,

B. 3. Das Pfund Silber,

4. der Silbersolidus, Silberschilling,

5. der Tremissis, dritte Teil des Silbersolidus oder Silberdreier,

6. der Denar.

Das Pfund Gold, das Pfund Silber und der Silberschilling waren nur Rechnungsgeld, wie ja auch der süddeutsche Gulden bis zum Jahre 1836 keine wirklich ausgeprägte Münze war.

Die ausgeprägten Münzen waren der Goldsolidus, Gold- schilling, der Triens oder Golddreier und der Silberdenar.

Der Goldschilling enthielt 40 Denare, der Golddreier 13$\frac{1}{3}$ Denar und der Silberschilling 12 Denare. Es gab also zweier- lei Solidi aber nur einen Denar. Als die eigentliche Haupt- münze der Franken ist der Denar zu betrachten, wie es auch bei ihrem ursprünglichen bescheidenen Vermögensstand und Ge- schäftsumsatz natürlich ist. Um einen sicheren Einblick in die Währung des Zeitalters zu erlangen, ist es vor allem erforder- lich, den Metallgehalt des Denars festzustellen. Dies ist indessen keine leichte Aufgabe, weil sowohl das Gewicht selbst während des genannten Zeitraums geändert, als auch Schrot und Korn der Denare mehrmals gewechselt worden sind, überhaupt ein Normalgewicht nicht bestand und sonach große Schwankungen vorkamen. Überdies hat der nach jener Zeit einreißende Miß- brauch des Beschneidens der Münzen (des kippens und wippens), sowie die Ungenauigkeit der Prägestempel ungeheure Gewichts- schwankungen bei den uns noch erhaltenen Denaren bewirkt. Das Gewicht der aus der Merowingerzeit erhaltenen Denare schwankt zwischen 16 und 23 Pariser Gran. Ein aquitanischer Schrift- steller, dessen Name nicht aufbewahrt ist, schrieb im Jahre 845, daß 300 Denare oder 25 Solidi auf das alte Pfund gingen. Darunter kann kein anderes als das römische gemeint sein. Nach der Berechnung Böckhs enthielt dieses 6165 Pariser Gran. Nach der noch sorgfältigeren Berechnung Guérard's (in dessen Kommentar zum Polyptychon Irminonis, dem vom Abt Irmino abgefaßten Zinsbuch des Klosters St. Germain, der wichtigsten volkswirt- schaftlichen Quelle zur Zeit Karls des Großen, welches erst 1836 im Text und 1844 im Kommentar veröffentlicht worden ist) kamen auf das alte Pfund 6144 Pariser Gran. Wenn dieses Pfund 300 Denar enthielt, so hatte der Denar einen Gehalt von ungefähr 20½ Gran. Die Denare hatten ein sehr feines Korn, da sie nur ¹/₂₄ Legierung enthalten.

Der Goldschilling, welcher unter Konstantin noch 85¹/₃ Pariser Gran wog, wurde von den merowingischen Königen bald leichter nämlich zu 70½ Gran ausgeprägt.

Der Denar, dessen Mittelgehalt bis zu Pipin 20½ Gran betrug, wurde nach Einführung des schwereren rheinfränkischen Pfundes stärker ausgeprägt. Während bis dahin 25 Solidi aus einem Pfund Silber geschlagen worden waren, wurde die Einteilung des Pfundes von Pipin auf 22 Solidi herabgesetzt, so daß zu dieser Zeit zweierlei Denare einer von 20½ und einer von 23½ Gran Silbergehalt nebeneinander im Umlauf waren. Kaum hatte der schwerere Denar den leichteren verdrängt, so

Fig. 15.

Karolingischer Denar.

wurde er durch einen noch schwereren ersetzt. Karl der Große verordnete nämlich, daß aus dem Pfund künftig nur 20 Solidus geschlagen werden sollen, machte das um ¼ schwerere ostfränkische Pfund, welches unter Pipin neben dem alten römischen in den Verkehr Westfrankens gedrungen war, zum gesetzlichen Gewicht des ganzen Frankenreiches und bestimmte den Gehalt des Denars auf 32 Gran. Das Durchschnittsgewicht der noch vorhandenen Denare jener Zeit, ist nur 30·89 Gran; doch ist dieser geringere Gehalt durch die oben angeführten Gründe erklärt. Diese von Karl dem Großen festgesetzte Währung wurde von seinem Nach=folger beibehalten. Der Goldsolidus, der noch im ripuarischen oder rheinfränkischen Gesetz im Gebrauch ist, von König Pipin aber abgeschafft worden war, verschwand allmählich aus dem Umlauf, und für einen längeren Zeitraum herrschte nur die Silberwärung. Im Jahre 864 wurde das Wertverhältnis des Silbers zum Golde durch das Edikt von Pistes unter Karl dem Kahlen auf 1:12 festgesetzt; unter den Merowinger: hatte es wie 1:12$\frac{1}{5}$ gestanden. Im Altertum hatte dieses Verhältnis zwischen 1:10 bis 1:13 geschwankt. Nur in seltenen Fällen hatte es eine höhere Ziffer erreicht.

Der absolute Metallgehalt des gesetzlich ausgeprägten Denars war nach heutiger französischer Währung im Durchschnitt 23·19 Centimes, unter Pipin 26·36 und unter Karl dem Großen 26·34. Der absolute Metallwert des Goldsolidus unter den Merowingern ist 9 Franken 28 Centimes.

Karl der Große führte das fränkische Geld auch in Sachsen und Friesland ein. Es blieben da indessen einige Eigentümlichkeiten bestehen. Die Sachsen rechneten nach zweierlei Solidus einem größeren von 3 Tremissen oder 12 Denaren, und einem kleineren von 2 Tremissen oder 8 Denaren. Der letztere wird in ihren alten Gesetzbuch einem jährigen Rinde oder einem Schaf mit Lamm für gleichwertig erklärt; der erstere einem 16monatlichen Ochsen. Denn es gab im Innern Deutschlands noch bis unter den Karolingern so wenig Geld, daß die Wehrgeldbußen nach Wahl entweder in Geld oder in Vieh entrichtet werden konnten.

Auch über den Schlagsatz finden sich Verordnungen; denn Pipin setzte ihn zur Zeit, als er aus dem Pfund Silber 22 Solidi prägen ließ, auf einen Solidus fest.

Der absolute Metallgehalt der Münzen des Frankenreiches darf mit ihrer Kaufkraft nicht verwechselt werden. Da denselben zufälligerweise von verschiedenen Gelehrten eingehendere Untersuchungen gewidmet worden sind, so ist es auch heute noch von Bedeutung, die Resultate derselben vorzuführen. Es sind diesen Untersuchungen die vier wichtigsten Faktoren der Wertmessung zu Grunde gelegt worden: die Getreidepreise, nach dem auf dem Frankfurter Reichstag 794 von Karl dem Großen festgesetzten

Maximalpreis im Vergleich mit den Durchschnittspreisen unseres Jahrhunderts, die Viehpreise, Kostpreise von Taglöhnern und der Arbeitslohn. Von den beiden letzteren Faktoren konnten allerdings nur wenige Beispiele aufgefunden werden, da bei der damaligen, auf der Leibeigenschaft basierten Naturalwirtschaft, freie Arbeiter nur selten in Verwendung waren. Aus allen diesen Faktoren ist im Vergleiche mit den Durchschnittspreisen dieses Jahrhunderts der ziemlich sichere Schluß gezogen worden (und zwar übereinstimmend von J. G. A. Wirth und später selbständig von Guérard), daß der wirtschaftliche Wert des Geldes im 8. Jahrhundert beinahe zehnmal höher war, als im Durch=schnitt des 19. Jahrhunderts. Merkwürdigerweise sank der Geld=wert schon im 9. Jahrhundert infolge eines noch unter der Re=gierung Karls d. Gr. stattgehabten Ereignisses sehr bedeutend. Durch die Einnahme des großen befestigten Lagers der mit den Überresten der Hunnen vereinigten Avaren, des sogen. „Avaren=ringes" in Ungarn, mittelst jenes Frankenheeres, welches Karl d. Gr. auf Schiffen donau=abwärts gebracht hatte, war man der dort aufbewahrten, während mehrerer Jahrhunderte im südwest=lichen Europa geraubten Schätze, habhaft geworden. Der Edel=metallvorrat war dadurch so vermehrt worden, daß der Geld=wert im westlichen Frankenreiche um $1/3$ sank. Der Rest der Preiserhöhung seit jener Zeit läßt sich zum Teil durch den Auf=schwung des Bergbaues, in der Hauptsache aber durch die riesige Vermehrung der Edelmetalle infolge der Entdeckung Amerikas erklären.

Wir lassen nun nach Guérard eine Zusammenstellung der Münzen des Frankenreiches nach ihrem wirklichen Gewichte wie es aus erhaltenen Exemplaren ermittelt ist, nach ihrem absoluten Metallwert in heutigem Gelde und nach ihrem Kaufwerte in heutigem Geldwerte folgen.

Gewicht der Münzen.

	Par. Gran	Gramm
Goldsolidus der Merowinger	70$\frac{1}{2}$	3.74
Golddreier (Triens)	23$\frac{1}{2}$	1.25
Mittel=Denar	21$\frac{1}{2}$	1.14
Gesetzlicher Denar, überein= stimmend mit dem Pfund von 25 Solidus	20$\frac{1}{2}$	1.09
von 752—755		
erster Denar Pipins	20$\frac{1}{2}$	1.09
von 755—768		
zweiter Denar Pipins	23$\frac{1}{2}$	1.23
von 768—778		
erster Denar Karls d. Gr.	23$\frac{1}{2}$	1.23
nach 778		
zweiter Denar Karls d. Gr.	32	1.70
Denar Ludwigs d. Fr.	—	—
Denar Karls des Kahlen	—	—

Absoluter Metallwert

der geprägten und Rechnungsmünzen von 755

	Franks	Cent.
1 Pfund Gold	808	40
1 Unze Gold	67	67
1 Pfund Silber	69	57
1 Gold=Solidus	9	28
1 Golddreier (Triens)	3	09
1 Silber=Solidus	2	78
1 Denar	—	23
von 755—778		
1 Pfund Silber	69	57
1 Unze Silber	5	80
1 Silber=Schilling (Solidus)	3	16
1 Denar	—	26

nach 778

	Franks	Cent.
1 Pfund Silber	86	97
1 Unze Silber	7	25
1 Silber=Schilling	4	35
1 Denar	—	36

Relativer Wert der geprägten und Rechnungsmünzen der Merowinger und Karolinger vom 6. bis 9. Jahrhundert resp. nach heutigem Geldwert

vor 755

	Franks	Cent.
1 Pfund Gold	7 841	—
1 Unze Gold	653	—
1 Pfund Silber	675	—
1 Unze Silber	56	—
1 Gold=Schilling (Solidus)	90	—
1 Golddreier (Triens)	30	—
1 Silber=Schilling	27	—
1 Denar	2	25

vor 755—778

1 Pfund Silber	675	—
1 Unze Silber	56	—
1 Silber=Schilling	31	—
1 Denar	2	56

von 779—799

1 Pfund Silber	844	—
1 Unze Silber	70	—
1 Silber=Schilling	42	—
1 Denar	3	52

von 800 an

1 Pfund Silber	563	—
1 Unze Silber	47	—
1 Silber=Schilling	28	—
1 Denar	2	35

Zugleich mit der römischen Währung hatten die Franken-
könige auch die im römischen Reiche geltende Satzung angenommen, daß das Münzrecht Regal des Staatsoberhauptes war.
Die Münzen wurden bis zu Karl d. Gr. in königlichen Werkstätten jenseits des Rheines geschlagen, im rechtsrheinischen
Deutschland nur an wenigen Orten wie z. B. im Kloster
Corvey.

Die einheitliche Münzordnung des Frankenreiches teilte unter
den Nachfolgern Karls d. Gr. das Schicksal des Reiches und
es giebt vielleicht kein in die Augen fallenderes Beispiel von der
Solidarität, in welcher die Umbildung der Münzen mit der
ganzen Entwickelung der Volkswirtschaft, der Kultur und der
politischen Stellung der Staaten zusammenhängt, als die Zeit
des Unterganges des großen Karolingerreiches. Denn Hand in
Hand mit der Schwächung der Königsgewalt, der Zerreißung
und Decentralisation des Reiches, ging auch die Einheit des
Münzwesens unter. Der erste Grund wurde von den Franken-
königen dadurch gelegt, daß sie einzelnen Städten und Klöstern
aus besonderer Gunst oder gegen gewisse Leistungen das Münzrecht verliehen. Als nun während der Schwächung der Königsgewalt unter den letzten Karolingern der Dienstadel und das
Seniorat sich immer mehr unabhängig von der Zentralgewalt
machten, maßten sie sich, der bis dahin bestandenen Ordnung
zum Trotz, mit dem Rechte, Zölle auf ihrem Territorium zu erheben, auch das Münzrecht an. So entstanden schon im 10.
Jahrhundert tausende von Münzherrn; jede Stadt, jedes Kloster,
jeder Graf, ließ seine eigenen Münzen schlagen. Obwohl die
fränkische Währung formell beibehalten wurde, so begannen doch
bereits viele durch schlechteres Korn sich Vorteile zuzuwenden;
die Falschmünzerei riß, trotz harter Strafandrohungen, ein und es
kam eine solche Mustermarke verschiedener sehr häufig schlechter
Münzen auf, daß im späteren Mittelalter keine durch das ganze
Reich giltige Münze mehr vorhanden war, und daß die Kaufleute, um große Verluste beim Wechseln zu vermeiden, zu den

Messen Edelmetallbarren mit sich führen mußten, um sie erst am Marktorte selbst ausprägen zu lassen.

Das Münzwesen im Mittelalter.

Bei keinem Zweige der menschlichen Thätigkeit läßt sich die Solidarität der Kulturentwickelung so deutlich nachweisen, als im Münzwesen. So weit unsere Quellen reichen, sehen wir den Gebrauch von Münzen zuerst in dem Verkehr zwischen den alten Ägyptern und den Juden erwähnt. Wir sehen, wie die Griechen ihr erstes Münzsystem den Persern entlehnen, und wie dasselbe von ihnen zu den Römern übergeht. Die Herrschaft Roms über die damals bekannte Welt hatte die Ausdehnung ihres Münz= wesens über das ganze Reich zur Folge und die Franken wur= den auch darin ihre Erben. Der Verfall des Frankenreiches und die Überhandnahme des Feudalwesens fanden ihren entspre= chenden Ausdruck in einer traurigen Verwirrung und Verschlech= terung des Münzwesens. Schritt vor Schritt mit der Schwä= chung der Zentralgewalt zersplitterte auch die Münzhoheit. Während' im Frankenreiche das Münzregal nur dem Könige zu= stand, fingen schon unter den letzten Karolingern die Vasallen an, sich das Münzrecht anzumaßen, und die ewige Geldverlegen= heit, in welcher der Träger der Zentralgewalt sich befand, brachte es mit sich, daß dieses Recht auch an zahlreiche Städte und Klöster verliehen wurde. Ursprünglich hatte diese ange= maßte oder auch staatsrechtlich zugestandene Befugnis keinen andern Sinn, als daß an die Stelle weniger Münzstätten tausende von Prägestellen entstanden, welche ihr Geld aber sämtlich auf Grund der karolingischen Münzordnung schlugen.

Das Pfund Silber wurde danach, wie bereits erwähnt, in 240 Denare, von denen 12 auf den Solidus gingen, geprägt.

Der lateinische Name „solidus“ wurde nach dem Wappenschild, das darauf geprägt war, „Schildling“ und später „Schilling“ genannt. Aus dem früher in ganz Europa gebräuchlichen Ausdruck „Denar“ wurde bei den Briten und Deutschen der Pfennig.

Merkwürdigerweise haben die Briten dieses Münzsystem bis auf den heutigen Tag beibehalten, denn das Pfund Sterling zerfällt in 20 Schillinge und der Schilling in 12 Pfennige. Der Ausdruck „Sterling“ wird auf den Verkehr mit dem Hansabund zurückgeführt, dessen Einfluß auch in England tonangebend war. Die einen leiten diesen Ausdruck von dem Umstand ab, daß Denare der Hansastädte, welche in den englischen Verkehr kamen, mit Sternen ausgeprägt gewesen seien, während die anderen ihn von dem Wort „Easterling“ ableiten oder aus dem Osten hergekommenen Münzen, bei welchen im Laufe der Zeit die beiden ersten Buchstaben in Wegfall kamen.

Während in Großbrittannien Hand in Hand mit der Aufrechthaltung der einheitlichen Königsgewalt, welche die Vasallen mit starker Hand niederhielt, die bewährte einheitliche Währung gewahrt wurde, auf der Balkanhalbinsel die konstantinische Währung bis zur Ankunft der Türken sich erhielt und auch in Frankreich, Spanien und Italien infolge strammerer Zentralgewalt, bei den letzteren dank dem großen Handelsverkehr keine störende Änderung der Münzordnung eintrat, riß in Deutschland im Laufe der Jahrhunderte eine gräuliche Anarchie ein. Um diesen merkwürdigen Verfall zu erklären, müssen sowohl politische als volkwirtschaftliche Umstände in Betracht gezogen werden. Deutschland war jenseit des römischen Grenzwalles nur entfernt mit der römischen Kultur in Berührung gekommen, während Gallien und Großbritannien 400 Jahre unter römischer Herrschaft gestanden, bevor sie unter germanische Botmäßigkeit gerieten. Die deutschen Stämme besaßen gar kein eigenes Geld, sondern nahmen mit der karolingischen Herrschaft auch den fränkischen Münzfuß an. Da aber die fränkische Herrschaft nicht lange genug gedauert hatte, um den Sondergeist der einzelnen Stämme zu brechen, auf welche sich die Vasallen stützten, und da unter dem Wahlkaisertum die von den Franken geschaffene Zentralgewalt allmählich von selbst zerfiel und ein Föderativreich unabhängiger Fürsten entstand, so hatte das Münzwesen umsomehr das gleiche Schicksal, als die Dynasten, Fürsten, Bischöfe, Klöster und Städte sich häufig des Münzrechtes nur bedienten, um sich mittels Verschlechterung des Geldes aus finanziellen Verlegenheiten zu reißen.

Der andere wichtige volkswirtschaftliche Umstand zur Beurteilung der Münzverhältnisse, welcher nicht außer acht gelassen werden darf, ist die ursprüngliche Armut der ausschließlich Ackerbau und Viehzucht treibenden Bevölkerung an Umlaufkapital, von welchem eben klingende Münze einen wesentlichen Teil zu bilden pflegt. Eine Ackerbau und Viehzucht treibende Gegend muß dem Strom des Verkehrs schon sehr nahe gerückt sein, um imstande zu sein, reichliche Ersparnisse zu machen und solche auch in Geld anzulegen.

Wir finden heute noch in Amerika und Australien Analogieen, welche unsern Blick auch für die Beurteilung verflossener Zeiten schärfen. Die Vereinigten Staaten von Amerika sind heute bereits, nach Großbrittannien, das reichste Land der Erde geworden; sie liefern an Europa einen Überschuß von Rohprodukten im Werte von jährlich rund 2400 Millionen Mark, sie besitzen die reichsten Silber= und Goldbergwerke und dennoch sind die Ansiedler in den neuen Territorien sehr arm an Geld und nicht selten auch heute noch genötigt, mit dem ursprünglichen Tausch sich zu behelfen. In gleicher Weise gab es in der ersten Periode des Mittelalters in Europa reiche und arme Länder, Gegenden, welche eine Fülle von Geld im Umlauf hatten und solche, welche es fast gänzlich entbehrten. Zu den ersteren gehörten die Mittelmeerländer, die das römische Reich gebildet hatten, in welchen die Schätze der Welt zusammenströmten, zu den letzteren gehörte Deutschland, Skandinavien und die slawischen Ostländer.

Wenn wir daher oben erwähnt haben, daß infolge der Eroberung des hunno=avarischen Ringes in Ungarn der Geld= wert im Frankenreiche gesunken sei, so konnte sich dies nur auf Gallien beziehen, denn Deutschland blieb nach wie vor sehr arm an Edelmetall. Namentlich scheint die große Armut an Gold die Karolinger zum Übergang zur Silberwährung veranlaßt zu haben. Da bis dahin die Goldwährung fast 700 Jahre im Abendland bestanden hatte, und in Byzanz noch ferner Goldsolidi geprägt wurden, so muß man schließen, daß einesteils die Gold= ausbeute im sinkenden Römerreich sehr geringfügig geworden war und daß auf der andern Seite der Gebrauch von Gold zu Nicht=Münzzwecken außerordentlich zugenommen hatte. Eines= teils waren Goldbergwerke der Römer als unergiebig verlassen worden, andernteils waren die Römer aus Provinzen, in welchen sie Gold geschürft hatten, verjagt worden, während ihre Nach= folger des Bergbaues nicht kundig waren; anderteils kam mit der Einführung des Christentums und dem Bau der Kirchen und Kapellen ein vermehrter Gebrauch von Gold für Kirchen= gefäße und Meßgewänder auf, dem sich später der Luxus des Adels und der Höfe anschloß.

So kam es, daß der Bedarf an Goldmünzen in der ersten Hälfte des Mittelalters in der Hauptsache noch von Byzanz be= friedigt wurde, dessen Goldstücke in Italien, Ungarn, Frankreich und Spanien zirkulierten, bis das Aufblühen des Handels in den italienischen Freistädten, insbesondere in Venedig und Florenz wieder zur Prägung eigener Goldmünzen führte. Aus dieser Periode sind uns noch die Bezeichnung Dukaten und Gulden geblieben. Der Name Dukaten stammt nämlich von Ducatus ital. ducato und wird davon abgeleitet, daß König Roger II. von Sizilien in der ersten Hälfte des 12. Jahrhunderts in seiner Eigenschaft als Herzog von Apulien diese Goldmünze gewisser= maßen als „Herzogsstück" hat prägen lassen. Die Bezeichnung „Gulden" wurden ursprünglich nur vom Goldgulden gebraucht und stammt vom „güldenen" Dukaten oder solidus von Florenz, woher die lateinische und italienische Bezeichnung „florin“ und „fiorin“ abgeleitet sind.

Während in Ungarn und im Herzogtum Bayern vor der Abscheidung Österreichs wegen der Nachbarschaft des oströmischen Reiches byzantinische Goldstücke noch am längsten in Gebrauch waren, kamen die Goldmünzen in Deutschland im allgemeinen erst im 14. Jahrhundert nach dem Muster der Florenzer Dukaten oder Goldgulden auf.

Mit Ausnahme des byzantinischen Goldsolidus, welcher bis zum Untergang des oströmischen Reiches im Süden und Süd= westen Europas in Umlauf blieb, war die Hauptmünze im Verkehr bis zur Entdeckung Amerika's der silberne Denar oder Pfennig, welche letztere Bezeichnung von Einigen von dem kel= tischen Worte „pen“, Kopf, also „Kopfstück“ abgeleitet wird, ge= rade wie das französische „écu“ von Schild. Diese Münze ist nicht bloß die verbreitetste, sondern auch die lehrreichste, wenn man ihre verschiedenen Perioden in den Münzsammlungen ver= folgt. Denn der Silberschilling scheint nur ausnahmsweise ge= prägt und in der Regel als Rechnungsmünze gebraucht worden zu sein. Die grenzenlose Zersplitterung des Münzwesens in der Feudalzeit war nur durch den Umstand erträglich geblieben, daß wenigstens die karolingische Münzordnung der Form nach bis zur Entdeckung Amerikas aufrecht erhalten wurde. Darin bil= dete die Münzeinheit das Pfund reinen Silbers, soweit es die damalige Scheidekunst herzustellen imstande war. Ursprüng= lich hatten die Franken, wie oben erwähnt, das römische Pfund von 327.45 gr adoptirt. Karl der Große aber führte ein schwereres Pfund von 367.2 gr ein, welches wie jenes, in 12 Unzen eingeteilt wurde. Aus diesem Pfund wurden 240 Denare oder Pfennige geschlagen, von denen jeder ein Normalgewicht von 1.53 gr hatte und wovon 12 auf den Schilling gingen, während der konstantinische Goldsolidus 40 alte Denare oder 30 karolingische Denare wert war.

In der Folge erlitten die Denare als die Hauptverkehrs=

münze nach drei Richtungen hin eine Verschlechterung: In der Form der Prägung, im Schrot und im Korn. Die künstlerisch schöne Form der Prägung, welche die griechischen Münzen im höchsten Grade auszeichnete, und welche auch größtenteils auf die Römer übergegangen war, verliert sich allmählich schon in der Frankenzeit, obwohl diese sich anfangs noch römischer Münzmuster bedient haben mögen, denn auch die äußere Gestalt der Münzen pflegt den Kulturzustand des Volkes abzuspiegeln. Zur Herstellung schöner Gepräge ist eine hohe Ausbildung des künstlerischen Geschmackes erforderlich, welche man von den alten Deutschen nicht erwarten konnte. Woher sollten auch genügend tüchtige Münzmeister für die zahllosen Münzherren kommen? Abgesehen von der Verschlechterung der Form mit der Mannigfaltigkeit der Münzstätten und der Münzherren griff auch eine außerordentliche Abwechselung in den für die Prägung der Denare gebrauchten Sinnbildern ein, so daß, als in späterer Zeit eine Sorte von Pfennigen einiger Münzstätten mit Kreuzen bezeichnet wurden, der Name Kreuzer als Synonym der Denare entstand, um eine allgemein gesuchtere Sorte von Pfennigen zu bezeichnen. Wie mannigfaltig die Prägungen waren, läßt sich aus der Thatsache erkennen, daß allein die unter dem Münzregal der österreichischen Herzöge geprägten „Wiener Pfennige", welche im 13. Jahrhundert vorherrschend waren, der Reihe nach oder auch gleichzeitig mit folgenden Bildnissen gestempelt wurden: Mit dem Adler, Hirsch, Hirschkopf, Elefant, Löwen, mit einem bärtigen Kopf, mit einem Königsbrustschild, mit einem Szepter und Reichsapfel, mit einem gekrönten Haupt, mit dem Kopf eines Mönchs oder einer Nonne, mit einem Eichhorn, mit einem Wappen mit Krone, mit einem Schwan, mit 3 Vogelköpfen, mit 3 Fischen, mit 3 Kleeblättern, mit einem Stern, einer Rose, einer gekrönten Harpye, mit einem Turm, zwei Drachen, einem Seeungeheuer u. s. w.

Das Schrot der Denare, d. h. ihr Umfang und Gewicht, waren von der Karolingerzeit an fortwährend in der Abnahme begriffen und zuletzt erging es auch so mit dem Korn, d. h. mit dem Feingehalt, bis durch die Entdeckung der Silberberg= werke von Potosi eine vollständige Umwälzung eintrat.

Während der Denar unter den Merowingern und in der ersten Zeit Pipins 1.09 gr wog, sodann nach der ersten Re= form 1.23 und von Karl dem Großen auf 1.70 vermehrt wurde, was einem Silberwert von 28 Pfennig deutscher Reichs= währung gleichkam, hatte sich der Gehalt der Pfennige zur Zeit Rudolphs von Habsburg auf durchschnittlich 0.8 gr vermin= dert. Aber so schwankend war die Prägung der damaligen Zeit, daß man Pfennige findet, welche um die Hälfte im Rauh= gewicht und um ein Drittel im Feingewicht differieren. Rudolfi= nische Pfennige aus dem Ende des 13. Jahrhunderts schwanken nämlich zwischen 0.7 (Laibacher Pfennig), 0.889 (Grazer

Fig. 16.

Wiener Pfennig.

Pfennig), 1.1 gr (Agleier), und 1.12 gr (Wiener Pfennig) Rauhgewicht, während nach dem Feingewicht der Agleier 0.96 gr, der Grazer Pfennig 0.836 und der Wiener Pfennig 0.778 gr wiegt.

Während der erste Denar der Karolinger 20 Pfennig, der zweite Denar 28 Pfennig jetziger Reichswährung Wert hatte, sank dieser Wert in der Folgezeit meist willkürlich, d. h. ohne ausdrückliche Änderung der Münzgesetzgebung, so daß es unter Rudolf v. Habsburg Denare oder Pfennige gab, deren Fein= gehalt zwischen 13, 14, 16 Pfennig jetziger Reichswährung schwankte. Dabei ist wohl zu beachten, daß der Wert der Edel= metalle bis ins erste Jahrhundert nach der Entdeckung von

Amerika wenigstens sechsmal so hoch als im 17. Jahrhundert war und daß daher die Denare in der Rudolfinischen Zeit nur 2—3 Pfennig R.-W. nach dem heutigen Geldwerte repräsentieren.

Da man im Mittelalter den Gebrauch des Papiergeldes noch nicht kannte, obwohl die Chinesen bereits desselben sich bedienten, so bildete die Münzverschlechterung das einzige Mittel der Münzherren sich mit Hilfe des Münzregals aus plötzlichen Verlegenheiten zu helfen. Dieser Willkür von tausenden von Münzherren konnte durch die Zentralgewalt kein Einhalt geboten werden, weil die deutschen Kaiser bis zur habsburgischen Zeit keine festen Residenzen hatten und bei ihren zeitweiligen Aufenthalten ihr Münzregal nur mangelhaft ausüben und dessen Ausschließlichkeit nicht mehr zurückerobern konnten. Da die Verschlechterung des Feingehaltes der Denare durch die große Mannigfaltigkeit der Prägstätten noch vermehrt wurde, so waren die Kaufleute, welche im Mittelalter noch genötigt waren, die Märkte und Messen regelmäßig zu besuchen, veranlaßt, wie bereits bemerkt, Silberbarren mit sich zu führen, welche sie je nach dem Bedarf pfundweise in Pfennige umprägen ließen. Daher kam der Brauch auf, nach Pfundpfennigen zu rechnen, welches die internationale Zahlmünze in Europa wurde und von welchem, wie schon vorübergehend erwähnt, an der heutigen englischen Währung noch die Spur geblieben ist, wenngleich das Pfund Sterling jetzt in Gestalt des Sovereign als Goldmünze ausgeprägt zu werden pflegt. Mit der Unsicherheit in dem Gehalt der Denare riß auch Unfug im Gewicht ein. Nach dem Untergang des Frankenreiches suchten die verschiedenen Münzherren aus Eigennutz auch an dieser Grundlage zu rütteln. Die Verordnung Karls des Großen wurde allmählich nicht mehr beachtet und es trat eine solche Unordnung in dem Gewicht des Pfundes ein, daß schließlich die Handelswelt das Bedürfnis fühlte, sich durch Annahme einer allgemeinen Usance auf eigene Füße zu stellen. Da Köln schon im 9. Jahrhundert zu den bedeutend-

ften Handelsſtädten gehörte, ſo wurde in Deutſchland ſchon früher
das Kölner Gewicht zur Grundlage der Münzwerte angenommen.
Schon im 10. Jahrhundert führte die Stadt Köln die Teilung
ihres Pfundes in 2 Mark ein. Die Mark, welche in 16 Loth
zerfiel, enthielt 233 gr nach heutigem Gewicht. Dieſelbe
wurde von der Reichsmünzordnung angenommen und für das
Silber in 16 Loth zu je 18 Gran (= 288 Gran), für das Gold
dagegen in 24 Karat zu je 12 Gran (= 288 Karat) geteilt.
Dieſe Kölner Mark iſt die Baſis des deutſchen Münzweſens
geblieben, bis das metriſche Pfund von 500 Gramm auf dem
europäiſchen Kontinent allgemein in Anwendung kam. In Frank=

Fig. 17.

Bracteaten (Hohlpfennige). Kaiſer Konrad III. mit ſeinem Sohn Heinrich.

reich und England dagegen wurde das Gewicht der franz. Stadt
Troyes als Grundlage genommen, welchen heute noch in Eng=
land und Amerika als Grundlage des Gewichts für Gold, Sil=
ber und Juwelen 2c., ſowie als Apothekergewicht und als Ge=
wicht für wiſſenſchaftliche Unterſuchungen dient. Das Troyes=
Pfund wiegt 373¹/₄ gr und iſt in 12 Unzen geteilt, von denen
jede 480 gran enthält.

Zwiſchen dem 12. und 14. Jahrhundert ſcheint das Bedürf=
nis ſich geltend gemacht zu haben neben den Denaren auch noch
eine leichter zu prägende, zum Teil größere Münze zu beſitzen.
Es wurden daher von der Mitte des 12. Jahrhunderts an im

Norden und Osten Deutschlands sogenannte Bracteaten, d. h. Hohl= oder Schüsselmünzen aus Silber geprägt, die nur ein Ge= präge trugen, welches auf der einen Seite konvex, auf der an= deren konkav war, indem man sich nur eines Stempels bediente, während die Unterlage, auf welches das Silberblech ausgeschla= gen wurde, entweder aus Blei oder aus Holz bestand. Da diese Bracteaten von verschiedener Größe waren, keine Jahreszahl trugen und ein sehr schlichtes Gepräge hatten, so ist mit den= selben jedenfalls nur nach dem Gewicht gezahlt worden. Man pflegte sie bei ihrer leichten Gebrechlichkeit in Rollen zu verpacken oder auch in Töpfen und Büchsen statt in Beuteln aufzuheben. Diese Bracteaten oder Hohlpfennige traten in Nordostdeutsch= land größtenteils an die Stelle der Denare, und so lange sie aus gutem Silber waren, rechnete man auch gleich den Denaren 240 Stück Bracteaten auf das Pfund feinen Silbers zu 20 Schillingen. Später als die Hohlpfennige immer schlechter aus= geprägt wurden, gingen weit mehr Bracteaten auf das Pfund.

Im Laufe des 13. Jahrhunderts verschlechterte sich die Münze immer mehr, indem zuerst am Schrot, dann auch am Korn abgebrochen wurde. Die Pfennige wurden immer kleiner und dann mit immer mehr Kupfer legiert. Die alte karolingische Einteilung von einem Pfund Silber zu 20 Schillingen oder 240 Denaren wurde zwar beibehalten, doch trat an die Stelle des Pfundes die Mark. Man begann eine Zählmark und eine Ge= wichtsmark zu unterscheiden und aus der letztern oft weit mehr als 240 Pfennige zu schlagen. So stieg z. B. bei der Erfurter Münzstätte die Zahl der vom Jahre 1150—1300 aus der Mark ausgeprägten Pfennige bis über 6000, wobei auch noch eine Verringerung des Korns eintrat. Die Unehrlichkeit der Münz= herrn überstieg alle Grenzen. In Frankreich, wo die karolingische Münzordnung sich natürlich auch erhalten hatte, ging es ebenso arg zu. Das Bedürfnis nach einer Reform machte sich auf dem ganzen Kontinent fühlbar. Es ist daher natürlich, daß man im internationalen Verkehr die Hohlpfennige zurückwies und

sich mit den in Byzanz, Venedig und Florenz geprägten Goldmünzen, welche im deutschen Reiche den Namen Dukaten und

Fig. 18.

Goldgulden Kaiser Ludwigs von Bayern.

Goldgulden erhielten, zu helfen wußte. Auch in Frankreich
fanden dieselben unter dem Namen florin d'or Nachahmung. Im

Fig. 19.

Florentiner Goldgulden.

14. Jahrhundert wurden schon in Deutschland Goldgulden geschlagen, da sowohl im Rhein Waschgold gewonnen wurde, als auch

Fig. 20.

Fridericianischer Goldgulden (Duk.) 1450.

Wirth, Das Geld.   5

im Fichtelgebirge und in den Alpen Goldgruben erschlossen wurden. Die Goldgulden waren anfangs fein, doch wurden sie mit der Zeit ebenfalls verschlechtert, bis infolge der Entdeckung von Amerika und seiner Gold- und Silberschätze der Mißwirtschaft gründlich ein Ende gemacht wurde. Schon vorher hatte trotz dem schon frühen Aufschluß der Silberbergwerke im Harz, in Freiberg in Sachsen und in der Zips in Ungarn die Bankrottwirtschaft der großen Herren einen solchen Grad erreicht, daß man zur Prägung neuer Silbermünzen schreiten mußte. Wie schon bemerkt, war der Silberschilling nur Zählgeld und die kurante Münze bis ins 14. Jahrhundert der Denar oder Pfennig. Als die Verschlechterung des letzteren immer ärger wurde, fing man zuerst in Frankreich im 13. Jahrhundert an, Stücke zu 12 Denaren, also wirkliche Silberschillinge zu prägen.

Nach der Stadt Tours, wo dies zuerst geschah, wurden diese „nummi grossi turonenses" oder „gros tournois" genannt. Im deutschen Reich sofort nachgeahmt, und zwar zuerst in Prag an Stelle der Brakteaten gesetzt, wurden sie dort „grossi pragenses" genannt, woraus das tschechische „groschi" und das deutsche „Groschen" abgeleitet wurde.

Um die Mitte des 14. Jahrhunderts begann die Rechnung nach gewogenen Pfunden oder Marken zu schwinden. Trotzdem waren die Münzverhältnisse immer noch schwankend, indem der Wert der Pfennige je nach den Münzarten ein verschiedener war. So findet man, daß in der ersten Hälfte des 14. Jahrhunderts eine feine Wiener Mark gleich 32 Groschen war und ein Prager Groschen gleich 7 Wiener Pfennigen. $1^1/_2$ Wiener Pfennig machten einen Grazer Pfennig aus. Bald wird der Groschen zu 8, bald zu 12, bald zu 16 Pfennigen gerechnet. In der ersten Hälfte des 14. Jahrhunderts galt ein Goldgulden durchschnittlich 100, in der zweiten Hälfte durchschnittlich 150 Pfennige. So sehr waren die letzteren verschlechtert. In Süddeutschland wurden auch halbe Pfennige geprägt, welche nach

Fig. 21.

Prager Groschen.

der Stadt Hall den Namen „Heller" erhielten. Aus der Zeit
Rudolfs von Habsburg sind Pfennige erhalten, deren Gewicht
zwischen 0.550 und 0.850 gr schwankt. Daraus läßt sich ent=
nehmen, in welcher Zerfahrenheit das Münzwesen sich im
Ausgang des Mittelalters befand, so daß die Entdeckung Ame=
rikas mit seinen Gold= und Silberschätzen für den internatio=
nalen Verkehr als eine erlösende That zu betrachten war.

Es dauerte fast ein Jahrhundert, bis die Wirkung der Ein=
fuhr der amerikanischen Gold= und Silbermassen auf das Münz=
wesen Europas fühlbar wurde. Die große Umwälzung, infolge
deren der internationale Goldwert sich auf ein Sechsteil des
früheren Standes verminderte, machte sich erst von der Mitte
des 16. Jahrhunderts infolge der Auffindung der Silbergru=
ben von Potosi geltend, welche innerhalb 250 Jahren für 1100
Millionen Piaster (Peso, Dollar) reines Silber auf den Welt=
markt lieferten.

Die radikale Umwälzung, welche diese ungeheure Entwer=
tung der Edelmetalle mit sich brachte, zeigte sich zuerst in der
Einführung der Prägung größerer Silbermünzen, wie sie vor
dieser Zeit kaum als Denkmünzen vorgekommen waren. Vorher
hatte man sich, außer, wo größere Zahlungen nach dem Gewicht
gemacht wurden, mit den Goldmünzen beholfen, welche nach der
Teilung des Frankenreiches bloß noch von den byzantinischen Kaisern

geprägt worden waren, bis im 13. Jahrhundert Kaiser Friedrich II. und nach ihm auch Venedig und Florenz Goldgulden zu
schlagen begannen, was zuerst in Ungarn Nachahmung fand, und
dann auch in Deutschland von Seiten der Kurfürsten, denen um die

Fig. 22.

Florentiner Silbergulden.

Mitte des 14. Jahrhunderts zuerst vom Kaiser ein Monopol
verliehen worden war, welches später aber auch anderen Fürsten und
auch Reichsstädten zu teil wurde. Die ungarischen Goldgulden
wurden in Deutschland, wo sie häufig zirkulierten, mit Vorliebe

Fig. 23.

Maximilianischer Dukaten.

Dukaten genannt und erhielten sich, während das Prägen der
deutschen Goldgulden vom 30 jährigen Kriege an aufhörte.

Die erste Ausprägung der groben Silbermünzen, welche anfangs „Guldengroschen" genannt wurden, begann Ende des
15. Jahrhunderts, und zwar zuerst in Österreich, wo die reiche
Silberausbeute der Bergwerke des Erzgebirges in Verbindung

mit den ungarischen Gruben den Anstoß gab. Zwar wurden die ersten Guldengroschen von Herzog Sigismund von Tirol 1486 geprägt, die eigentliche regelmäßige Prägung begann aber erst in den reichen Bergwerken von Joachimsthal auf der Südseite des Erzgebirges, welche durch die Grafen Schlick, denen der Prager Landtag 1520 das Münzrecht zuerkannt hatte, ausgebeutet wurden. Die dort geprägten Stücke hatten 2 Lot Gewicht und wurden zuerst Joachimsthaler Guldengroschen genannt, woraus später durch Abkürzung der Name Thaler entstand, welcher in Amerika in Dollar sich verwandelte.

Fig. 24.

Joachims- oder Schlickthaler.

Das war die Zeit, wo auch die in Frankreich ebenfalls eingeführten groben Silberstücke von dem Wappenschild auf ihrem Gepräge den Namen „écu“ und die englischen den Namen Krone erhielten. Vom Jahre 1520 an prägten die Grafen Schlick ihre Thaler mit der Jahreszahl aus. Schon im Jahre 1528 aber wurde ihnen das Münzrecht von Seiten der böhmischen Stände wieder genommen, weil das Korn nicht mit der Eßlinger Münzordnung übereinstimmte, welche im Jahre 1524 zustande gekommen und vom Kaiser Karl V. sanktioniert worden war. Ein besonderes Verdienst um die Reform des Münzwesens erwarb sich dessen Bruder und Nachfolger Ferdinand I. Nach der Eßlinger

Münzordnung waren von der kölner Mark zu 15 Lot Fein= gehalt 8 Stücke zu prägen. Ein solches Stück hatte somit nach der österreichischen Währung 2 fl. 46 kr. Wert, während der Joachimsthaler nach der Berechnung des Direktor Joh. Newald nur einen solchen von 2 fl. 44 kr. hatte. Die Eßlinger Münz= ordnung selbst würde zweckmäßiger ausgefallen sein, wenn die Anträge des Bevollmächtigten des Erzherzogs Ferdinand ange= nommen worden wären. Schon im Jahre 1526 begannen wieder Unterhandlungen, in welchen der Erzherzog und der Erzbischof von Salzburg vorschlagen ließen, daß die wiener Mark Silber mit allen Unkosten auf 11 Gulden rheinisches Rechnungsgeld ver= münzt werden solle.

Dem entgegen brachten die sächsischen und mannsfeldischen Bevollmächtigten den Antrag ein, daß die kölner Mark in 10 Gulden zu teilen wäre, was für die wiener Mark 12 Gulden rheinisch ergeben würde. Man verständigte sich Ende 1526 da= hin, eine Münzausbringung für die wiener Mark Silber von 11 fl. 24 kr. rheinisch dem Reichstag in Regensburg vorzuschlagen, doch die darauf folgende Türkeninvasion unterbrach die Ver= handlungen. Nicht einmal die Eßlinger Münzordnung wurde durchgeführt.

Endlich kam im Jahre 1551 zu Augsburg die neue Münz= ordnung Karls V. zustande. Danach sollte ein Goldgulden 27 Kreuzer (Pfennig) gelten; es sollen $7\frac{1}{2}$ Stück auf die kölnische Mark gehen und dieselben sollen durch das Reich die „Guldiner“ genannt werden. Von einem halben Goldgulden (36 Kreuzer) sollen 15 Stück auf die wiener Mark gehen. $45\frac{1}{6}$ Gulden à 12 Kreuzer $90\frac{1}{12}$ Gulden à 6 Kreuzer sollen auf eine kölnische Mark gehen. Eine kölnische Mark soll im ganzen enthalten 237 Kreuzer oder 6 Lot 1 Gran Feinsilber.

Unter anderen Münzsorten, welche in dieser Münzordnung aufgeführt, kommen noch vor tirolische Pfennige oder Etsch= Vierer, wovon 300 für 60 Kreuzer gerechnet werden und 518 auf die kölnische Mark gehen, österreichische Pfennige, wovon

240 für 60 Kreuzer gerechnet werden und 649 auf die kölnische Mark gehen.

Auch diese Münzordnung befriedigte nicht und als Karl V. 1556 die Regierung niedergelegt und nach seinem 1558 erfolgten Tode Kaiser Ferdinand I. ihm auf dem Thron nachgefolgt war, kam 1559 eine neue Münzordnung zustande, welche 1561 auch in den österreichischen Erblanden eingeführt wurde. Durch dieses Gesetz kam der Guldenthaler zu 60 Kreuzern mit seinen Unterabteilungen in Umlauf. Derselbe hatte nach der heutigen östr. Währung einen Wert rund 2 fl. 06 kr.

Fig. 25.

Deutscher Reichsthaler Ferdinands I.

Daneben bestand im 16. Jahrhundert noch der rheinische Zählgulden zu 60 Kreuzer. Der Thaler, welcher im Laufe der Zeit in doppelten, halben und Viertelstücken geprägt, wurde 1566 zur gesetzlichen Reichsmünze erhoben und auf 66 Kreuzer festgestellt.

Der Anfang der Kreuzerrechnung und die Ursache, warum die Reichsmünzordnungen vom 16. Jahrhundert an die Wertbestimmungen nach Kreuzern aufstellten, läßt sich nicht genau bestimmen, indessen ist es wahrscheinlich, daß man sich, wie schon oben angedeutet, nach der ungeheuren Verschlechterung des Gehaltes der Pfennige im 14. und 15. Jahrhundert eines neuen

vollhaltigen Pfennigs zu bedienen begann, welcher zur Unter=
scheidung von dem entwerteten und nach seinem Gepräge den
Namen Kreuzer erhielt. Die Kreuzerrechnung war zuerst in
Süddeutschland und Österreich allgemein gebräuchlich geworden,
und es hatte sich auch der Zählgulden eingebürgert. In Nord=
deutschland aber kam der Thaler neben dem Gulden als Rech=
nungseinheit auf.

Man teilte denselben in Groschen, die aber verschiedenwer=
tig bestanden, von denen noch in der ersten Hälfte unseres Jahr=
hunderts mehrere Arten sich erhalten hatten, z. B. der gute

Fig. 26.

Georgsthaler.

Groschen (24 auf den Thaler), der Mariengroschen (45 auf den
Thaler), welche von den Neu= oder Silbergroschen verdrängt wur=
den, von denen 30 auf den Thaler gehen. Von 1623 an wurde
der durch Reichsgesetz festgestellte Thaler zur allgemeinen Rech=
nungsmünze gestempelt. Er unterschied sich von den von den ein=
zelnen Münzherren geprägten und wurde in Süddeutschland nach
rheinischem Münzfuß zu 90 Kreuzer oder 1½ Gulden rheinisch,
in Norddeutschland zu 24 Groschen gerechnet.

Für die österr. Lande ist die zwischen den Jahren 1621 und
1623 herrschende Kipper= und Wipperzeit zu erwähnen, während
welcher trotz der aus Amerika fließenden Silbermassen die Thaler

mit 50, ja 75 % Kupfer legiert und zuletzt ganz aus Kupfer geprägt und nur mit Silber überzogen wurden, bis der dadurch bemäntelte Staatsbankrott ausbrach, worauf wieder zur Prägung neuer vollwertiger Münzen zurückgekehrt wurde. Überhaupt fanden viele Fürsten während des 30 jährigen Krieges keinen andern Rat, sich aus der ständigen Geldverlegenheit zu helfen, als durch Münzverschlechterung.

Unter den zahlreichen Denkmünzen, welche in der zweiten Hälfte des Mittelalters ausgegeben wurden, sind besonders die Georgsthaler hervorzuheben, welche zuerst in Kremnitz in Ungarn sowohl in Silber als in Gold geprägt wurden, und von Soldaten zum Range eines Talismans erhoben wurden. Zahlreiche Exemplare sind noch heute nicht bloß in den Sammlungen sondern auch im Publikum erhalten, und unter dem Militär ist heute der Aberglaube noch nicht ausgestorben, daß ein solcher Thaler schußfest mache.

Das Münzwesen der Neuzeit.

Aus dem Münzwirrwarr des Mittelalters entwickelten sich, mit Hilfe der allmählich aus Amerika heranströmenden Edelmetallschätze, im Abendlande neue Münzordnungen, denen gewissermaßen als wirtschaftliches Fundamentalgesetz die Thatsache zu grunde lag, daß die enorme Vermehrung des Münzmaterials allmählich eine allgemeine Steigerung der Preise um das sechsfache herbeiführte. Daraus ergab sich die Berechtigung der groben Silbermünzen als Haupt=Umsatzmittel. Die Rolle, welche im Mittelalter ter Silberdenar oder der Pfennig gespielt hatte, fiel in der Neuzeit sowohl in Europa wie in Amerika dem Thaler zu. Auf dem Thaler als Hauptmünze beruhte von da an der

Verkehr in allen Staaten des Abendlandes, wenn auch die Münzordnungen derselben im einzelnen voneinander abwichen. Im großen ganzen ist eigentlich nur eine Unterscheidung von Wichtigkeit: Die der Verhältnisse des deutschen Reiches, welches durch die Greuel des 30jährigen Krieges in eine noch schrecklichere Unordnung geworfen war, als schon vorher bestanden hatte, und die Zustände der übrigen Länder, in welchen das Münzwesen schon frühzeitig zentralisiert worden war.

Eine merkwürdige Metamorphose der Münzen ist fast allen europäischen Ländern gemeinsam, nämlich die förmliche Umwälzung, welche mit dem Charakter und Namen der Hauptmünzen und der Zähleinheiten des Mittelalters zum Durchbruch kam, indem denselben nämlich die Funktion der Teil- und Scheidemünze zugewiesen wurde. So wurde in Italien und Frankreich die Bezeichnung des Pfundes, welches letztere so lange als Zähl- und Zahleinheit gedient hatte, die libra, lira, la livre, zum Namen eines Silberstückes, von welchem 6 auf den Thaler gingen. Der Solidus, welcher nur in Gold wirklich ausgeprägt war, in Silber aber so lange als Zählmünze gedient hatte, wurde in Italien unter dem Namen „soldo", in Frankreich unter der Bezeichnung „Sol", später „Sou" Scheidemünze, welche nur in Kupfer oder infolge der französischen Revolution in Bronze aus Kirchenglocken geprägt wurde. Der Denar aber wurde unter der Verwandlung in das italienische „Danaro" und französische „Denier" die kleinste Scheidemünze, welche fortan nur in Kupfer ausgeprägt wurde und von der 4 auf den Sou gingen. Dieses System bestand bis zur Einführung des Dezimalsystems infolge der französischen Revolution, welches sich aber der alten Ordnung insofern anpaßte, als die neue Münzeinheit, der „Franc", dem „Livre" gleichblieb, während 5 Centimes auf den Sou gingen, welcher nach wie vor die Hauptmünze im Kleinverkehr blieb, da nur eine geringe Summe von Centimes geprägt wurde. Das Landvolk und alte Leute bedienen sich heute noch mit Vorliebe der Bezeichnung Livre und Sou, während in der Schweiz, wo das Dezimalsystem erst 1852 eingeführt wurde, der Name Sou gar nicht in Aufnahme kam. Unterabteilungen der alten französischen Sechs-Livres-Thaler, 30- und 15-Sousstücke, waren noch in den 1830er Jahren im Umlauf zu finden, obgleich infolge ihres hohen Feingehaltes ihr Gepräge ganz abgeschliffen war. In Deutschland ging es ähnlich mit dem Schilling und Pfennig. Der Pfennig und sein Hälbling, der Heller, wurden die kleinste ebenfalls in Kupfer geprägte Scheidemünze unter dem neueren Kreuzer, welcher letztere teils in Kupfer, teils in stark legiertem Silber geprägt wurde. Der Schilling hatte sich an Stelle des Groschens in den Hansestädten und im Kanton Zürich bis auf unsere Tage erhalten. Auch in Großbrittannien wurde der Pfennig zur Scheidemünze oder richtiger zur kupfernen Teilmünze degradiert, welche noch in 4 „Farthings“ zerfiel. Im übrigen behielt das durch seine Insellage begünstigte Land die karolingische Duodezimalrechnung fast unverändert bei. Die Zähleinheit bildete nach wie vor das Pfund Pfennige, bezw. das Pfund Sterling, welches 20 Schillinge zu je 12 Pfennigen enthält. Als grobe Silbermünzen dienen die Krone zu 5 Schilling, die halbe Krone zu 2½ Schilling und das 2 Schillingsstück, denen sich in noch zahlreicherer Ausprägung Schilling- und Halbschillingstücke zugesellen. Vor der Einführung der reinen Goldwährung i. J. 1816 diente als Handelsmünze im großen Verkehr noch die Guinee zu 21 Schilling, welche heute nicht mehr ausgeprägt wird, sondern nur als Zählgeld unter Gentlemen dient.

In Deutschland waren die Übel der Münzanarchie häufig Gegenstand der Verhandlungen auf dem Reichstag gewesen und es war schon Ende des 16. Jahrhunderts der Versuch gemacht worden, das Münzrecht auf diejenigen Reichsstände zu beschränken, welche eigene Bergwerke besaßen. Allein wie viele andere Beschlüsse des Reichstages wurde auch dieser nicht durchgeführt. Konnte man ja auch dem Unfug kein Ende machen, daß die Landesherren und freien Städte Zölle erhoben und daß ein ganzes Netz von Schlagbäumen als Finanzquelle hunderter von Dynasten

und freien Städten innerhalb des Reiches aufgerichtet war. Wäh=
rend des 30jährigen Krieges erstieg der Unfug den höchsten Grad,
indem das Beispiel, welches schon Kaiser Ferdinand II. in seinen
Erblanden gegeben hatte, im Reiche Nachahmung fand und die
Münzverschlechterung so weit getrieben ward, daß die groben
Silbermünzen zuletzt in Kupferthaler umgewandelt wurden. Bei
dem momentanen Gewinn, welchen die Münzherren aus der Ver=

Fig. 27.

Konventionsthaler. Burgau.

schlechterung des Gehalts zogen, wurde die Habsucht allgemein
gereizt; jeder Territorialherr, der sich bis dahin etwa noch ent=
halten hatte, an dem allgemeinen Raub teilzunehmen, errichtete
eine Münzstätte und versuchte das gute grobe Silbergeld mittelst
der Einschmelzung kupferner Kessel zu verdoppeln, zu verdrei=
fachen, ja zu verzehnfachen. Das Publikum trug seine Spar=
pfennige zur Münzstätte, um an der allgemeinen Bereicherung
teilzunehmen. Es entstand ein allgemeiner Taumel, welcher mit
einer Geldkrise endete, die den allgemeinen Bankrott zur Folge hatte.
Erst nach Beendigung des 30jährigen Krieges fanden die größe=
ren Landesherren und Städte Zeit, um durch Vereinbarungen
gegen diesen Unfug einzuschreiten! Allein obgleich die Kurfürsten
von Sachsen und Brandenburg einen Münzvertrag abschlossen,

nach welchem die feine Mark Silber zu 10¹/₂ Thaler ausge=
prägt werden sollte und Unterabteilungen von ¹/₆ Thaler,
¹/₃ Thaler und ²/₃ Thaler geschaffen wurden, für welche letztere
in Norddeutschland auch der Name „Gulden" bis zu neuerer
Zeit in Geltung war, nachdem diese Silberstücke schon wieder
aus dem Verkehr gekommen waren, denn sie wurden erst wieder
durch die neue österreichische Währung ins Leben gerufen, so
blieb dieser Vertrag nicht lange in Geltung. Nicht besser erging
es dem 1690 vom Kurfürsten Johann Georg III. aufgestellten
Leipziger Fuß, nach welchem die Mark Silber auf 12 Thaler
oder 18 Gulden ausgeprägt werden sollte. Obgleich derselbe
von ganz Norddeutschland angenommen und auf dem Reichstag
von 1737 sogar zum Reichsfuß erhoben wurde, erlangte derselbe
doch keine allgemeine Geltung im Reiche. Denn einerseits schlossen
sich die rheinischen und süddeutschen Stände aus, welche 1766
den 24=Guldenfuß annahmen, wobei sie aber sich zuerst noch auf
die Prägung von kleinen Silber= (12 Kreuzerstücke) und Kupfer=
münzen beschränkten. Andererseits führte 1748 Kaiser Franz I.
in Österreich den 20=Guldenfuß ein, wonach aus einer Mark
Feinsilber 13¹/₃ Reichsthaler gleich 20 Gulden geprägt wurden.
Derselbe erhielt, da Bayern seit einer Reihe von Jahren ihm
beigetreten war, den Namen Konventionsfuß, der in Österreich

Fig. 28

Brabanter Kronenthaler.

bis 1857 in Kraft blieb. Die nach diesem Fuß geprägten 2-Guldenstücke waren unter dem Namen Species- oder Konventionsthaler auch in Süddeutschland in Umlauf. Die süddeutschen Staaten begnügten sich für ihren Geldbedarf zu großen Zahlungen mit fremden Thalern. So waren die französischen 6 Livres-Thaler unter dem Namen Laubthaler viel verbreitet, sowie die zuerst aus Belgien stammenden Kronthaler (auch Schwertthaler, Brabanter Thaler genannt), welche dem französischen

Fig. 29.

Französischer 6 Livres-Thaler.

6 Livres-Thaler am nächsten kamen, indem diese nach rheinischem Geld 2 fl. 48 kr. und die Kronthaler 2 fl. 42 kr. galten. Vom Jahr 1807 an begannen die süddeutschen Staaten, Bayern voran, selbst Kronthaler nach dem Fuß von 24½ Gulden auf die feine Mark zu prägen, während das Ausprägen von Gulden zu 60 Kreuzern, die nur als Zählmünze gedient hatten, erst um die Mitte dieses Jahrhunderts begann. Auch in der Schweiz prägten einige Cantone, z. B. Bern und Basel, ähnliche Thaler.

In Preußen hatte sich schon der erste König der Verbesserung des Münzwesens angenommen und Friedrich der Große führte 1750, um die Geldausfuhr zu verhindern, einen eigenen Münzfuß, den 14-Thaler- oder 21-Guldenfuß ein, nach welchem 14 Thaler auf die feine Mark gingen. Der Thaler wurde in

Fig 30.

Baseler Doppelthaler.

Fig. 31.

Berner Thaler.

24 Groschen zu je 12 Pfennigen geteilt. Auch Friedrich II. griff während des 7jährigen Krieges in der Not zum letzten Mittel der Münzverschlechterung und ließ auf den verpachteten sächsischen Münzstätten Thaler bis zur Hälfte und zum dritten Teil des Wertes prägen, so daß zuletzt 45 Thaler aus der feinen Mark Silber geschlagen wurden. Auf den Namen der Pächter, Ephraim, Itzig und Ko., machte der Volkswitz den Knittelvers:

Fig. 32.

Preußischer Thaler.

„Von außen schön, von innen schlimm,
Von außen Friedrich, von innen Ephraim.“

Nach dem Hubertusburger Frieden war Friedrich II. endlich
imstande, die schlechten Münzen einzuziehen und mittelst starker
Münzausprägung den 14=Thalerfuß wieder in Kraft zu setzen.
Sein Beispiel aber hatte so üble Nachahmung gefunden, daß die
Verschlechterung der Scheidemünze bis in die erste Hälfte unseres
Jahrhunderts reichte. Wir brauchen nur an das Verbot der be=
kannten Koburger Sechser zu erinnern. Im Jahre 1821 wurde eine
neue Änderung eingeführt, indem der Thaler statt in 24 in 30
Groschen geteilt wurde, welche im Gegensatz zum alten oder guten
Groschen „Silbergroschen“ genannt wurden, aber ebenfalls in
12 Pfennige geteilt waren. Als Scheidemünzen wurden Silber=
groschen und halbe Silbergroschen, sowie Kupferpfennige, Zweier
und Dreier geprägt. Außerdem blieben die ¹/₃= und ¹/₆=Thaler
in großer Menge in Zirkulation.

Später trat auch Sachsen dieser Einteilung bei, nur mit
dem Unterschied, daß es seine Neugroschen genannten Silber=
groschen in 10 Pfennige teilte. Auch Mecklenburg trat 1848
dem 14=Thalerfuß bei, indem es aus einem Thaler 48 Schillinge
zu 12 Pfennigen, und Oldenburg, indem es den Thaler zu 72
Grote à 5 Schwaren schlug. (Es war ja noch die Blütezeit des
deutschen Partikularismus!)

Die größte Verbreitung unter allen Thalern hat der spanische Piaster erlangt, dem auch der amerikanische Dollar nachgebildet wurde. Denn der Umstand, daß Spanien bis zu Anfang dieses Jahrhunderts im Besitz aller der Länder war, welche

Fig. 33.

Spanischer Piaster. 1809.

Fig. 34.

Spanischer Piaster. 1855.

wir heute als die spanischen Republiken kennen, und in Mexiko die größte Silbergrube der Welt ausbeutete, brachte es mit sich, daß sein Thaler sehr bald internationale Geltung erlangte, der-

gestalt, daß sogar heute noch die mexikanischen Thaler am Lon=
doner Silbermarkte gleichzeitig mit den Barren notiert werden.

Fig. 35.

Spanischer Piaster. 1823.

Was die Goldmünzen betrifft, so waren Österreich und Un=
garn beim Prägen der Dukaten geblieben, welchen sich für einen

Fig. 36.

Mexikanischer Thaler. Max. I.

geringen Betrag Baden anschloß, indem es aus Rheingold Du=
katen und später 5=Guldenstücke prägte. Der übrige Bedarf an
Goldmünzen wurde lange Zeit einesteils durch die preußischen
und hannoverschen 5= und 10=Thalerstücke, die Friedrichsd'ors und

spanischen Pistolen gedeckt, welche ersteren als eine Nachahmung der französischen Louisd'ors zu betrachten waren, die den Wert von 4 Sechs-Livresthalern repräsentierten. Durch die Annahme der Friedrichsd'or an den preußischen Staatskassen zu einem tarifisch höheren Wert und durch die geringe Summe der Prägungen waren die preußischen Friedrichsd'or eine beliebte Handelsmünze bis nach Süddeutschland und in die Schweiz.

Fig. 37.

Preußischer Friedrichsd'or.

Im Jahre 1838 kam durch die Dresdener Konvention eine Vereinbarung über ein gemeinsames Münzgewicht zu stande. So-

Fig. 38.

Spanische Pistole — 5 Thaler.

wohl der Umstand, daß das Urgewicht der kölner Mark verloren gegangen war, als die absichtliche Habgier der Münzherren hatte zur Folge, daß die Mark in den verschiedenen Staaten ein verschiedenes Gewicht bekommen hatte. In Österreich allein hatte man zwei verschiedene Mark, die wiener Mark mit 288.644 gr und die Kölnische Mark zu 243.870 gr. Man nahm daher als allgemeine deutsche Münzmark oder Vereinsmark die preußische Mark an zu 233.855 gr, welche in 16 Lot zu 18 Gran eingeteilt ist. Auf eine feine Mark wurden 14 Thaler oder 24½ Gulden geprägt. Endlich kam am

Fig. 39.

Maria-Theresia-Thaler.   Wiener Konventionsthaler.

24. Januar 1857 zu Wien der deutsche Münzvertrag zwischen dem Zollverein einerseits und Österreich-Ungarn und Lichtenstein

Fig. 40.

Maria-Theresia-Thaler.   Ungarischer Thaler.

andererseits zustande, durch welchen das Dezimalgewicht zur Grundlage genommen wurde.

Hannover, Braunschweig und Oldenburg hatten schon vorher das Duodezimalsystem aufgegeben und waren dem norddeutschen Thalersystem beigetreten. Ein interessantes Schicksal hatten die Maria = Theresien = Thaler oder Levantiner = Thaler, welche nach wie vor mit dem Bildnis der Kaiserin Maria Theresia und mit der Jahreszahl 1780 in damaligem Schrot und Korn geprägt wurden und noch heute in Vorderasien, sowie in einem großen Teile Afrikas als beliebte Handelsmünze dienen. Während Österreich=Ungarn durch die Annahme des Dezimalsystems seit 1857 eine rationelle einheitliche Münzverfassung sich aneignete, dauerten in Deutschland die Überbleibsel der mittelalterlichen Münzverwirrung noch bis 1874 fort, indem erst durch das Gesetz vom 9. Juli 1873 ein einheitlicher Münzfuß eingeführt wurde, mit dem 1. Januar 1874 vorläufig erst rechnungsmäßig, da um diesen Zeitpunkt die silbernen Teilmünzen noch nicht in genügender Zahl vorhanden waren. Außer dem norddeutschen Thaler= und dem süddeutschen Guldenfuß bestand nämlich noch der lübische Fuß, nach welchem die feine Mark Silber zu 11$\frac{1}{3}$ Thaler oder 34 Mark Kurant, der Thaler zu 40 Schillinge, der Schilling zu 12 Pfennigen geprägt wurde; der schleswig=holsteinische Münzfuß zu 34$\frac{11}{16}$ Mark auf die Feinmark; der Hamburger Fuß, nach welchem die Hauptrechnungsmünze, die Mark banko, gar nicht ausgeprägt wurde, weil die Hauptzahlungen durch Umschreibung bei der Girobank erfolgten, bei welcher Silberbarren deponiert wurden, während in der Hauptsache nur Scheidemünze geprägt wurde und auch noch preußische Thaler umliefen; und der Bremer Fuß, wo allein seit 1840 die Goldwährung eingeführt worden war, wobei der Thaler Gold in 78 Grote zu 5 Schwaren eingeteilt war.

Ehe wir auf die deutsche Münzreform übergehen, welche diesem, seit der größeren Entwickelung des internationalen Verkehrs mit Hilfe der Dampfschiffe, Eisenbahnen und elektrischen Telegraphen unerträglichen Zustande ein Ende machte, müssen wir einen Blick auf die Entstehung des Dezimalsystems werfen, durch welches eine förmliche Umwälzung in dem internationalen Münz=, Maß= und Gewichtssystem herbeigeführt worden ist.

Der Testamentsexekutor der französischen Revolution, welcher bei dem radikalen Überdruß des französischen Volkes mit den alten Mißbräuchen auch manche brauchbare Einrichtung über Bord warf, hatte vielleicht etwas voreilig gehandelt, als er mit dem alten Duodezimalsystem brach. Ohne diesen radikalen Bruch wäre es vielleicht möglich gewesen, einen Kompromiß zu erzielen, durch welchen heute das ganze Abendland nur eines einzigen Münz-, Maß- und Gewichtssystems sich bedienen würde. So aber ist es nicht gelungen, die angelsächsische Welt zum Aufgeben ihres althergebrachten Duodezimalsystems zu bewegen, welches zur Zeit der Einführung des Dezimalsystems bereits über ein größeres Landesgebiet als Europa, nämlich über Nordamerika, Australien, Südafrika und Indien Eingang gefunden hatte.

Im Münzwesen ist auch das alte englische System nicht durchgängig auf dem Zwölfer-Fuß gegründet, sondern letzterer nur auf den kleinen Verkehr beschränkt, indem das Pfund Sterling in 20 Schillinge und der Schilling in 12 Pence geteilt ist. Für den kleinen Verkehr ist die Zwölferteilung zweckmäßiger, da die Zahl 12 durch mehr Zahlen dividiert werden kann. Im übrigen hat die große Einfachheit des Dezimalsystems in erster Linie die Gelehrten gewonnen, bei deren Untersuchungen nach und nach nur Dezimalmaß und -Gewicht angewendet wird.

Gleichzeitig mit der Annahme des dezimalen Maß- und Gewichtssystems führte Frankreich 1795 den Franken im Gewicht von 5 gr mit $\frac{1}{10}$ Kupferlegierung als Basis der neuen Münzordnung ein, der sich aber nur wenig von dem vorigen Livre unterscheidet, indem dieser nur $\frac{1}{81}$ leichter war. Die Silberthaler wurden von da an statt wie vorher zu 6 Livres mit Halben-, Viertel-, Fünftel-, Achtel- und Zehntel-Stücken, nämlich zu 3 Livres, 30 Sous, 24, 15, 12 Sous, wozu sich noch kleine 6 Sous-Münzen gesellten, — seit dem Gesetz vom 28. März 1803, welches in Frankreich die Doppelwährung einführte, in Stücken zu 5 Franken ausgeprägt. Als Teilmünzen wurden geschlagen Stücke zu 2 Franken, 1 Franken, $\frac{1}{2}$ Franken, $\frac{1}{4}$ Franken und von 1848 an zu ¹/₅ Franken oder 20 Centimes, da der Frank in die kleinste Scheidemünze von 100 Centimes geteilt war. Der alte Sou galt 5 Centimes. Nach dem Gesetz von 1803 wurde das Verhältnis des Goldes zum Silber auf 15½ : 1 festge=

Fig. 41.

Französisches 40=Frankenstück. Karl X.

stellt und aus einem Kilogramm Gold 155 Napoleonsd'or zu 20 Francs mit ¹/₁₀ Kupferlegierung geprägt. Das frühere Gold=

Fig. 42.

Toskanisches 5=Lire=Stück.

stück war in Frankreich der Louisd'or gewesen, der aber unter den verschiedenen Königen mehrere Änderungen in Wert, Ge= wicht und in der Einteilung erlitten hatte. Während unter Ludwig XIV. der Louisd'or zu 20 Livres oder 30 Stück aus der französischen Mark geschlagen wurde, hatte man unter Ludwig XV. und XVI. Louisd'ors zu 24 Livres ausgemünzt, von denen zuletzt

32 Stück aus der französischen Mark geprägt wurden. Nach dem Münzgesetz von 1803 wurden Stücke zu 20 Franken im Gewichte von 6.45 gr, von 40 Franken, deren Prägung seit

Fig. 43.

Neapel. Doppel-Karolin.

1854 eingestellt wurde, im Gewicht von 12.90 Gramm geprägt, nach dem Gesetz vom 3. Mai 1848 Stücke zu 10 Franken im

Fig. 44.

Venedig. Maninthaler. Thaler unter dem letzten Dogen Manin.

Gewicht von 3.22¹/₂ gr, und nach dem Gesetz vom 12. Januar 1854 Stücke zu 5 Franken im Gewicht von 1.61 und nach dem Gesetz vom 12. Dezember 1854 Stücke zu 100 Franken im Gewicht von 32,25 gr und Stücke von 50 Francs im Ge=

wicht von 16.12½ gr. Dieses Dezimal-Münzsystem wurde zunächst von Napoleon I. in Italien eingeführt, wo es sich großenteils erhielt, um heute für das ganze Königreich zu gelten. Später folgten Belgien, die Schweiz, Rumänien, Griechenland, Spanien, Serbien und Bulgarien.

Die Vereinigten Staaten von Amerika hatten 1786 die Doppelwährung eingeführt mit dem Wertverhältnis des Silbers zum Gold von 1 : 15¼. Der Silberdollar wurde zu 375.64 Gran Feinsilber geprägt. Das 5 Dollars-Goldstück oder der halbe „eagle" zu 123.134 Gran Feingold. Schon 1792 aber wurde das Gesetz einer Revision unterworfen, durch welche das Verhältnis des Goldes zum Silber bestätigt und eine große Münzstätte errichtet wurde, die dem Gebrauche der amerikanischen Bürger überlassen ward, so daß diese unentgeltlich und unbeschränkt für ihre Rechnung Gold- und Silbermünzen geprägt erhielten: den Silberdollar zu 371¼ Gran fein und das 5 Dollar-Stück zu 123.75 Gran fein. Der Dollar, der dem spanischen Piaster nachgebildet war, wurde in 100 Cents geteilt und ½ und ¼ Dollars zu 50 und 25 Cents geprägt, wozu noch 10- und 5-Centstücke kamen, während die Cent- und ½-Centstücke aus Kupfer geprägt wurden. Durch das Gesetz von 1837 wurde das Korn des Dollars von 26.956 auf 26.729 herabgesetzt. Im Jahre 1853 wurde faktisch die Goldwährung eingeführt, indem der Silberdollar nur noch als Handelsthaler geschlagen und der Gehalt der Silbermünzen um 8½ % reduziert wurde, so daß sie fortan nur als Zeichengeld zu betrachten waren. Die von da an geprägten halben Dollars zu 50 Cents wiegen 12.441 gr, die Vierteldollars zu 25 Cents 6.221 gr, die 10 Centstücke oder Dimes 2.488 und die 5-Centstücke oder halben Dimes 1.244 gr, dazu noch 3 Cent-Stücke zu 0.802 gr. Diese Teil- oder Scheidemünze durfte gesetzlich nur bis zu 5 Dollars zu Zahlungen verwendet werden. Die Prägekosten wurden für ½ % auf die Goldmünzen und die Handelsdollars festgesetzt, da die Scheidemünze selbstverständlich nur für Rechnung des Staats geprägt wurde. Der Preis des Silbers war damals 61¹/₂ d per Unze Standard, da infolge der Entdeckung der kalifornischen Gold= lager der Silberpreis gestiegen war. Nach dem Gesetz vom 31. März 1837 werden in den Vereinigten Staaten an Gold= münzen geprägt: Zehn=Dollars=Stücke (eagles) zu 258 Troh= Gran = Gewicht oder 16.718 gr, halbe eagles zu 5 Dollars 8.359 gr und ¹/₄ eagles zu 4.179¹/₂ gr. Nach dem Münz= gesetz vom 3. März 1849 wurden geprägt: Doppel=Adler zu 20 Dollars im Gewicht von 33.436 gr und Ein=Dollars= Stücke zu 1.672 gr. Nach dem Gesetz vom 21. Februar 1853 3 Dollarsstücke zu 5.0154 gr. Für Kalifornien werden besonders geprägt 5fache eagles zu 50 Dollars und 9fache eagles zu 90 Dollars.

Schon vorher hatte sich England, um Ordnung in das durch die Entwertung der Noten der Bank von England zerrüttete Münzsystem zu bringen, 1816 entschlossen, zur reinen Goldwäh= rung überzugehen, und zwar auf der Basis des Wertverhält= nisses des Silbers zum Golde von 1 : 15.21. Die Silbermünzen (Krone zu 5 Shilling, halbe Krone, 2 Shillingstück, 1, ¹/₂ Shilling= stück) blieben unverändert und wurden zum Zeichengeld degradiert, die Prägung der Guineen zu 21 Shilling wurde eingestellt und fortan Goldmünzen im Wert von einem Pfund Sterling = 20 Schilling unter dem Namen Sovereigns im gesetzlichen Gewichte von 7.988 gr geprägt. Nach erfolgten Münzproben und nach den vollen Remedien stellt sich das Gewicht dieser Sove= reigns thatsächlich auf durchschnittlich 7.9714 gr; es werden halbe Sovereigns zu 10, doppelte zu 40 und fünffache zu 100 Schilling geprägt, indessen die beiden letzteren in geringer Zahl. Infolge der riesigen Ausdehnung der englischen Kolonieen und Besitzungen, welche sich über alle 5 Erdteile erstrecken und eine Bevölkerung von 240, mit den indischen Feudalstaaten aber von über 300 Millionen Menschen umfassen, hat die englische, auf der Goldwährung und für die Scheidemünze auf dem Duodezi= malsystem fußende Münzordnung, obwohl Indien seinen beson=

Fig. 45.

Englische Krone.

Fig. 46.

Englische Guinee.

deren Münzfuß auf Grund der Silberwährung besitzt, einen
größeren Einfluß im Welthandel erlangt, als das französische
System. Dies ist auch der Hauptgrund, warum es fast unmöglich
erscheint, wenigstens in den Staaten der abendländischen Zivili=
sation, ein einheitliches Münzsystem einzuführen. Der Wunsch
eines Weltmünzsystems wird daher noch lange ein Traum bleiben,
weil das Abendland zur reinen Goldwährung gedrängt wird,
während das Morgenland noch auf Jahrhunderte hinaus bei der
reinen Silberwährung wird bleiben müssen. Bis auf einen ge=
wissen Grad ist der Sovereign internationale Münze geworden,
und zwar in höherem Maße als das 20 Frankenstück, wegen
der Begünstigung, welche die Bank von England statutenmäßig
in dem Austausch von Barren gegen Noten zu gewähren hat.

Zwar besteht auch nach dem französischen Gesetze eine Erleich=
terung insofern, als die Münzstätten verpflichtet sind, für die

Fig. 47.

Russischer Rubel. 1738 Anna.

Rechnung des Publikums gegen Entrichtung eines sehr geringen
Schlagschatzes, der nur die Kosten der Prägung deckt, Gold und

Fig. 48.

Russischer Rubel. 1718 Peter I.

Silber auszumünzen. Dieses Recht ist neuerdings nur für das
Silber suspendiert worden. In Großbrittannien aber ist die
Bank verpflichtet, für alle ihr angebotenen Goldbarren Noten
im Werte von 3 £ 17 ^{d} 9 ^{s} für die Troy=Unze, also nur wenig

unter dem Münzwert auszufolgen, wodurch dem Publikum das Warten auf die Prägearbeit in den Münzstätten erspart wird.

Rußland ist schon frühzeitig zur Dezimalrechnung übergegangen, indem es seine Hauptmünze, den Rubel, auf der Basis der Silberwährung, im Gewicht von 20.7315 gr und an Feingehalt von 0,868 in 100 Kopeken einteilte. Es werden auch ½ und ¼ Rubel geprägt. Das Feinsilbergewicht der Rubel ist 17.997 gr. Es werden auch Goldstücke zu 1.1648 gr Feingold der Rubel geprägt, nämlich Imperiale zu 5 Rubel 15 Kopeken und Dukaten zu Rubel 3.09. Von 1828 an wurden in Rußland Imperiale aus Platina gemünzt; allein von 1845 an wieder

Fig. 49.

Russischer Imperial. 1766 Katharina.

eingezogen. Gegenwärtig sind in Rußland wegen des Zwangskurses keine Silberrubel mehr im Umlauf, nur kleine Münze, und Goldstücke im Verkehr mit dem Ausland.

Im Jahre 1832 wurde das französische Münzsystem in Belgien eingeführt, nachdem dasselbe sich i. J. 1830 von den Niederlanden getrennt hatte. Vorher bestanden die Münzen der ehemaligen österreichischen Niederlande, welche von 1755 an gesetzmäßig geprägt wurden, aus brabanter Kronenthalern im legalen Gewicht von 29.477 gr, von denen halbe und Viertel-Kronenthaler geschlagen wurden und vielfach am Rhein und in Süddeutschland in Umlauf kamen.

Ferner bediente man sich der Schillinge zu 4.941 gr, der Doppel- und Halbschillinge, sowie der Stüber im Gewicht

von 1 gr, welche in der Regel aber nur als 5= und 2¹⁄₂=
Silberstücke geprägt wurden. Nach der Proklamation der Republik i. J. 1790 wurden in den belgischen Staaten sogenannte
Löwenthaler zu 3¹⁄₂ Fl. im Gewichte vom 32.825 gr geprägt, ferner Gulden zu 9.295 gr und halbe Gulden. Nach
dem Münzgesetz von 1832 wurden Silbermünzen zu 5, 2, 1,
¹⁄₂, ¹⁄₄ Franken ganz wie in Frankreich geprägt. Nach dem Gesetz von 1847 aber auch 2¹⁄₂ Frankenstücke, mit denen später die
Gulden österreichischer Währung international konkurrierten. Von
Goldmünzen werden 40= und 20=Frankenstücke geprägt.

Im Jahre 1835 wurde in Indien eine neue Währung eingeführt, als deren Basis die Rupie der indischen Kompagnie galt
und zu 165 Grän Feinsilber ausgemünzt wurde, oder 11.644
Gramm. Es werden doppelte, halbe und Viertel=Rupien geprägt.
Als Handelsgeld dient eine Goldmünze, der Mohur, zu 15 Silber-
rupien im Gewichte von 11.664 gr Feingold. Außerdem bedient
man sich noch einer großen Zähleinheit, des „Lack", der 100 000
Rupien repräsentiert. Die Rupie wird geteilt in 16 Annas und
die Annas in 12 Pic.

Im Jahre 1844 wurde in der Türkei die Doppelwährung
eingeführt, und zwar auf der Basis des Wertverhältnisses zwischen
Gold und Silber wie 1 : 15¹⁄₁₀. Dort hatte man seit den zwan-
ziger Jahren den Goldpiaster im Gewichte von 0.1591 zur Grundlage des Systems genommen und Stücke von 5, 10, 12, 20, 25
und 40 Piastern geprägt. Der Silber=Piaster wurde zuerst
im Gewicht von 9.691 gr geprägt und in 40 Para geteilt.
Später wurde der Gehalt des Piasters herabgesetzt, so daß eine
Reform notwendig wurde, nach welcher seit 1845 gesetzlich geprägt werden: Silbermünzen von 1 Piaster im Gewicht von
1.202 gr, zu 2 Piastern von 2.405 gr, zu 5 Piastern von 6.013
gr, zu 10 Piastern von 12.027 gr oder fast 90 Kreuzer österreichischer Währung, oder zu 20 Piaster im Gewicht von 44.055
gr. An Goldmünzen werden seitdem geprägt Stücke zu 100 Piaster im Gewicht von 7.2160 gr, welche dem englischen Sovereign

im Gewicht, 7.9880 gr, nahekommen, und 50=Piasterstücke im Ge=
wicht von 3.6080 gr.

In der Schweiz bestanden bis zur Mitte des Jahrhunderts
mehrere Münzsysteme, in der Ostschweiz der süddeutsche Gulden
zu 60 Kreuzer, in der Westschweiz der alte Franken zu 40 Kreuzer
gleich ¹/₄ Kronthaler oder 10 Batzen, der Batzen zu 4 Kreuzer
war die in der ganzen Schweiz gültige Scheidemünze.

Fig. 50.

Alter Schweizer Franken.

Im Jahre 1851 wurde das französische Münzsystem in
der Schweiz, 1862 im neuen Königreich Italien, 1868 im neuen
Rumänien, in Griechenland und in Spanien eingeführt, wo der
Franken den Namen Peseda erhielt, und seit 1878 unter anderem
Namen auch in Serbien und Bulgarien.

Im Jahre 1854 hatte Portugal die reine Goldwährung
eingeführt, auf der Basis der Goldkrone zu 10 000 Reis oder
10 Milreis im Gewichte von 17.735 gr. Es werden halbe,
Fünftel= und Zehntelkronen geschlagen. Die Silbermünzen bestehen
aus Stücken zu 5 Tostòes oder 500 Reis im Gewicht von 12.5
gr, zu 2 Tostòes oder 200 Reis zu 5 gr, so daß der Tostòes
dem Franken gleichkommt, in Stücken zu 1 Tostòe oder 100 Reis
zu 2.50 gr und zu ¹/₂ Tostòe oder 50 Reis im Gewicht von
1.25 gr. Die Silbermünzen brauchen nur bis zu 5000 Reis an=
genommen zu werden.

Die meisten Währungsschwankungen kamen in den Nieder=

landen vor, weil diese mit ihrer Kolonie Java, welche unter dem Einfluß des Silbers steht, die gleiche Währung aufrecht zu erhalten suchen und dadurch im Mutterlande in Verlegenheiten geraten.

Fig. 51.

Portugiesisches 5000 Reis.

Holland hatte nach seinem älteren Münzsystem im 17. und 18. Jahrhundert als Hauptwährungsmünze sogenannte General-

Fig. 52.

Portugiesische Silbermünze von 1000 Reis.

staaten-Gulden, d. h. 3-Guldenstücke geschlagen, welche 31.619 gr wogen oder gleich 5 Mark 21.7 Pfennig R.-W. oder 2.60⁶/₁ Gulden ö. W. waren. Ferner wurden in diesem entsprechenden Werte 2-Guldenstücke oder Kronen geprägt, sowie 1¹/₂-Guldenstücke oder Thaler im Gewicht von 15.8 gr oder im Werte von 2 Mk. 60.9 Pf. jetzige R.-W. oder 1.30³/₁₀ fl. ö. W. Diese Thaler wurden in 30 Stüber geteilt. Ferner wurden geschlagen in demselben Verhältnis Ein-Guldenstück zu 20 Stüber, $^1/_2$-Stücke zu 10 Stüber und $^1/_4$ Stücke zu 5 Stübern, sowie Ein-Stüber-stücke, welche gleich 5 Cents der heutigen Währung sind, sowie 2-Stüberstücke zu 10 Cents heutiger Währung.

Als Handelsmünzen waren im Umlauf für den Handel nach Asien bestimmt seit 1606 Löwenthaler zu 42 Stübern im Ge-wichte von 27.396 gr und im Werte von 3 Mk. 68$^7/_{10}$ Pf. R.-W. oder 1 fl. 83$^6/_{10}$ kr. ö. W. Ferner $^1/_2$ Löwenthaler, sowie Reichs-thaler (Species-Reichsthaler), auch Bankthaler genannt, zu 52 Stübern im Gewichte von 32.718 gr und im Werte von 5 Mk. 11$^1/_{10}$ Pf. R.-W. oder 2 fl. 59$^7/_{10}$ kr. ö. W.; von 1659 an Thaler-Kurant nach dem Albertsthaler oder Burgunderfuße im Gewicht von 28.079 gr und im Werte von 4 Mk. 31 Pf. R.-W. oder 2 fl. 19$^1/_{10}$ kr. ö. W.

Nach dem Münzgesetz vom 28. September 1816 wurden 3-Guldenstücke zu 300 Cents im Gewichte von 32.298 gr und im Werte von 5 Mk. 11 /$_{20}$ Pf. R.-W. oder 2 fl. 59$^6/_{10}$ kr. ö. W. Ferner wurden geprägt in demselben Verhältnisse 1-Guldenstücke zu 100 Cents im Werte von 1 Mk. 73$^2/_3$ Pf. R.-W. oder 86$^1/_2$ kr. ö. W.; 1$^1/_2$-Guldenstücke zu 50 Cents, $^1/_4$ zu 25, $^1/_{10}$ zu 10 und $^1/_{20}$ zu 5 Cents. An Handelsmünzen zum vollen Gehalt an Feinsilber wurden geprägt sogenannte Dukatons oder Ryders (Reiter) zu 315 Cents und Thaler zu 2$^1/_2$ Gulden oder 250 Cents.

Diese Münzordnung wurde schon durch das Gesetz von 1839 abermals geändert, indem als Hauptkurantmünzen Thaler zu 2$^1/_2$ Gulden oder 250 Cents, oder Guldenstücke zu 100 Cents geprägt wurden, welche letzteren 10 gr wiegen und einen Wert von 1 Mk. 70 Pf. R.-W. oder 85$^1/_{10}$ kr. ö. W. repräsentierten. Ferner wurden geprägt $^1/_2$-Guldenstücke im Gewichte von 5 gr oder im gleichen Gehalt mit dem Franken und $^1/_4$, $^1/_{10}$, $^1/_{20}$-Guldenstücke. Dabei blieben die alten Handelsmünzen in Geltung.

Als Goldstücke waren nach dem ältern Systeme im 17. und 18. Jahrhundert Ryder zu 14 fl. holländisch Kurant, wovon

54.82 Stück auf das Vereinspfund Feingold gingen, sowie halbe
Ryder geprägt. Als Handelsmünze galten Dukaten im Gewichte
von 3½ gr, wovon 145.65 auf das Pfund Feingold gingen.
Durch Gesetze von 1816 und 1825 wurden 10= und 5=Gulden=
Stücke kreiert, welche auch in den Gesetzen von 1839 und 1847
beibehalten wurden. Schon am 26. November 1847 trat ein
neues Münzgesetz ins Leben, durch welches zwar an den be=
stehenden Münzen nichts geändert, aber an die Stelle der Doppel=
währung die einfache Silberwährung eingeführt wurde, auf der
Basis des Gewichts eines Guldenstückes zu 10 gr mit ¹⁄₂₀ Legi=
rung. Geprägt wurden von da an Thaler zu 2½ Gulden oder
250 Cents in Silber, sodann als Silberscheidemünze 25=, 10=
und 5=Centstücke. An Goldstücken wurden nach diesem Gesetz
10=Guldenstücke unter dem Namen Wilhelmsd'or (Gouden-
Willem) im Gewichte von 6.729 gr, das Gold zu 21 Karat
7¹⁄₅ Grän mit ¹⁄₁₀ Legierung oder 41.28 auf das Pfund Feingold
geprägt. Ferner doppelte Wilhelmsd'or oder 20=Guldenstücke
und ¹⁄₂ Wilhelmsd'or. Diese Münzen liefen gleichberechtigt mit
den 10= und 5=Guldenstücken, sowie mit den Dukaten als Han=
delsmünze um und erlangten namentlich nach der Aufschließung
der australischen und kalifornischen Goldschichten eine weite inter=
nationale Bedeutung.

Im Jahre 1854 wurde die holländische Silberwährung auch
in der Kolonie Java eingeführt und die alte japanesische Rech=
nungsmünze sowie die für die Kolonie geprägten Silbermünzen
beseitigt. Dieser Schritt führte in der Folgezeit Schwierigkeiten
herbei; denn als von 1872 an der Preis des Silbers im Abend=
lande bedeutend zu fallen begann und die Verrechnung mit Asien
sich verwickelte, geriet die Bevölkerung Hollands, während die
Engländer aus der Umrechnung ihrer Goldmünzen in die Rupien
Nutzen zogen, infolge ihrer gemeinschaftlichen Währung mit der
Kolonie in Nachteil, und die Regierung fand sich daher veran=
laßt, 1875 die Münzprägung für Rechnung der Kolonieen zu
suspendieren und wieder die Doppelwährung einzuführen auf der

Basis des Wertverhältnisses des Goldes zum Silber von 1:15.62. Die Regierung wurde übrigens bald genötigt, die Silberprägung auch in Holland zu suspendieren, als die Schwankungen im Silberwerte immer größere Dimensionen annahmen, so daß es gegenwärtig gleich den Staaten der lateinischen Münzkonvention die sogenannte „hinkende Währung" besitzt, welche von der reinen Goldwährung sich nur dadurch unterscheidet, daß eine größere Summe von groben Silbermünzen im Umlauf ist, welche ohne einen neuen Akt der Gesetzgebung nicht vermehrt werden kann.

Im Jahre 1857 erfolgte der oben erwähnte wichtige Schritt für die Regelung des mitteleuropäischen Münzwesens, indem die zum ehemaligen deutschen Bund gehörigen Staaten einschließlich Ungarns 2c. einen Bund abschlossen, nach welchem die Silberwährung beibehalten, das Pfund Feinsilber aber in 30 Thaler oder in 45 Gulden ö. W. oder in 52½ Gulden südd. W. ausgeprägt werden sollte, sodaß der Thaler gleich 1½ Gulden ö. W. und 1¾ Gulden südd. W. war. Als Gewichtsbasis diente das Pfund zu einem ½ kg und es wurden von da an aus 500 gr geprägt: 30 Thaler nordd. W., 45 Gulden ö. W. und 52½ Gulden südd. W. Die Scheidemünze wurde zu 34½ Thaler auf ein Pfund Feinsilber ausgeprägt. Österreich-Ungarn hatte gleichzeitig die Dezimalteilung angenommen, indem der Gulden in 100 Kreuzer geteilt wurde, während Sachsen, Sachsen-Gotha, Sachsen-Altenburg den Groschen in 10 Pfennige teilten und die Preußen nach wie vor bei der Einteilung in 12 Pfennige verharrten. Österreich hatte, wie oben erwähnt, gleichzeitig die Konventionswährung aufgegeben und die neue ö. W. nach dem 45-Guldenfuß angenommen, während die süddeutschen Staaten von da an Silbergulden wirklich ausprägten, welche bis dahin nur Rechnungsmünze gewesen waren. Eine dem preußischen Thaler gleiche Silbermünze wurde zum Vereinsthaler gewählt und von sämtlichen Vereinsstaaten als einfache und Doppelthaler geprägt und in Umlauf gesetzt. Im Jahre 1858 schuf der deutsche Münzbund

eine gemeinsame Handelsgoldmünze, die Krone, welche 11.111 gr mit
$^1/_{10}$ Kupferlegierung wog und von welcher 50 auf das Vereinspfund Feingold gingen. Außerdem wurden halbe Kronen geprägt. Durch die weitere Bestimmung, daß alle diese Kronen
halbjährlich vom Staate tarifiert werden sollen, d. h. daß alle
6 Monate der Preis bekannt gemacht werden soll, zu welchem sie
an der Staatskasse angenommen werden, sollte dieser neuen
Goldmünze nach dem Vorbild der preußischen Friedrichsd'or und
der österreichischen Dukaten eine weitere internationale Verbreitung gesichert werden. Diese Absicht aber wurde durch die massen-
hafte Vermehrung und Ausfuhr der französischen 20-Franken-
stücke vereitelt. Denn da dieselben eine durch die in Frankreich
herrschende Doppelwährung fest tarifierte legale Münze sind und
überdies bereits in Italien, in Belgien, in der Schweiz und in
anderen Ländern, auch in Deutschland selbst, in großer Zahl zum
vollen Werte in Umlauf waren, so konnte die neue deutsche Krone
nicht dagegen aufkommen.

Durch die Entdeckung der kalifornischen und australischen
Goldlager, welche ungeheure Summen dieses Edelmetalles auf
den europäischen Markt lieferten, war nämlich der Preis des
Goldes etwas gewichen, oder was dasselbe ist, der Preis des
Silbers war von 59$^3/_4$ Pence per Unze Standard im Juli 1850
bis Ende 1852 auf 61$^1/_2$, im November 1853 auf 62$^1/_4$ gestiegen
und hatte in den folgenden Jahren bis 1865 um den Kurs von
61 bis 62 sich bewegt, während heute das Silber auf durchschnittlich 50$^1/_2$ steht. Nun war es bei der in Frankreich herrschenden Doppelwährung den Privaten gestattet, sowohl Silber
als Gold in unbegrenzter Menge auf den französischen Staatsmünzstätten prägen zu lassen gegen einen Schlagschatz, welcher
nur die Selbstkosten deckt. Das Steigen des Silberpreises wurde
daher von den Pariser Bankiers und Edelmetalspekulanten sofort
benützt, um Gold ausprägen zu lassen, damit Silberthaler aufzukaufen und dieselben in die Länder der reinen Silberwährung,
nach Deutschland, Österreich-Ungarn und nach Indien zu senden.

Dieses Arbitrage-Geschäft warf einen so großen Gewinn ab, daß in den Jahren von 1850—65 für 5 Milliarden Franken Gold in Frankreich geprägt wurde, während in derselben Periode die Ausfuhr von Silber in Frankreich die Einfuhr um 1750 Millionen Franken überstieg. Man nimmt an, daß davon wenigstens eine Milliarde nach Indien gegangen ist. In den Jahren 1857—65 ist überhaupt aus Southampton und Marseille ein Betrag von gegen 2400 Mill. Mark Silber nach Ostasien verschickt worden, d. h. der Betrag der ganzen internationalen Silberausbeute dieser Periode. Der Umlauf von französischen 5-Frankenthalern war in Süddeutschland in jener Periode so stark, daß der Barschatz der Frankfurter Bank einmal fast ganz aus dieser Münzsorte bestand, daß nämlich der Vorrat davon 10 Millionen Gulden erreichte und daß die französischen Thaler während der Krisis von 1857 sogar vorübergehend tarifiert werden konnten.

Diese ungeheure Verschiebung in dem Bestand der beiden Edelmetalle fing zuerst während der Krisis von 1857 an, die öffentliche Aufmerksamkeit auf sich zu lenken. Damals gab es sogar Börsenorgane, welche als Haupturfache die Silberausfuhr nach Ostasien bezeichneten. Mit der Sorge für das Interesse des Staatsschatzes, auf dessen Kosten sich die Arbitrageure in Frankreich jedesmal bereicherten, sobald eine erhebliche Schwankung in dem Preise des einen oder des andern Edelmetalls eintrat, verknüpfte sich auch bald die Agitation für die Einführung eines internationalen Münzsystems, durch welches man hoffte den plötzlichen Störungen im Gleichgewicht der Geldbestände und den Währungskrisen für immer ein Ende zu machen. Der Gedanke fand allgemeinen Anklang und viele Staaten zeigten sich bereit, einem solchen internationalen Münzbunde sich anzuschließen, dem das französische Münzwesen zu Grunde zu legen sei, nachdem die meisten Staaten auch das Dezimal-Maaß- und Gewichtssystem angenommen haben. Der Plan scheiterte indessen am Widerstand Großbritanniens, welches wohl der Einführung eines Welt-Münzsystems zustimmen möchte, wenn man die englische

Münzordnung adoptieren würde, welches sich aber nicht entschließen kann, sein bereits in allen Erdteilen bekanntes Geld gegen das französische zu vertauschen. So kam es, daß eine internationale Konferenz, welche sich 1867 gelegentlich der Weltausstellung infolge der Initiative der französischen Regierung zu Paris versammelt hatte und an welcher die nachfolgenden Staaten sich beteiligt hatten, scheiterte: Österreich-Ungarn, Baden, Bayern, Belgien, Dänemark, die Vereinigten Staaten, Frankreich, Großbritannien, Griechenland, Italien, Holland, Portugal, Preußen, Rußland, Schweden und Norwegen, die Schweiz, die Türkei und Württemberg. Frankreich mußte sich daher mit dem Erfolg begnügen, den es 1865 durch den Abschluß einer Münzkonvention mit Italien, Belgien und der Schweiz — den sogenannten lateinischen Münzbund — erreicht hatte, welchem i. J. 1868 auch Griechenland beitrat. Durch diese lateinische Münzunion unterwarfen sich die genannten Staaten gemeinsamen Bestimmungen hinsichtlich des Gewichts, des Schrot und Korns, des Namens und des Kurses ihrer Gold- und Silbermünzen. Es wurde in dem Vertrage festgesetzt, daß die Münzen eines jeden der partizipierenden Staaten in den übrigen Ländern des Bundes Umlaufskraft haben sollten.

Auch Österreich zeigte sich entgegenkommend, indem es sich entschloß, neue Goldmünzen im Werte von 8 Gulden und 4 Gulden ö. W. in gleichem Schrot und Korn wie die 20- und 10-Frankenstücke zu prägen.

Jene Ausdehnung des Gebietes der Münzen des lateinischen Bundes hatte schon kurz darauf die Folge, daß die Schweiz und Frankreich von einer Überschwemmung von italienischen kleinen Silbermünzen heimgesucht wurden. Infolge des Krieges von 1866 war gleichzeitig mit einer maßlosen Vermehrung des Papiergeldes der Zwangskurs in Italien eingeführt worden. Es waren Notenabschnitte bis zu 50 Centimes und von Seiten einiger Provinzialbanken bis zu 20 Centimen herab in solchem Betrage ausgegeben worden, daß sämtliches Kleinsilbergeld über die Grenze gedrängt wurde und der Umlauf auf der Halbinsel nur durch Papier und Kupfer gedeckt wurde. Erst nach der Wiederherstellung der Valuta im Frühjahr 1883 ist dieses mit Hilfe der Bank von Frankreich gesammelte Kleinsilbergeld im Betrage von rund 200 Millionen Lire von Italien wieder eingelöst worden.

Der lateinische Münzbund wurde aber in einigen Jahren auch noch durch andere Ereignisse heimgesucht. Infolge der bedeutenden Vermehrung der Silberausbeute der Vereinigten Staaten seit dem Jahre 1871, einer momentanen Abnahme des Silberbedarfs Indiens und der durch die deutsche Münzreform veranlaßten Silberverkäufe begann der Preis des Silbers von Anfang 1873 an schnell und bedeutend zu sinken. Die Unze Feinsilber, welche im Durchschnitt des Jahres 1872 $60^5/_6$ Pence gekostet hatte, sank 1873 auf $59^1/_4$, 1874 auf 58, 1875 auf 57, 1876 auf 55 und an einem Tag des Juli sogar auf $46^3/_4$, 1877 auf $54^1/_6$, 1878 auf $52^1/_3$, 1879 auf $51^1/_{10}$ und hat sich seitdem mit geringen Schwankungen auf diesem Kurs erhalten. Schon von Anfang 1873 an machte sich in den Staaten des lateinischen Münzbundes, insbesondere in Frankreich, eine ähnliche Bewegung geltend, wie solche in dem Jahrzehnt von 1855—65 stattgefunden hatte, nur mit dem Unterschied, daß es statt des Silbers jetzt das Gold war, welches durch die Manipulationen der Arbitrageure und Edelmetallspekulanten aus dem Lande geführt wurde. Die letzteren machten eine Zeitlang enorme Gewinnste, indem sie auf dem londoner Silbermarkte Barren zu dem gewichenen Preise ankauften, um sie auf den französischen Münzstätten in 5-Frankenthaler umprägen zu lassen und diese dann zum vollen Währungswerte, welcher einem Preis des Silbers von ungefähr 60 Cent. entspricht, gegen Goldmünzen umzutauschen und diese aus dem Lande zu führen. Die Situation wurde von Spekulanten damals derart ausgebeutet, daß nach der Versicherung französischer Zeitungen in Nevada in den Vereinigten Staaten sogar eine geheime Münzstätte errichtet war, auf welcher französische Thaler

in gleichem Schrot und Korn und in der Prägung kaum unter=
scheidbar, geschlagen und in die Staaten der lateinischen Münz=
konvention importiert wurden, um so das gewonnene Silber zu
höherem Preise zu verwerten. Angesichts dieser außerordentlichen
Erscheinung sah sich der lateinische Münzbund schon von Ende
1873 an zu Maßregeln der Abwehr genötigt.

Am 31. Januar 1874 kam eine Zusatzübereinkunft zu dem
Münzbundvertrag vom 23. Dezember 1865 zwischen den ver=
bundenen Staaten Frankreich, Italien, Belgien und der Schweiz
zu stande, nach welcher sich dieselben verpflichteten: für das Jahr
1874 die Ausprägung von Fünffrankenstücken, sei es von seiten
des Staates oder für Rechnung von Privaten zu beschränken
und in folgender Weise zu repartieren:

Für Frankreich	mit Fr.	60 000 000
„ Italien	„ „	40 000 000
„ Belgien	„ „	12 000 000
„ die Schweiz	„ „	8 000 000

Unter dieser Summe waren auch diejenigen Beträge inbe=
griffen, für welche bereits Prägescheine am 31. Dezember 1873
ausgegeben waren, nämlich

in Frankreich im Werte von Fr.	34 000 000
„ Italien „ „ „ „	9 000 000
„ Belgien „ „ „ „	5 900 000

Außer diesem Kontingent hatte Italien das Vorrecht er=
halten, zur Dotierung der Reserve der italienischen Nationalbank
während des Jahres 1874 bis zu 20 Millionen Fünffrankenthaler
zu prägen. Dieselben durften aber die Keller der italienischen
Nationalbank vor dem Wiederzusammentreten der nächsten Kon=
ferenz im Januar 1875 nicht verlassen.

In Belgien war am 18. Dezember 1873 ein Gesetz erlassen
worden, durch welches die Regierung ermächtigt wurde, die Prä=
gung von Fünffrankenthalern zu beschränken oder zu suspen=
dieren. Schon durch ein Gesetz von 1867 war die tägliche Aus=

prägung von Silber für Rechnung der Privaten in der belgi=
schen Münzstätte auf 150 000 Francs beschränkt worden, indem
das gleiche Recht der Nationalbank zustand. Von 1873 an
war von diesen Rechten vollständig Gebrauch gemacht wor=
den; die Münzstätten hatten täglich 300 000 Francs zu schlagen.
Die Regierung verlangte daher und erhielt das Recht, die Prä=
gung von Fünffrankenthalern für Rechnung von Privaten gänz=
lich zu untersagen. Dies Gesetz sollte nur bis zum 1. Juli 1875
Geltung haben, wurde aber später erneuert. Um die Berech=
tigung dieser Maßnahmen zu zeigen, braucht man bloß die That=
sache zu beachten, daß die Silberprägungen i. J. 1873 ganz ab=
norme Dimensionen angenommen hatten. In den 7 Jahren von
1867 bis 1873 waren in Frankreich für 418 823 565 Francs,
in Belgien für 312 793 590 und in Italien für 163 708 060
Francs Fünffrankenthaler geprägt worden. Während nun in
Frankreich i. J. 1871 nur für 4 710 905 und 1872 gar nur für
389 190 Francs Thaler geschlagen worden waren, erreichte die
Ausprägung i. J. 1873 die ungeheure Summe von 154 138 625,
in Belgien 111 704 795 und in Italien von 42 273 935 Francs.
Da im Durchschnitt des Jahres 1873 der Silberpreis nur auf
49$^1/_5$, d. h. um 3% gefallen war, die Arbitrageure aber doch
ihren Vorteil dabei fanden, die Prägung von Silberthalern auf
eine so enorme Ziffer zu treiben, so läßt sich berechnen, welche
riesigen Gewinnste sie auf Kosten des Staates eingestrichen haben
würden, wenn jene Staaten nicht zur gesetzlichen Abwehr ge=
schritten wären. Letztere war daher unabwendbar geworden.
Angesichts der Fortdauer des Fallens des Silberpreises sahen
sich die Vertragsstaaten genötigt, durch einen Zusatzartikel vom
5. Februar 1875 die für das Jahr 1874 getroffenen Ver=
fügungen auch auf das Jahr 1875 zu erstrecken. Für das Jahr
1876, in welchem der Silberpreis seinen tiefsten Stand erreichen
sollte, fanden sich die Vertragsstaaten, denen auch Griechenland
beigetreten war, veranlaßt, am 3. Februar 1876 eine neue Ver=
einbarung für das genannte Jahr zu treffen, daß für Rechnung

des Staates oder von Privaten nicht mehr als 20 Mill. Francs geprägt werden. Diese Summe wurde wie folgt repariert:

Für Frankreich 54 Mill., für Italien 36 Mill., für Belgien 10 800 000 und für die Schweiz 7 200 000. Der Anteil Griechenlands war auf 3 600 000 Francs festgestellt. Dieser Staat sollte aber, da er das neue Münzsystem eingeführt hatte, noch berechtigt sein, eine Summe von 8 400 000 in 5 Frankenthalern zu prägen und auf seinem Gebiete in Umlauf zu setzen, um damit zirkulierende ältere Münzen einzuziehen.

Jetzt zeigte sich, daß die belgische Regierung am klügsten gehandelt hatte, indem sie sich das Recht erteilen ließ, die Prägung von Silbermünzen für Rechnung Privater aufzugeben. Denn sobald die Beschlüsse der Konferenz Gesetzeskraft erhalten, hatten die Pariser Arbitrageure und Edelmetallspekulanten nichts Eiligeres zu thun, als den ganzen Anteil Frankreichs an der Silberprägung mit Beschlag zu belegen. Von dem in dem Zusatzartikel gewahrten Rechte wurde nicht einmal in vollem Maße Gebrauch gemacht, da insbesondere Italien bei gestörter Valuta sein Kontingent nicht erschöpfte.

Während die Gesamtprägung im Jahre 1874 139 974 260 und 1875 139 904 705 Franken umfaßt, kam sie 1876 statt 120 nur auf 99 460 740 Francs und 1877 nur auf 34 464 285 Francs. Denn schon Ende August 1876 hatte die französische Nationalvertretung Angesichts des enormen Fallens des Silberpreises auf eigene Faust ein Gesetz genehmigt, durch welches die Regierung zur Suspension der Silberprägung für Rechnung Privater ermächtigt wurde, und schon zwei Tage darauf war das Dekret des Präsidenten erschienen, durch welches den Münzstätten in Paris und Bordeaux verboten wurde, Silber zur Prägung anzunehmen.

Anfangs 1878 kamen die Staaten des lateinischen Münzbundes überein, ihren Vertrag bis zum 1. Januar 1886 zu verlängern und die Prägung von Silberthalern für diese ganze Periode zu suspendieren. Durch diesen Beschluß war zu den oben erwähnten drei Ursachen des Fallens des Silberpreises noch eine vierte hinzugekommen, welche allein größeren Einfluß äußern mußte, als der Übergang des Deutschen Reiches zur Goldwäh= rung, welcher so häufig von Seiten der Anhänger der Doppel= währung, insbesondere aber von französischen Bimetallisten und Pariser Arbitrageuren, für die alleinige Ursache der Silber= baisse ausgegeben wird. Denn das Umlaufsbedürfnis der Staaten der lateinischen Münzkonvention mit einer Gesamtbe= völkerung von rund 95 Mill. Einwohnern ist offenbar bedeu= tender, als der Bedarf Deutschlands unter der Silberwährung war. Letzteres besaß unter der Herrschaft der Silberwährung vor der Einführung des neuen Gesetzes einen Silbervorrat von höchstens 500 Mill. Thalern oder 1500 Mill. Mark, wovon rund 420 Mill. Mark wieder zur neuen Reichssilbermünze ver= wendet wurden, während für 400 Mill. Mark Thalerstücke in Zirkulation und in den Kellern der Reichsbank sich befinden. Ziehen wir dagegen in Betracht, daß Frankreich vor der Periode der bedeutenden Goldprägungen z. B. in den Jahren 1848 und 49 allein über 326 Mill. Franks geprägt hatte und daß dessen Prägungen in den Jahren 1832—1872 2328½ Mill. betrugen, daß es von 1867—1875 die Summe von rund 419, Belgien von 313 und Italien von rund 364 geprägt, daß die Prägungen des lateinischen Münzbundes im Jahre 1873 allein 300 Mill. erreicht haben, so scheint uns die obige Behauptung erwiesen zu sein. Dabei darf aber freilich nicht verkannt werden, daß die deutsche Münzreform eine der umfassendsten Maßregeln dieser Art in der Finanzgeschichte war und wenigstens zeitweise einen großen Einfluß auf den internationalen Geldmarkt geübt hat.

Diese große Staatsmaßregel war nämlich unmittelbar nach der Beendigung des deutsch=französischen Krieges beschlossen wor= den, durch welche das neue deutsche Reich in den Besitz einer Kriegsentschädigung von über 5000 Mill. Franks gelangte und dadurch die Mittel in die Hand bekam, den Übergang zur Goldwährung ohne finanzielle Verlegenheit zu bewerkstelligen.

Das heutige Reichsmünzsystem ist aus einer 10 jährigen in den liberalen Volkskreisen genährten Agitation hervorgegangen. Zuerst machten einzelne Stimmen in der Presse den Vorschlag, als gemeinsame Münzeinheit für die deutschen Staaten den Drittelsthaler anzunehmen, da auf diese Weise an den bestehenden Verhältnissen so wenig als möglich geändert werden würde, indem nur die süddeutschen und nordwestlichen Staaten eine radikale Reform vornehmen müßten, weil die Staaten der Thalerwährung bereits darauf angepaßt waren und auch die neue österreichische Währung sich organisch an die neue Münze schließen würde, indem ein Gulden Ö. W. gleich 2 Mark sein würde. In jener Periode nämlich, ein Jahrzehnt vor dem deutsch-französischen Krieg, konnte niemand eine Ahnung der nachfolgenden Entwertung des Silbers haben. Viele dachten sich die neue Währung daher als Doppelwährung, in welcher die vorhandenen Thaler und Bruchteile des Thalers, sowie die österreichischen Gulden ungeschmälert neben den neu zu schaffenden Goldmünzen zirkulieren könnten. Auch der Kongreß deutscher Volkswirte und der deutsche Handelstag, welche die Idee noch anfangs der 1860er Jahre lange vor der Auflösung des deutschen Bundes adoptiert und auf den Schild gehoben, hatten anfangs die strenge Durchführung der reinen Goldwährung nicht betont. Selbst in einer kurz vor Ausbruch des deutsch-französischen Krieges vom Bundesrate veranstalteten Enquête war wenigstens fürs erste noch die Beibehaltung der Doppelwährung ins Auge gefaßt. So kam es, daß bei der Münzreform, obgleich dieselbe schließlich auf die reine Goldwährung hinausläuft, doch eine Silbermünze, der ¹/₃-Thaler, welchem der Name „Mark" beigelegt war, zu Grunde gelegt wurde und die Reichsgoldmünzen dieser Basis angepaßt wurden. Die ganze Münzreform nahm überhaupt einen unklaren Verlauf, indem man zuerst am 4. September 1871 ein Gesetz betreffend die Ausprägung von Reichsgoldmünzen schuf und dann erst am 9. Juli 1873 das eigentliche neue Münzgesetz nachfolgen ließ, durch welches die Goldwährung eingeführt wurde, wobei aber nach Artikel 15 noch ein Provisorium beschränkter Doppelwährung zur Abschiebung der groben Silbermünzen alten Gepräges statuiert wurde. Nach dem Gesetz von 1871 wird eine Reichsmünze geprägt, von welcher aus einem Pfunde feinen Goldes 139½ Stück ausgebracht werden sollen. Dasselbe Gesetz bestimmte bereits, daß der zehnte Teil dieser Goldmünze „Mark" genannt und in hundert Pfennige eingeteilt werden soll. Außer der Reichsgoldmünze zu 10 Mark sollen ferner ausgeprägt wer= den Reichsgoldmünzen zu 20 Mark, von welchen aus einem Pfunde feinen Goldes 60¾ Stück ausgebracht werden. Das Mischungsverhältnis der Reichsgoldmünzen wurde auf $\frac{9}{10}$ Gold und $\frac{1}{10}$ Kupfer festgestellt. Danach wiegen 625.55 Zehn=Mark= stücke oder 62 775 Zwanzig=Markstücke je ein Pfund. Den Zehn= markstücken wurde später der Name „Krone", den Zwanzig=Mark= stücken „Doppelkrone" beigelegt. Da die Zwanzig=Markstücke viel zahlreicher im Umlauf sind, so würde es zweckmäßiger sein von diesem Brauch zurückzukommen und die letzteren „Kronen" und die „Zehn=Markstücke" „halbe Kronen" zu nennen.

Im § 5 wurde dem deutschen Staatenpartikularismus das Zugeständnis gemacht, daß die neuen Münzen nur auf der einen Seite mittelst Reichsadler und Inschrift als Reichsgeld gekenn= zeichnet werden und daß auf der andern die Bildnisse der ein= zelnen Landesherren bezw. die Hoheitszeichen der freien Städte, denen das Münzrecht gewährleistet blieb, angebracht werden. Der § 6 verfügte, daß bis zum Erlaß eines Gesetzes über die Einziehung der groben Silbermünzen die Ausprägung der Gold= münzen auf Kosten des Reiches für sämtliche Bundesstaaten in den Münzstätten derjenigen Bundesstaaten erfolgen solle, welche sich dazu bereit erklärt haben.

Der Reichskanzler bestimmt im Einverständnis mit dem Bundesrate den Umfang der Goldprägungen, sowie die Vertei= lung auf die einzelnen Münzgattungen und Münzstätten. Er ver= sieht die Münzstätten mit dem erforderlichen Golde und setzt die Prägekosten fest. Das vom Bundesrate festgestellte Münz=

verfahren (§ 7) soll die Genauigkeit der Münzen nach Gehalt und Gewicht sicherstellen. Die Abweichung im Gewicht soll nicht mehr als $\frac{2^{1/2}}{1000}$ des Gewichts und im Feingehalt nicht mehr als $^2/_{1000}$ mehr oder weniger betragen. Alle Zahlungen (§ 8), welche gesetzlich in Silbermünzen der Thalerwährung, der süddeutschen Währung, der lübischen oder Hamburger Kurantwährung oder in Thaler Gold Bremer Rechnung zu leisten sind oder geleistet werden dürfen, können in Reichsmünzen derart geleistet werden, daß gerechnet wird: Das Zehn=Markstück zum Werte von $3^1/_3$ Thalern oder 5 fl. 40 kr. süddeutscher Währung, 8 Mark $5^1/_3$ Schilling lübischer und hamburgischer Kurantwährung, $3^1/_{93}$ Thaler Gold Bremer Rechnung; das Zwanzig=Markstück zum Werte von $6^2/_3$ Thalern oder 11 fl. 40 kr. süddeutscher Währung, 16 Mark $10^2/_3$ Schilling lübischer und hamburgischer Kurantwährung, $6^2/_{93}$ Thaler Gold Bremer Rechnung. Die zur Zeit umlaufenden Goldmünzen der deutschen Bundesstaaten (§ 11) sind von Reichs wegen und auf Kosten des Reichs nach Maßgabe der Ausprägung der neuen Gold= münzen einzuziehen. Der Reichskanzler wird ermächtigt, in gleicher Weise die Einziehung der bisherigen groben Silber= münzen der deutschen Bundesstaaten anzuordnen und die zu die= sem Behufe erforderlichen Mittel aus den bereiten Beständen der Reichskasse zu entnehmen.

Über die Ausführung der vorstehenden Bestimmungen ist dem Reichstage alljährlich in seiner ersten ordentlichen Session Rechenschaft zu geben. Im Schlußparagraphen war Bayern noch das Recht eingeräumt, nötigenfalls den Pfennig noch in 2 halbe Pfennige zu teilen.

Obgleich dieses einleitende Gesetz zur deutschen Münzreform nur ein Bruchstück war, so können demselben doch die später bei der Durchführung der Münzreform vorgekommenen Fehler nicht zur Last gelegt werden, denn im § 11 ist ausdrücklich vorge= sehen, daß alte deutsche Goldmünzen nach Maßgabe der Aus=

prägung der neuen Reichsgoldmünzen eingezogen werden sollen. Diese Vorsicht ist von der Reichsregierung leider nicht auf das Silber ausgedehnt worden. Die deutsche Regierung gab vielmehr bis Ende 1874, wo die Bestimmungen des Münzgesetzes vom 9. Juli 1873 noch nicht völlig in Kraft getreten waren, solche beträchtliche Summen an neuen Goldmünzen aus, ohne den entsprechenden Betrag an alten Landesmünzen dagegen ein- zuziehen, daß bedeutende Ungelegenheiten im Verkehr daraus entstanden, auf welche wir zurückkommen müssen, nachdem wir den Inhalt des Reichsmünzgesetzes selbst analysiert haben werden. Durch das Gesetz vom 9. Juli 1873 wurde an Stelle der in den deutschen Staaten herrschenden Landeswährungen, nämlich der Thalerwährung, der Währung der Hansestädte u. a. die Reichsgoldwährung eingeführt. Ihre Rechnungseinheit bildet die Mark, wie solche in dem obenerwähnten Gesetz vom 4. Dez. 1871 festgestellt ist. Die Rechnung nach Mark trat am 1. Jan. 1874 in Kraft, wobei aber die alten Münzen nach einem tari- fierten Preis vorläufig noch in Umlauf blieben. Das Gesetz bestimmt, daß außer den bereits früher festgesetzten Kronen und Doppelkronen auch Reichsgoldmünzen zu 5 Mark, sowie daß ferner Silbermünzen zu 5 Mark geprägt werden sollen. Diese Münzen haben sich in der Praxis als unzweckmäßig erwiesen, weil die ersteren zu klein und die letzteren zu groß sind. Sie werden daher früher oder später wieder eingezogen werden. Außer diesen genannten Münzen werden noch geprägt:

1. Stücke von 2, 1, $\frac{1}{2}$ und $\frac{1}{5}$ Mark.

2. Als Nickelmünzen, 10-Pfennigstücke und 5-Pfennigstücke.

3. Als Kupfermünzen 2-Pfennig- und 1-Pfennigstücke.

Hier hat sich in der Praxis ebenfalls ein Mißstand heraus- gestellt, daß nämlich die 10-Pfennigstücke fast ebenso groß als die 50-Pfennigstücke sind, und daß sie bei schlechter Beleuchtung leicht verwechselt werden können.

Bei Ausprägung der Silbermünzen wird das Pfund feinen Silbers in 100 Ein-Markstücke und die anderen Münzen ent-

sprechend ausgebracht. Das Mischungsverhältnis beträgt 90
Teile Silber und 10 Teile Kupfer, so daß 90 Mark in Silbermünzen ein Pfund wiegen.

Der Gesamtbetrag der Reichssilbermünzen soll (Art. 4) bis
auf weiteres 10 Mark auf den Kopf der Bevölkerung nicht übersteigen. Bei jeder Ausgabe dieser Münzen ist eine dem Werte
nach gleiche Menge der umlaufenden groben Landes-Silbermünzen
und zwar zunächst der nicht dem 30-Thalerstück gehörigen einzuziehen. Der Gesamtbetrag der Nickel- und Kupfermünzen soll
(5) 2$\frac{1}{2}$ Mark für den Kopf der Bevölkerung nicht übersteigen.

Die Ausprägung der Silber-, Nickel- und Kupfermünzen,
sowie die vom Reichskanzler anzuordnende Einziehung der Landes-
silbermünzen und Landesscheidemünzen, erfolgt auf Rechnung
des Reiches.

Niemand ist verpflichtet Reichssilbermünzen im Betrage von
mehr als 20 Mark und Nickel- und Kupfermünzen im Betrage
von mehr als 2$\frac{1}{2}$ Mark in Zahlung zu nehmen. Jene Bestimmung ist enger als die in England und Frankreich geltende,
wo dieses Minimum 40 Mark beträgt. Die Strenge dieser Bestimmung wird aber in dem gleichen Artikel (9) durch die Verpflichtung der Reichs- und Landeskassen gemildert, Reichssilbermünzen in jedem Betrage als Zahlung anzunehmen. Der Bundesrat bezeichnet diejenigen Kassen, welche Reichsgoldmünzen gegen
Einzahlung von Reichssilbermünzen in Beträgen von mindestens
200 Mark oder von Nickel- und Kupfermünzen in Beträgen von
mindestens 50 Mark auf Verlangen verabfolgen. Die Ausprägung von Reichsgoldmünzen (12) geschieht auch ferner, wie
im früheren Gesetze, für Rechnung des Reiches; jedoch haben
Privatpersonen das Recht auf denjenigen Münzstätten, welche
sich zur Ausprägung auf Reichsrechnung bereit erklärt haben,
20-Markstücke für ihre Rechnung ausprägen zu lassen, soweit
diese Münzstätten nicht für das Reich beschäftigt sind. Die
Prägekosten werden vom Reichskanzler mit Zustimmung des
Bundesrates festgestellt, dürfen aber das Maximum von 7 Mark

auf das Pfund Feingold nicht übersteigen. Die Differenz zwischen dieser Gebühr und den Selbstkosten fließt in die Reichskasse. Der Bundesrat hat das Recht fremde Münzen zu verbieten oder zu tarifieren. Der für die provisorisch zirkulierenden Landessilber= münzen festgestellte Tarif betrug:

$$\text{für den Thaler} = 3 \text{ Mark}$$
$$\text{für den Gulden südd. Währung} = 1^5/_7 \text{ „}$$
die Mark lübischer und hamburgischer Courant=
$$\text{währung} = 1^1/_5 \text{ „}$$

Die beiden letzteren Münzsorten sollten zuerst eingezogen werden; hingegen sollten die Bruchstücke der Thalerwährung noch bis zum Erlaß einer weiteren gesetzlichen Maßnahme gleichbe= rechtigt mit den Reichssilbermünzen im Umlauf genommen wer= den, nämlich die

$$^1/_3 \text{ Thaler} = 1 \text{ Mark}$$
$$^1/_6 \text{ „} = ^1/_2 \text{ „}$$
$$^1/_{12} \text{ „} \quad \text{zu } 25 \text{ Pfennige}$$
$$^1/_{15} \text{ „} \quad \text{„ } 20 \text{ „}$$
$$^1/_{30} \text{ „} \quad \text{„ } 1 \text{ Silber= oder Neugroschen} = 10 \text{ Pf.}$$
$$^1/_2 \text{ Groschenstück} = 5 \text{ Pf.}$$
$$^1/_5 \text{ „} = 2 \text{ „}$$
$$^1/_{10} \text{ und } ^1/_{12} \text{ „} = 1 \text{ „}$$

3=Pfennigstücke derjenigen Länder, wo der Groschen in $2^1/_2$ Pf. geteilt war = $2^1/_2$ Pf. R.=W.,

$$\text{baierische Heller} = ^1/_2 \text{ Pf.}$$

Derselbe Artikel (15) ging aber noch weiter, indem er die 1= und 2=Thalerstücke bis zur Außerkurssetzung und der Be= rechnung des Thalers zu 3 Mark den Reichsmünzen über= haupt also auch den Goldmünzen gleichstellte und dieselben von der Bestimmung des Art. 9 eximirte, so daß dieselben bis auf weiteres in jedem Betrage gleich den Reichsgoldmünzen an= genommen werden müssen. Durch diese Bestimmung wurde pro= visorisch eine Art beschränkter Doppelwährung konstituirt, wie sie seit 1878 in den Staaten des lat. Münzbundes besteht. Die=

selbe wich im deutschen Reich nur in so fern ab, als bis zur Suspendierung der deutschen Silberverkäufe im Jahre 1879 diese groben Silbermünzen allmählich eingezogen wurden, während dieses Recht im lateinischen Münzbunde noch nicht besteht.

Bis zum 1. Januar 1876 waren sämtliche nicht auf Reichswährung lautende Noten der Banken einzuziehen. Von diesem Termin an aber durften nur solche Banknoten, welche auf Reichswährung in Beträgen von nicht weniger als 100 Mark lauten, in Umlauf bleiben oder gesetzt werden. Das gleiche galt von dem Papiergeld der einzelnen deutschen Staaten, an deren Stelle die Reichskassenscheine traten, von welchen später die Rede sein wird.

Im Januar 1876 genehmigte der Reichstag ein Gesetz, nach welchem der Bundesrat ermächtigt wurde, die Thaler an einen ihm gut dünkenden Zeitpunkte außer Kurs zu setzen. Von diesem Recht hat der Bundesrat bis Ende 1883 keinen Gebrauch gemacht, da die Reichsregierung unter dem Einfluß der bimetallistischen Agitation, von welcher weiter unten die Rede sein wird, seit dem Frühjahre 1879 die Silberverkäufe suspendierte und dieselben bis Ende 1883 nicht wieder aufgenommen hatte, obgleich es feststeht, daß der Preis des Silbers durch diese Enthaltsamkeit nicht gehoben wurde. Weit größere Mißgriffe hatte die Reichsregierung aber schon bei der Ausführung des Gesetzes vom 4. Dezember 1871 gemacht. In dem Gesetze von 1871 (§ 11) war ausdrücklich bestimmt, daß die alten Goldmünzen nach Maßgabe der Ausprägung der neuen Reichsgoldmünzen einzuziehen sind. Und im Münzgesetz von 1873 (Art. 4) war bestimmt, daß bei der Ausgabe von Reichssilbermünzen ein gleicher Betrag von groben Landessilbermünzen zurückgezogen werden müsse. Nach dem Vorgehen bei den Münzreformen aller Länder und Zeiten, konnten diese beiden Bestimmungen nicht anders verstanden werden, als daß jeder Summe ausgegebener neuer Münzen, ein gleicher Betrag gleichzeitig eingezogener alter Landesmünzen entsprechen müsse. Denn dem Gesetzgeber konnte nicht beifallen den Umlauf des Metallgeldes willkürlich zu vermehren, weil eine solche Vermehrung ohne vorhergegangene Ausdehnung der Umsätze notwendigerweise eine Steigerung der Preise und Löhne hervorrufen muß. In allen Ländern und zu allen Zeiten sind die Regierungen bei Währungs- und Münzfuß-Änderungen in der Art vorgegangen, daß sie innerhalb einer bestimmten Frist die alten gegen die neuen Münzen umgetauscht haben. Zeigte sich dann später das Bedürfnis einer Vermehrung des Metall- geldes, so erfolgte diese, da wo das Gesetz die Prägung für Privatrechnung gestattet, ganz von selbst oder die Regierung sorgte dafür infolge des Rates der Handelskammern oder der Volksvertretung. Ferner liegt es in der Natur der Sache, daß die Prägung der Münzen eines neuen Systems mit den Sorten beginnen muß, welche den geringsten Wert haben, aus zwei Hauptgründen: erstens weil auf diese Weise durch das Ansam- meln der neuen Münzstücke bis zum erfolgten Umtausche am wenigsten Zinsen verloren gehen und zweitens, weil die Münz- stätten weniger Lehrgeld zahlen, wenn sie bei einer Neuprägung mit den Kupfer- und Scheidemünzen zuerst anfangen und zur Prägung der Goldmünzen erst schreiten, wann die Maschinerie vervollständigt und die zu der umfangreichen Aufgabe der Neu- prägung des Metallgeldes eines ganzen Landes erforderliche grö- ßere Arbeiterzahl eingeschult ist. Die Goldmünzen, welche bei langsamer Prägung und langem Aufsammeln die meisten Zinsen verschlingen, können dann in möglichst kurzer Zeit hergestellt und gegen die alten umgetauscht werden. Statt dieses alten rationellen Verfahrens hat die deutsche Reichsregierung den ent- gegengesetzten Weg eingeschlagen. Die Goldmünzen wurden zu- erst und die Scheidemünzen zuletzt geprägt. Die obenerwähnten Bestimmungen der beiden Gesetze, welche vom Gesetzgeber gar nicht anders als im alten Sinne verstanden sein konnten, daß nämlich für ausgegebene neue Reichsmünzen stets der gleiche Betrag an alten Landesmünzen eingezogen werden solle, wurden umgangen, indem man sich mehr an den Wortlaut als an den

8*

Geist des Gesetzes hielt. Nachdem sämtliche alte Landesgold=
münzen eingezogen waren, wurde nämlich mit der Ausgabe neuer
Goldmünzen, ohne dafür eine entsprechende Summe alter Münzen
einzuziehen, in solchem Maße fortgefahren, daß nach dem eigenen
Geständnis des Reichsministers Delbrück im November 1874 bis
dahin 254 Mill. Thaler oder 762 Mill. Mark mehr Reichsmünzen
ausgegeben, als Landesmünzen eingezogen waren. Diese enorme
Vermehrung der metallenen Umlaufsmittel zu einer Zeit, wo
weder die unter dem Nominalbetrag von 100 Mark zirkulieren=
den Banknoten, im Betrage von gegen 600 Mill. Mark, noch
das Staatspapiergeld im Betrage von rund 190 Mill. Mark
aus dem Verkehr zurückgezogen war, mußte unabwendbar eine
Steigerung der Preise herbeiführen. Dieser an und für sich ge=
fährliche Mißgriff mußte noch bedenklichere Folgen nach sich
ziehen, da er in die Zeit der Abtragung der französischen Kriegs=
entschädigung von 5 Milliarden Francs fiel, mit Hilfe deren,
außer der Dotierung des Invaliden= und Festungsfonds, sowie
der Erneuerung der Kriegsvorräte der größte Teil der Staats=
schulden der deutschen Länder zurückgezahlt wurde. Da infolge
dessen die zurückgezahlten Gläubiger für ihr Kapital neue An=
lage suchten und überdies der Unternehmungsgeist ungewöhnlich
angeregt war, infolge der Leerung der Lager und der riesigen
Abnutzung des Eisenbahnmaterials, nachdem die Werkstätten fast
während eines ganzen Jahres von einer Million Arbeiter ent=
blößt waren, so mußte die künstliche Steigerung der Preise nicht
wenig jene Überspekulation reizen, welche mit der Krisis von
1873 endigte. Denn die meisten zu den gestiegenen Preisen ein=
gerichteten Unternehmungen konnten sich, eben weil sie zu teuer
angelegt waren, nicht behaupten. Eine Zeit lang wurde diese
Wirkung des vermehrten Geldumlaufs auf die Preise ohne wei=
tere Prüfung den Milliarden zugeschrieben und, da die Regierung
die ungemessene Ausgabe der Goldmünzen geheim hielt, so konn=
ten auch Sachverständige nicht den Grund sehen und den Fehl=
griff entdecken, so lange die Zahlung der Kriegsentschädigung=

dauerte, weil der Wechselkurs in dieser Zeit zu Gunsten Deutsch=
lands stand. Sobald aber die Kriegsentschädigung abgetragen
war, wendete sich das Blatt. Der Wechselkurs stellte sich gegen
Deutschland. Dies geschah im Anfang des Sommers 1874,
nachdem bereits ein Jahr vorher die Handelskrisis ausgebrochen
war. Durch diese Katastrophe wurden die Umsätze vermindert,
während die Umsatzmittel durch die unberechtigte Vermehrung
des Metallgeldes über den Bedarf gesteigert worden waren. In
diesem Moment mußte Gold aus Deutschland abfließen, als das
wertvollere Münzmetall, da der Preis des Silbers bereits auf
58½ Pfennig herabgesunken war. Die Metallspekulanten und
Arbitrageure, welche im deutschen Reiche Goldmünzen zum Pari=
kurs mit Silberthalern aufkaufen konnten, verloren keine Zeit die
Situation auszunutzen. In Börsenkreisen nahm man damals
an, daß im Sommer bis im Herbst 1874 für 300 Millionen
Mark Goldkronen aus Deutschland geflossen waren. Börsen=
organe hatten die Ausfuhr, wohl übertrieben, sogar auf 500
Millionen Mark geschätzt. Der größte Teil jenes Goldes nahm
seinen Weg über Brüssel nach Paris, und die Münzstätten dieser
Plätze waren lange Zeit mit dem Umprägen von Kronen in
Zwanzig=Frankenstücke beschäftigt. Im Herbst 1874 war die
deutsche Geschäftswelt so beunruhigt, daß die Sache bei Wieder=
zusammentritt des Reichstags zum Gegenstand einer Interpella=
tion gemacht wurde und, daß der damalige Reichsminister Del=
brück das oben erwähnte Geständnis ablegte, wobei er in die
geflügelten Worte ausbrach: „Das Produktionsgeheimnis unserer
Zeit ist die Zinsenersparnis!" Dieser nicht sehr tiefe Spruch
sollte den Fehler der Reichsregierung entschuldigen, daß dieselbe,
um Zinsenverlust zu ersparen, zu viel Goldmünzen in Kurs ge=
setzt. Die Aufdeckung der Thatsache allein, welche in allen
Kreisen eine unerwartete Überraschung verursachte, genügte, um
die geeigneten Maßregeln zur Abhilfe einzuleiten. Dieselben be=
standen darin, daß die Reichsregierung von da an die Aus=
gabe von Goldmünzen sistierte, daß die Preußische Bank und

nachmalige Reichsbank den Diskontosatz erhöhte und ihren Kredit gegenüber Arbitrageuren einschränkte, und daß die Einziehung der Banknoten unter 100 Mark und des Papiergeldes der deutschen Staaten beschleunigt wurde. Ferner wurde in beschleunigter Weise mit der Einziehung der Landessilbermünzen vorgegangen, so daß davon bis Ende 1877 rund 950 Mill. Mark aus dem Umlauf genommen waren, wovon auf das Jahr 1877 allein 350 Mill. Mark fielen. Dieser Maßregel entsprechend wurde auch mit dem Verkauf des daraus gewonnenen Silbers vorgegangen. Bis Ende 1879 waren für 1 080 486 138 Mark alte Silbermünzen eingezogen und davon für 382 684 851 Mk. zum Prägen von Reichssilbermünzen verwendet, und für 697 797 069 Mk. in Barren eingeschmolzen worden. Von den daraus gewonnenen 7 474 644 Pfund Feinsilber waren Ende 1879 7 104 895 Pfund zum Selbstkostenpreis von 663 621 128 Mk. verkauft und dafür 567 139 992 Mk. erlöst worden. Da die Silberverkäufe im Frühjahre 1879 sistiert wurden, so blieb Barrensilber zum Selbstkostenpreis von 34 175 941 Mk. im Besitze der Reichsregierung. Gleichzeitig mit der Einstellung der Silberverkäufe wurde auch die weitere Einziehung von Thalerstücken suspendiert, so daß davon noch einschließlich der österreichischen Vereinsthaler gegen 400 Mill. Mk. im Umlauf und in der Reichsbank sein mögen. Obgleich es bedauerlich ist, daß die Reichsregierung den Einflüsterungen der Doppelwährungs-Propaganda soweit nachgab, daß die Silberverkäufe im Augenblick, wo wir dies schreiben (Anfang 1884) eingestellt blieben, so ist doch im wesentlichen die Münzreform als gesichert, die Herstellung der Goldwährung als durchgeführt zu betrachten. Denn die Summe der noch im Umlaufe befindlichen Thaler ist im Verkehre kaum bemerklich, da der größere Teil derselben regelmäßig wieder in die Reichsbank und die Reichskassen zurückfließt. Für die Bequemlichkeit des Publikums wäre es sogar angemessener zunächst die 5-Markstücke wieder einzuziehen, deren Kreirung nicht zu den glücklichsten Einfällen des Reichstags zu rechnen ist. Der Bundesrat aber könnte schon jetzt auf Grund des Gesetzes von 1876 den Art. 15 des Münzgesetzes außer Kraft setzen, wodurch die Thaler die Gleichberechtigung mit den Gold=münzen verlieren würden, indem er sie bis zur völligen Ab=stoßung den Reichssilbermünzen gleichstellt, so daß davon nicht mehr als 20 Mark bei einer Zahlung angenommen zu werden brauchen.

Die Praxis hat sich diesem Zustand schon sehr genähert, denn mit Ausnahme der Reichsbank befinden sich nur wenige Thaler im Besitze der Bevölkerung. Außer diesem Rest der Thaler besteht das Metallgeld des deutschen Reiches nach den Aus=prägungen (d. h. ohne Berücksichtigung der ausgeführten und nicht wieder ins Reich zurückgekehrten Münzen) bis Ende No=vember 1883 aus:

1 857 411 600	Mark	Goldmünzen wovon
455 326 380	„	Kronen,
1 374 122 120	„	Doppelkronen,
27 963 100	„	halbe Kronen
435 831 898	„	Silbermünzen
35 160 344	„	Nickelmünzen und
9 595 930	„	Kupfermünzen.

An Silbermünzen sind im Umlauf:

	$7^1/_2$	Mill.	5=Markstücke
	100	„	2=Markstücke
	155	„	1=Markstücke
	71	„	$^1/_2$=Markstücke
	357	„	20=Pfennigstücke
An Nickelmünzen	$23^1/_2$	Mill.	10=Pfennigstücke
	$11^1/_2$	„	5= „
An Kupfermünzen	6.2	„	2=Pfennigstücke
	1.4	„	1= „

Das außerordentliche Fallen des Silberpreises hatte das englische Parlament veranlaßt zu Anfang des Jahres 1876 eine

Enquête-Kommission niederzusetzen, welche den Auftrag hatte die Ursachen der Entwertung des Silbers zu untersuchen. Dieselbe hat im Frühjahre 1876 sehr viele Fachmänner zu ihren Sitzungen geladen und über das Resultat ihrer Enquête dem Parlament einen wahrscheinlich von Göschen verfaßten Bericht erstattet, dessen Drucklegung das Haus der Gemeinen am 5. Juli 1876 beschloß. Dieser Parlamentsbericht war zu den nachfolgenden Konklusionen gekommen.

1. Die Gesamtsumme der jährlichen Silberausbeute ist von 8—9 Mill. Pfund Sterling bis zum Jahre 1860 auf durchschnittlich 14 Mill. Pfund nach demselben gestiegen.

2. Zu diesem Betrage haben die neu erschlossenen Silberbergwerke der Vereinigten Staaten von Amerika ungefähr 7 Mill. Pfund Sterl. geliefert mit der Aussicht auf eine noch weitere Vermehrung dieser Produktion für die nächsten Jahre, eine Ansicht, die sich in der That bewährt hat, denn die Silberproduktion der Vereinigten Staaten, welche in dem der Enquêtekommission noch zugänglichen Jahre 1875 noch 31.7 Mill. Dollars betragen hatte, ist in den darauf folgenden Jahren nachstehend gewachsen

1876	38.7 Mill. Dollars
1877	39.7 „ „
1878	45.2 „ „
1879	40.8 „ „
1880	39.2 „ „
1881	42.1 „ „
1882	44.7 „ „

3. Auf der andern Seite mag, wenn der Silberpreis auf seinem niedrigen Standpunkt verharrt, in andern Produktionsländern eine Verringerung der Silberausbeute eintreten, weil dieselbe sich nicht mehr lohnt.

4. Deutschland hat noch immer einen Betrag von Silber zur Disposition, welcher je nach den verschiedenen Schätzungen 8—20 Mill. Pfund Sterl. betragen mag.

5. Die skandinavischen Königreiche haben aufgehört, Silber

für die gesetzlichen Zahlungen zu gebrauchen, aber der Betrag von außer Kurs gesetzter Silbermünze, welchen sie auf den Markt geworfen haben oder noch werfen können, ist nicht bedeutend.

6. Österreich hat viel Gold gegen Silber eingetauscht, wovon der Barschatz der österreichischen Nationalbank (der jetzigen österreichisch-ungarischen Bank) Zeugnis ablegt.

7. Italien ist nach und nach seines Silberkourants entblößt worden; seit 1866 sind starke Beträge davon ausgeführt worden; der Zwangskurs, welcher dort herrscht, hat offenbar das ganze Metallgeld außer Landes getrieben, wovon die Silbermünzen allein zu Anfang 1866 ungefähr 17 Mill. betrugen. (Seit 1883 ist die Valuta wieder hergestellt).

8. Auf der andern Seite war Frankreich seit einigen Jahren bemüht seinen Silbervorrat wieder zu vermehren, so daß während der letzten vier Jahre die Einfuhr die Ausfuhr um 33.5 Mill. Pfund überstiegen hat. (Dies war die Zeit der großen Spekulationen der Arbitrageure, welche die Staaten der lat. Münzkonvention zu den oben erwähnten Maßregeln der Abwehr gezwungen haben).

9. England, Rußland und Spanien sind zum Betrage von einigen Millionen als Käufer aufgetreten.

10. Japan, China und andere westliche Länder haben bis zu einem gewissen Betrage Silber absorbirt.

11. Indien nimmt noch immer Silber auf, aber die Beträge haben angefangen sich bedeutend zu vermindern.

12. Die englische Regierung hat jährlich Wechsel bis zum Betrage von 16 Mill. Pfund zu verkaufen, welche die Schuldner Indiens erwerben und statt baaren Geldes dahin senden können. Der Gesamtbetrag ist nach und nach gewachsen und respräsentirt jetzt um 10 Mill. mehr als 20 Jahre früher.

13. Die Rimessen von Silber nach Indien betrugen während der letzten 4 Jahre 15 Mill. Pfund, während sie sich in den vorhergegangenen 4 Jahren auf 28.9 Mill. erhoben hatten.

14. In Beziehung auf die Gesetzgebung ist die Lage folgende:

Deutschland setzt allmählich Silber außer Kurs und wird sich in Zukunft desselben nur noch als Scheidemünze bedienen.

Die Vereinigten Staaten befolgen die Politik, kleine Silbermünze an Stelle des kleinen Papiergeldes zu setzen und außerdem vollwichtige Silbermünzen zu prägen, aber nur in einem bestimmten Betrage. (Durch das Gesetz von 1878 geändert.)

15. Die Mitglieder des lat. Münzbundes und Holland haben eine zuwartende Stellung angenommen, aber sie beschränken soviel als möglich die Silberausprägung. (Dieselbe ist seitdem eingestellt).

16. Bis jetzt sind noch keine Anzeichen vorhanden über die Intentionen, welche von Seiten Rußlands und Oesterreichs in Beziehung auf ihre künftige Münzgesetzgebung bestehen.

17. Um ein richtiges Urteil zu fällen muß der nur vorübergehende Charakter einiger der vorerwähnten Thatsachen und der normale Charakter anderer genau in Betracht gezogen werden. Der Silbervorrat, den Deutschland wahrscheinlich noch abstoßen wird, mag noch für einige Zeit schwer auf dem Markte lasten. Auf der andern Seite werden die Vereinigten Staaten eine zeitweise Erleichterung des Silbermarktes herbeiführen. Besondere Aufmerksamkeit verdient Frankreich. Auch hier kann die abermalige Füllung des Silbervorrates nur als ein vorübergehender Umstand betrachtet werden. Während der letzten Jahre hat von der ganzen Summe disponiblen Silbers von 76 Mill. Pfund Sterl. Frankreich allein 33.5 Mill. absorbirt. Die Erleichterung, welche dadurch dem Markte gegeben wurde, mußte immens sein; es ist unmöglich, daß dies in derselben Weise fortgehen kann, und es muß der Schluß gezogen werden, daß von jetzt an die entgegengesetzte Richtung hervortreten wird.

18. Die einzigen Thatsachen, welche für die Zukunft einigermaßen mit Sicherheit inbetracht gezogen werden können, sind die Vermehrung der Totalproduktion des Silbers und die Nötigung der englisch-indischen Regierung jährlich für einen bedeutenden Betrag Wechsel zu ziehen. Beide sind für den künftigen Wert

des Silbers nachteilig, indessen können sie zum Teil ein Gegen-
gewicht in Umwandlungen der Handelskonjunktur mit dem Osten
erhalten. Das Komitee enthält sich daher unter solchen Umständen irgend eine Berechnung für die Zukunft aufzustellen und
beschränkt sich auf die Mitteilung der obigen Thatsachen. Die
letzteren haben seitdem zum großen Teile bedeutende Änderungen
erfahren; indessen sind die beiden letztgenannten Hauptursachen
der Silberbaisse bestehen geblieben.

Die von der englischen Silberkommission gelassene Lücke bezüglich der gegenüber der Silberbaisse zu ergreifenden Maßregeln
ist von dem zu früh verschiedenen Walter Bagehot ausgefüllt
worden. Dieser Herausgeber des Londoner „Economist“, eine
der ersten Autoritäten auf diesem Gebiete, sprach sich nämlich
dahin aus, daß die Gesetzgebung sich nicht einmischen, sondern
die Ausgleichung des Silberpreises dem natürlichen Gang des
Handels überlassen solle, indem bei andauernder Billigkeit des
Silbers der Export von Waaren aus den im Verkehr des Silbers
sich bedienenden Ländern Asiens steigen und mehr Silber aus dem
Abendlande nach Asien ziehen würde. In der That kann nicht
bloß Indien, sondern namentlich China noch bedeutende Silbermassen absorbiren. In China herrscht noch die Kupferwährung,
und der Verkehr im Innern wird durch Kupfermünzen und
Papiergeld oder Banknoten vermittelt. Der Umlauf an Kupfergeld wird auf 2000 Millionen Mark geschätzt. Internationale
Zahlungen werden mittelst Silberbarren oder nach dem Gewicht
verwendete mexikanische und amerikanische Dollars bewerkstelligt.

Unmittelbar nach der Promulgation des deutschen Münzgesetzes und zwar auch noch im Jahre 1873 hatten sich die drei
skandinavischen Königreiche entschlossen einen Münzbund zu bilden,
in welchem die Silberwährung durch die reine Goldwährung ersetzt wurde, und zwar auf der Grundlage der Krone zu 100 Öre.
Bis dahin war in Schweden unter der Silberwährung nach dem
Gesetz von 1855 die Hauptmünze der Reichsthaler gewesen,

welcher 8.502 Gramm wog und einen Wert von 1 Mark 15½ Pfennigen oder 57.4 Kreuzer ö. W. repräsentierte. Vier Reichsthaler waren gleich einem früheren Speciesthaler. Von 1777— 1830 waren Reichsthaler = Species zu 48 Schillingen im Gewichte von 29 275 Gramm und im Werthe von 4 Mk. 63½ Pf. 2 fl. 31½ kr. ö. W. geprägt worden, also in gleichem Werte mit dem früheren Brabanter Kronthaler. Von diesem Thaler waren ⅔ Stücke zu 32 Schillingen ⅓ zu 16, ⅙ zu 8, 1/12 zu 4 und 1/24 zu 2 Schilling geprägt worden. Nach dem Gesetz von 1855 war der Feingehalt der Reichsthaler von $\frac{878½}{1000}$ auf $\frac{750}{1000}$ vermindert worden und das Stück von 4 Reichsthalern oder 400 Oere wog 34 Gramm und hatte einen Wert von 4 Mk. 51 Pf. oder 2 fl. 29½ kr. ö. W. Die Reichsthaler zu 100 Oere waren wieder in ½, ¼ und 1/10 Stücke ausgeprägt.

In Norwegen galt bis zur letzten Münzreform nach dem Gesetz von 1818 der Speciesthaler zu 120 Schilling im Gewichte 28 893 Gramm und im Werte von 4 Mk. 46 Pf. oder 2 fl. 27½ kr. ö. W. Derselbe war in 10 Unterabteilungen geteilt. Goldmünzen wurden in Norwegen nicht geschlagen, hingegen prägte Schweden seit langer Zeit Dukaten, doppelte und vierfache Dukaten. Nach dem Gesetz von 1845 gingen 147 Dukaten auf das Pfund Feingold (500 Gramm).

In Dänemark bestanden nach dem Gesetze von 1813 und 1854 die Währungsmünzen aus dem Speciesthaler oder Doppel-Reichsthaler im Gewicht von 28.893 Gramm, im Werte von 4 Mk. 56 Pf. Derselbe zerfiel in einfache Reichsthaler und 4 Unterabteilungen, wovon der kleinste der 1/12 Reichsthaler gleich 8 Schillingen war, indem der einfache Reichsthaler 96 Schillinge enthielt. Der Schilling war gleich 2½ Pf. An Goldmünzen schlug Dänemark bis 1827 Species- und Courantdukaten von welchen letzteren 183¼ auf das Pfund Feingold gingen. Von 1827 wurden einfache und Doppelpistolen oder Friedrichsdors geprägt, von denen die einfachen 6.612 Gramm wogen und 84 auf das Pfund Feingold gingen.

Nach der neuen 1873 von den 3 Königreichen angenommenen Goldwährung ist die neue Münzeinheit die Krone zu 100 Oere und es werden 248 10-Kronenstücke und 124 20-Kronenstücke aus einem Kilo Feingold geschlagen. Die Legirung ist $^1/_{10}$, so daß 223.2 10-Kronenstücke oder 111.6 20 Kronenstücke einen Kilo wiegen. Ein Kronenstück wiegt also 4.4803 Gramm rauh und 4.0323 fein. Die Prägekosten betragen für die 20 Kronenstücke $^1/_4$ Procent und für die 10 Kronenstücke $^1/_3$ Procent. Das Silber dient nur noch als Zeichenmünze und es werden Silber- stücke zu 1 und 2 Kronen, sowie zu 50, 40 und 10 Oere und Bronzemünzen von 5, 2, 1 Oere geschlagen. Von diesem Zeichen- geld braucht niemand mehr als 20 Kronen bei Zahlungen anzu- nehmen. Die Münzstätten von Kopenhagen und Stockholm prägen ausnahmsweise auch für Rechnung des Publikums. Sie nehmen fremde Goldmünzen zum vollen inneren Werte abzüglich $^1/_4$ Procent Prägekosten an gegen ihre eigenen Goldmünzen und zahlen z. B. für 1000 Sovereigns 1809.60 Kronen und für 1000 20-Markstücke 1771.36 Kronen.

Einen wichtigen, wenn auch mehr negativen Einfluß auf die Entwicklung des abendländischen Geldwesens, insbesondere der Währungsfrage, übte das im Februar 1878 in den Ver- einigten Staaten, zu stande gekommene Silbergesetz, welches Ende 1883 noch in Kraft war, und dessen Wiederaufhebung sich bald als eine Notwendigkeit herausstellen wird, obgleich bei dem Er- laß desselben dem eigentlichen Zwecke seiner Urheber, der Silber- interessenten, durch den Einfluß der Oststaaten die Spitze abge- brochen war. Durch den Aufschluß der neuen Silberminen in Nevada vom Jahre 1861 an hatte die Silberproduktion stufen- weise eine riesige Ausdehnung gewonnen; sie war von 150 000 Dollars im Jahre 1860 plötzlich auf 2 Mill. Dollars 1861, auf $8^1/_2$ Mill. 1863, auf 11 Mill. 1864, auf 23 Mill. 1871, auf

37 Mill., 1874 unaufhörlich gestiegen und hatte 1878 die Höhe von 45¹/₄ Mill. Dollars erreicht. Diese plötzliche riesige Ausbeute hatte eine Gruppe gewaltiger Interessenten geschaffen, und da die Bergwerksspekulation sich in wenigen Händen konzentrirte, so war eine kleine Schar von Silberkönigen entstanden, deren jährliches Einkommen nach Millionen zählte und welche bei der viel beklagten Korruption, die unter manchen Mitgliedern des Kongresses herrscht, einen mächtigen Einfluß auf diese Wahlkörperschaft ausübte. Da die Hauptsteigerung der Silberproduktion mit dem Fallen des Silberpreises zusammenfiel, oder vielmehr richtiger eine der Hauptursachen war, so hatten die Silberproduzenten ein großes Interesse daran, durch alle möglichen, namentlich gesetzlichen Mittel das weitere Fallen des Silberpreises aufzuhalten oder denselben womöglich wieder zu heben. Die Silberkönige von Newada boten daher alles auf, um den Kongreß der Vereinigten Staaten zur Wiedereinführung der Doppelwährung zu bewegen, und brachten einen Gesetzentwurf ein, welcher nach seinem Urheber die Blandbill genannt wurde. Schon war es der Silberclique geglückt, die Majorität des Kongresses für die unveränderte Annahme desselben zu gewinnen, da gelang es noch in der elften Stunde den Abgeordneten der Oststaaten, deren Geschäftsinteresse in der Währungsfrage mit dem allgemeinen Landesinteresse zusammenfällt, einen Zusatz durchzubringen, durch welchen die Wiedereinführung der Doppelwährung faktisch vereitelt wurde. Es wurden nämlich in dem zuerst durch das Veto des Präsidenten aufgehaltenen, dann aber doch am 28. Februar 1878 zur Rechtsgiltigkeit gelangten Gesetze im wesentlichen folgende Bestimmungen getroffen.

Der Kongreß der Vereinigten Staaten beschließt, daß an den verschiedenen Münzstätten der Union Silberthaler im Gewichte von 412¹/₂ Gran Troy Feinsilber, in der Form wie es im Gesetz vom 18. Januar 1837 vorgesehen ist, geschlagen werden. Dieselben sollen als Währungsmünze zu ihrem Nominalwerte in Zahlungsstatt für alle Schulden und öffentlichen und Privatverbindlichkeiten giltig sein, außer wo die Zahlung in anderer Münze ausgemacht ist. Der Bundesfinanzminister ist ermächtigt, von Zeit zu Zeit Silberbarren zum Marktpreise zu kaufen, und zwar nicht weniger als 2 Mill. Dollars und nicht mehr als 4 Mill. Dollars monatlich, und dieselben so schnell als die Käufe vorwärts gehen in Dollars ausprägen zu lassen. Die dazu erforderlichen Geldmittel werden im Schatze angewiesen. Das in Silberbarren angelegte Geld soll 5 Mill. Dollars nicht überschreiten. Der Bundes-Schatzmeister und die Steuerämter in den Staaten sollen gehalten sein, gegen Hinterlegung von wenigstens 10 Dollars Certifikate oder Silberscheine auszugeben von nicht weniger als 10 Dollars jeder. Während die deponirten Silberdollars vom Schatzamte als Einlösungsfonds dieser Certifikate aufbewahrt werden, sollen die letzteren an Zahlungsstatt bei der Begleichung von Zöllen, Steuern und allen öffentlichen Verbindlichkeiten angenommen werden, wobei die Steuerämter dieselben wieder ausgeben dürfen.

Unmittelbar nach dem Inkrafttreten dieses Gesetzes soll der Präsident die Regierungen der Länder, welche die sog. lateinische Münz-Union bilden, und soweit es ihm ratsam erscheint anderer europäischer Staaten, einladen, den Vereinigten Staaten sich zu einer Konferenz anzuschließen, um ein gemeinschaftliches Verhältnis zwischen Gold und Silber anzunehmen zu dem Zwecke, um den internationalen Gebrauch eines bimetallistischen Münzsystems herzustellen und ein festes Wertverhältnis zwischen den beiden Edelmetallen zu schaffen. Eine solche Konferenz solle an einem solchen Platze Europa's oder der Vereinigten Staaten, an einem solchen Zeitpunkt innerhalb sechs Monaten anberaumt werden, als die Regierungen der betreffenden Staaten bestimmen werden. Sobald nur drei der eingeladenen Regierungen ihre Einwilligung gegeben haben, an der Konferenz teilzunehmen, so soll der Präsident im Einverständnis mit dem Senat drei Kommissäre ernennen, welche an einer solchen Konferenz im Namen der Vereinigten Staaten teilnehmen und über das Resultat dem

Präsidenten Bericht erstatten, welcher denselben dem Senat übermittelt. Diese Kommissäre erhalten außer der Vergütung ihrer
Auslagen 2500 Dollar Gratifikation.

Sogar aus dem Text des Gesetzes heraus ist das Empressement der Silberkönige zu lesen, denen die Aktion der Regierungen
nicht schnell genug gehen kann. Die Habsucht der Silberclique
hat indessen durch ihren übergroßen Eifer, den Preis des Silbers
wieder zu erhöhen, selbst die Schlinge gelegt, an der das Gesetz
zu Fall kommen mußte. Der Gehalt von 412½ Gran Troy
für den Dollar entspricht nämlich einem Wertverhältnis des
Silbers zum Golde von rund 16 : 1. Da zur Zeit der Promulgation des Gesetzes der Marktpreis des Silbers aber einem
Wertverhältnis von 18 : 1 entsprach, so stand der neue Silberdollar um 7 bis 8 Percent unter dem innern Gehalt des Golddollars. Er war daher nur Zeichengeld und konnte den Gläubigern nicht in unbeschränktem Umfang bei Zahlungen aufgezwungen werden. Das amerikanische Publikum wies denselben
so entschieden zurück, daß innerhalb 5 Jahren kaum der vierte
Teil der neu geprägten Dollars im Umlauf sich erhielt. Auch
der Versuch, die Bundesschuld in solchen unterwertigen Dollars
rückzahlbar zu machen, — also eine Art Bankrott im Interesse
der Silberkönige zu begehen, scheiterte an der festen Haltung des
amerikanischen Volkes und eine solche Schmach blieb der Union
erspart.

Infolge dessen sah sich der Bundesfinanzminister genötigt,
sich auf das vom Silbergesetz vorgeschriebene monatliche Minimum der Siberprägung von 2 Mill. Dollars zu beschränken.
Vom Tag der Gültigkeit des Gesetzes (28. Febr. 1878) bis zum
1. November 1882, dem Termin, mit welchem der letzte, uns zugegangene Bericht des Bundes-Kontroleurs der Umlaufsmittel
der Vereinigten Staaten, Herrn Say Knox, abschließt, — sind
128 329 880 Silberdollars geprägt worden. Von diesen befanden
sich am 1. Nov. 1882 kaum 36 Millionen im Umlauf, die
übrigen 92½ Millionen im Besitze des Bundesschatzamtes, und

zwar 26.7 Mill. als Eigentum der Staatskasse und 65 620 410
als Unterpfand für ausgegebene Silber=Certificate. Wenn man
bedenkt, daß die Ausgaben der Bundes=Administration im Innern
1882 mehr als 100 Mill. Dollars betrugen und daß der Bundes=
finanzminister das Recht hat, alle solche Zahlungen in Silber=
dollars zu machen, so kann man sich einen Begriff von der
Zähigkeit machen, mit welcher die Bevölkerung die Silberdollars
zurückweist. Seitdem ist diese Haltung in verstärktem Maße
beobachtet worden. Denn nach dem letzten Ausweis des Bundes=
finanzministers vom 2. Oktober 1883, bis wohin die Summe
des geprägten Dollars nach dem bisher eingehaltenen Minimum=
Maße nur auf 160 Millionen vermehrt sein konnte, war der
Besitz des Schatzamtes und seiner Kassen an Währungs=Silber=
dollars auf 114 587 372 Dollars gestiegen. Der Umlauf an
Silbercertifikaten aber hatte sich auf 94 490 241 Dollars ver=
mehrt, wozu noch 27 280 000 Dollars Silberscheine kommen,
welche sich im Bundesschatze befanden. Außerdem waren noch
an den durch ein Gesetz vom 12. Juli 1882 eingeführten Gold=
certificaten 82 495 240 Dollar im Umlauf und 27 480 300 Dollar
im Bundesschatze. Letzterer besaß ferner am 1. Oktober 1883
für 61 683 816 Goldbarren, 144 446 726 Goldmünzen, 5 107 911
Dollars Silberbarren, und 26 750 161 Dollar Scheidemünze
bezw. silberne Teilmünze. An Bundesnoten befanden sich im
Staatsschatze 15½ Mill. Dollars und an Banknoten 37⅕ Mill.
Dollar. Im Umlauf waren an jenem Tage 346 681 016 Dollar
Bundesnoten. Charakteristisch ist die große und rasche Zunahme
des Gebrauchs der Gold=Certifikate seit der kurzen Zeit ihres
Bestehens. Denn in den neueren wöchentlichen Ausweisen der
Maut haben sie bereits die Silberscheine um das Vierfache
überschritten und nahezu deren Gesamtsumme erreicht. Diese
Erscheinung ist eine in der Münzgeschichte so merkwürdige
Episode, daß wir näher darauf eingehen. Die Gunst, mit
welcher die Silberscheine im Verkehr aufgenommen wurden,
scheint den gegenwärtigen Leiter der Bundesfinanzen (Folger),

welcher natürlich ein Gegner des jetzigen verzwickten Doppel=
Währungs=Gesetzes ist, stutzig gemacht zu haben, so daß er von
der weitern Ausdehnung derselben einer Verlängerung des
gegenwärtigen Zwitterzustandes befürchtete. Derselbe hat daher
nach der Genehmigung des obenerwähnten Gesetzes auch Gold=
certificate auszugeben begonnen, und zwar in Washington
und in New=York. Dieser Schritt ist von einem noch viel
größeren Erfolg begleitet gewesen. Die merkwürdige und wahr=
scheinlich folgenreiche Metamorphose in der Organisation der
Umlaufmittel läßt sich am besten durch eine Tabelle veran=
schaulichen, auf welche wir nach dem „Financial Chronicle" die
Zollzahlungen am Zollamt zu New=York während des Mo=
nats Oktober nach dem Charakter der Zahlungsmittel in Per=
centsätzen specificieren. Es wurde gezahlt:

In den an den nachstehenden Tagen endigenden Wochen	Gesamt= betrag des Zolles	Prozentsatz			
		In Gold	In Bundes= noten	In Gold= certifikaten	In Silber= certifikaten
5. Oktober	100	29.48	6.74	3.30	60.48
12. „	100	24.18	7.95	21.77	46.10
19. „	100	19.51	6.34	54.38	19.77
26. „	100	8.53	7.15	68.97	15.35

Der Gesamtbetrag der am 31. Januar 1884 vom Schatz=
meister ausgegebenen Goldcertifikate war 101250620 Dollars,
der Silbercertifikate 110137054 Dollars.

Wir sehen aus dieser Zusammenstellung, daß der in Silber=
certifikaten gezahlte Betrag an Zöllen in der ersten Woche des
Oktober noch über 60% betrug, aber in der letzten Woche bis
auf $15\frac{1}{3}\%$ gesunken war. In weit stärkerem Verhältnis war
der Gebrauch der erst kreierten Goldcertifikate gestiegen, nämlich
von rund 3% auf 69%. Seit der Einführung der Goldcerti=
fikate sind auch die Zollzahlungen in Gold von $28\frac{1}{2}$ auf $8\frac{1}{2}\%$
gesunken. Der nahezu unveränderte Gebrauch an Bundesnoten

scheint mit dem Bedürfnis der Zahlung kleinerer Beträge zu-
sammenzuhängen. Dieser überraschende Erfolg hat solchen Ein-
druck gemacht, daß man bereits die weitere Tragweite dieses
Schrittes erwägt und die Vermutung ausspricht, daß die Bun-
desregierung auf diese Weise zum Hüter der ganzen Goldbestände
der Vereinigten Staaten gemacht werden könnte, da ein Jeder
es billiger, bequemer und sicherer finden muß, der Bundesregie-
rung die Mühe der Aufbewahrung des Goldes zu übertragen
und sich selbst nur im Besitz des Depositenscheines zu befinden.
Es wird sogar die Frage aufgeworfen, ob nicht die Bank von
Amerika, welche gegenwärtig die Gold-Depositenanstalt für die
associierten Banken in New York ist, deren sich aber bis jetzt nur
ein Mitglied des Clearinghauses bedienen kann, nicht ihrer Funk-
tionen beraubt werden wird, wenn das Publikum die Regie-
rungscertifikate vorziehen sollte. Manche erschrecken sogar vor
den Folgen dieser so rasch gelungenen Maßregel und preisen die
Vorsicht des Schatzsekretärs, welcher in die Verordnung über
die Goldcertifikate die Bestimmung aufnehmen ließ, daß der Bun-
desschatzmeister die Ausgabe von Goldcertifikaten suspendieren
muß, sobald der Betrag an Goldmünzen und Goldbarren, welcher im Schatze für die Einlösung von Bundesnoten reserviert
ist, unter den Betrag von 100 Millionen Dollar sinken sollte.
Die Gefahr liegt in der That nahe, daß die Goldcertifikate
einen Teil der größeren Abschnitte der Bundesnoten verdrängen,
weil sie doch gewissermaßen den Goldwert direkter repräsentieren,
als die Bundesnoten. Denn jedes Certifikat muß durch den
gleichen Betrag an Gold in der Bundeskasse vertreten sein,
während der für die Einlösung der Bundesnoten bestimmte Barschatz nur ungefähr die Hälfte des Notenumlaufes repräsentiert.
Eine unbeschränkte Ausgabe von Goldcertifikaten könnte allerdings dahin führen, daß die dafür zurückströmenden Bundesnoten
den ganzen Goldschatz verschlingen, so daß die Union außer
stande wäre, die noch im Umlauf befindlichen Bundesnoten mit
Gold einzulösen, wodurch der Bestand der Valuta wieder in

Frage gestellt werden könnte. Vor dieser gefährlichen Eventua-
lität werden die Bundesfinanzen durch die erwähnte Schranke
bewahrt.

Es kann keinem Zweifel unterliegen, daß durch den Gebrauch
der Goldcertifikate die Organisation der amerikanischen Umlaufsmittel mehr konsolidiert und der reinen Goldwährung wieder
näher geführt wird. Ob in dessen Folge für Europa nicht der
Nachteil einer stärkeren Nachfrage nach Gold zu befürchten ist,
bedarf einer näheren Prüfung. Die beiden Hauptfaktoren, welche
in Frage kommen, sind einerseits der Stand der internationalen
Verschuldung und der größeren oder geringeren Hindernisse, welche
der Ausgleichung derselben durch Waren entgegenstehen und an-
derseits die Sättigung des amerikanischen Verkehrs mit Umlaufsmitteln, insbesondere mit Gold. Der erste Faktor hat sich infolge der neuen, wenn auch nur geringen Tarifreduktion ge-
bessert, denn Europa ist imstande, bedeutend mehr Waren in
die Vereinigten Staaten zu exportieren.

Über den zweiten Faktor erhalten wir neuere Aufschlüsse
durch den oben erwähnten Bericht des Münzdirektors der Vereinigten Staaten. Diesem zufolge betrug die Goldausbeute in
den Vereinigten Staaten in dem mit dem 1. November 1882
beendigten Jahre über $3^1/_2$ Millionen Dollars monatlich oder
im Ganzen 43 358 021 Dollar. Während desselben Jahres betrug die Ausfuhr 36 122 536 Dollars und der in den Kunst-
Gewerben verwendete Teil 2 700 000. Zu Münzzwecken behiel-
ten die Vereinigten Staaten also nur 4 536 485 Dollars. Die
Gesamtgeldproduktion seit der Wiederaufnahme der Barzahlungen vom 1. Januar 1879 bis zum 1. November 1882 wird vom
Bundes-Münzdirektor auf 147 509 071 Dollars geschätzt, während
in derselben Zeit der Gesamtüberschuß der Einfuhr von Gold
über die Ausfuhr 161 311 578 Dollars erreichte.

Nach demselben Bericht erreichte die Gesamtsumme der seit
dem 18. Februar 1878 geprägten Silberwährungsthaler am
1. November 1881 die Zahl von 128,329,880 Dollars. Von

— 133 —

dieser Basis ausgehend, schätzt der Bundeskontrolleur den Bestand an Edelmetallmünzen und Noten seit der Wiederherstellung der Valuta wie folgt:

	1. Januar 1879	1. November 1879	1. November 1880	1. November 1881	1. November 1882
	$	$	$	$	$
Goldmünzen	278 310 126	355 681 532	453 882 692	562 568 971	567 105 451
Silbermünzen	106 573 803	126 009 537	158 321 911	186 037 365	212 324 330
Bundesnoten	346 681 016	346 681 016	346 681 016	346 681 016	346 681 016
Banknoten	323 791 674	337 181 418	343 834 107	360 344 250	362 727 757
Zusammen	1 055 356 619	1 165 553 503	1 302 718 726	1 455 681 602	1 488 838 554

Wichtiger als diese Aufstellung ist die Frage, wie diese Umlaufsmittel im Land verteilt sind. Um diese Verteilung zu ermitteln, sucht sich der Bundeskontrolleur dadurch zu helfen, daß er die im Bundesschatze, in den Nationalbanken und den Staatenbanken befindlichen Beträge zusammenstellt und deren Betrag von der Gesamtsumme der Umlaufsmittel abzieht. Daraus würde sich ergeben, daß an den genannten Tagen der nachfolgende Betrag an Gold- und Silbermünzen und Noten in den Händen der Bevölkerung sich befand:

	1. Januar 1879	1. November 1879	1. November 1880	1. November 1881	1. November 1882
	$	$	$	$	$
Gold	119 629 771	149 415 016	200 250 184	267 663 402	306 650 159
Silber	67 693 895	67 228 714	73 848 235	82 939 158	80 912 634
Papiergeldumlauf	459 097 051	502 168 488	542 951 899	567 145 958	548 828 288
Zusammen	646 420 717	718 812 218	817 050 364	918 048 519	936 391 081

Ziehen wir in Betracht, daß der Betrag an Gold- und Silbermünzen in den Vereinigten Staaten verhältnismäßig größer ist als der im deutschen Reiche, wenn man den Unterschied der Volkszahl von 50 und 45 Millionen in Anschlag bringt, und daß der etwaige stärkere Geschäftsumsatz der Vereinigten Staaten

durch Kompensation der Clearinghäuser reichlich ausgeglichen wird,
so kommen wir zu dem Schlusse, daß der Verkehr der Vereinigten
Staaten einer weiteren Vermehrung des Goldbestandes nicht bedarf. Denn während im deutschen Reiche der Giro- und Cheque-
Verkehr noch in den Windeln liegt und die Einrichtung der Kompensationsbörsen kaum in Angriff genommen ist, bestanden in den
Vereinigten Staaten im Jahre 1880 bereits 38 Clearinghäuser, von
welchen 23 deren Berichte vorliegen, im Jahre 1880 die ungeheure Summe von 50,714,616,647 Dollar kompensiert haben,
wovon 38½ Milliarden Dollar auf New York und der Rest
auf die übrigen Clearinghäuser kommen.

Unter solchen Umständen und bei der Verdrängung der Silbercertifikate durch die Goldscheine, welche faktisch die reine Goldwährung konstituiert, ist die Annahme berechtigt, daß der Kongreß der Vereinigten Staaten bald zu einer Revision des
Währungsgesetzes schreiten wird, durch welche der Ausprägung
von Silbermünzen eine engere Schranke gezogen und die reine
Goldwährung auch gesetzlich hergestellt wird.

Es bedarf dagegen nicht einmal eines radikalen Gesetzes,
sondern nur der Aufhebung der Verpflichtung des Bundesschatz-
meisters, monatlich für 2 Millionen Dollar Währungsthaler zu
prägen: denn der bis jetzt geprägte Betrag kann sehr wohl vom
Umlauf aufgesogen werden, da die Bevölkerung und die Umsätze
der Vereinigten Staaten sehr schnell wachsen. Sobald dazu die
gesetzliche Zahlungsbefugnis der Währungsdollars von ihrer faktisch unwirksamen Unbeschränktheit auf etwa 10 Dollar für je
eine Zahlung herabgesetzt ist, wird auch das Mißtrauen des
Publikums schwinden, und dasselbe der Dollars als Zeichenmünze sich mit geringerem Widerwillen bedienen.

Der Auftrag, den der Kongreß der Vereinigten Staaten
dem Präsidenten in dem Währungsgesetz vom 28. Februar 1878
selbst erteilt hatte, die Initiative zur Beschickung einer interna-

tionalen Münzkonferenz zu ergreifen, auf welcher eine Verein=
barung über ein festes Wertverhältnis zwischen dem Silber und
Gold, sowie über die unbeschränkte Wiedereinsetzung des Silbers
als Währungsmetall in sämtlichen Staaten des Abendlandes
getroffen werden sollte, wurde in der vorgeschriebenen Frist ins
Werk gesetzt. Die amerikanische Silberclique hatte nicht ver=
fehlt, sich zur Unterstützung dieses Unternehmens eines ebenso
willigen als rührigen Bundesgenossen zu versichern, nämlich der
Edelmetallspekulanten und Arbitrageure an den tonangebenden
Börsen Europas. Diese Koaliton verstand es, sich mit dem
schweren Geschütz der Theorie zu umgeben, indem es ihr gelang,
auch eine Anzahl von Gelehrten an ihre Fahne zu fesseln, von
denen die meisten sogar im guten Glauben für das öffentliche
Wohl zu kämpfen wähnten, während sie unbewußt Wasser auf
die Mühle der Arbitrageure trugen, welche jene schöne Zeit
nicht vergessen können, wo die französischen Münzstätten nur
dafür da zu sein schienen, um für ihre Rechnung das billiger
gewordene Metall zu prägen und ihnen die Aufgabe zu erleich=
tern, die Münzen aus dem verhältnismäßig höher im Preise
stehenden Metall aufzukaufen und so auf Staatskosten einen
großen Gewinn einzuheimsen. Diesem ebenso geschickten als ge=
winnreichen internationalen Geschäfte war durch die Suspension
der Münzprägungen in den Staaten der lateinischen Münzkon=
vention ein Ende gemacht worden. Die skandinavischen König=
reiche hatten die Einführung der Goldwährung durchgeführt, auch
Holland hatte die Silberprägungen eingestellt und die deutsche
Reichsregierung hatte in den Jahren 1876—78 bedeutende
Silberverkäufe bewerkstelligt. Infolge der Währungsform in
den Vereinigten Staaten lebte die Hoffnung der internationalen
Silberclique, welche sich den „nom de guerre" der bimetallisti=
schen Partei beilegte, aufs neue auf, und es entstand eine Agi=
tation, welche an die Kornlaw=Liga in England erinnerte und
in ihrer Unermüdlichkeit einer besseren Sache würdig gewesen
wäre. Die von den Vereinigten Staaten angeregte Münzkon=

ferenz trat zweimal in Paris zusammen, nämlich im Jahre 1878—79 und im Jahre 1880—81, ist aber vollständig unverrichteter Dinge auseinander gegangen und der einzige Erfolg, den die bimetallistische Partei aufzuweisen hatte, war die Suspension der deutschen Silberverkäufe, welche sie durch die Beeinflussung des Reichskanzlers durchzusetzen vermochte.

Auf der Pariser Münzkonferenz waren beide Parteien durch vollwichtige Repräsentanten vertreten, welche über den Gegenstand der Beratung genau informiert waren und denselben nach allen Richtungen hin ergründet hatten. Es wurden daher von beiden Seiten so ziemlich alle Argumente erschöpft, welche für und wider den Antrag der nordamerikanischen Regierung vorgebracht werden konnten. Hier müssen wir uns auf die Wiedergabe der Hauptgründe beschränken.

Die bimetallistische Partei war in der Diskussion bei der Konferenz insofern im Nachteil, als sie sich bei der Beratung auf die theoretischen Argumente ihrer gelehrten Anhänger beschränken mußte. Die Vertreter der amerikanischen Silberclique konnten nicht mit dem offenen Geständnis herausrücken, daß es ihnen vor allem darauf ankomme, den Preis des Silbers zu steigern und die Pariser Arbitrageure konnten nicht bekennen, daß ihnen hauptsächlich mit der Wiedergestattung der unbeschränkten Silberprägung in Frankreich gedient sei. Die ostensiblen und von den Theoretikern ehrlich gemeinten Argumente der Bimetallisten waren folgende:

1. Ein Edelmetall bezw. das Gold sei nicht in genügender Menge vorhanden, um damit die gesamten Umsätze des internationalen Verkehrs zu bestreiten.

2. Selbst wenn die Goldwährung auf die Völker des Abendlandes beschränkt würde, so würde der Goldvorrat auch dafür nicht ausreichen, wenn man die einfache Goldwährung in den Ländern der abendländischen Kultur einführen wollte.

3. Die notwendige Folge eines solchen Schrittes wäre daher eine durch Mangel an Goldmaterial eintretende Ver-

minderung der Preise und Löhne, durch welche nicht bloß die Grundbesitzer, die Gewerbetreibenden und die Händler, sondern auch die Lohnarbeiter in Verlust gebracht, ja eine furchtbare Wirtschaftskrisis herbeigeführt würde.

4. Schon jetzt zeigen sich die Vorboten der Gefahr bei beschränktem Gebrauch der Goldwährung im Abendlande in den Schwankungen des Wechselkurses, im Verkehr mit Indien und Ostasien, welche enorme Verluste herbeiführten, seitdem infolge des Fallens des Silberpreises von 1873 an die alten Beziehungen gestört sind.

6. Auch auf dem europäischen Kontinent selbst sind die Staaten der Doppelwährung nicht von solchen Verlusten verschont geblieben.

7. Alle aus dem Fallen des Silberpreises hervorgegangenen Kalamitäten würden mit einem Schlage beseitigt, wenn sämtliche Staaten des Abendlandes einschließlich Großbrittanniens sich verpflichten würden, die Doppelwährung einzuführen, sowohl des Goldes wie des Silbers für ihre Währungsmünzen ohne Einschränkung sich zu bedienen, d. h. in der Art, daß die Münzstätten gehalten sind, für Privatrechnung unbeschränkt Silber- oder Goldmünzen zu prägen, und wenn diese Staaten sich gleichzeitig für ein feststehendes Wertverhältnis zwischen Silber und Gold verständigten.

Diesen Argumenten wurden von der andern Seite folgende Gründe entgegengestellt:

1. Mit der Einführung der reinen Goldwährung sei der Gebrauch des Silbers als Münzmetall keineswegs aufgehoben, sondern nur auf den Bedarf des Kleinverkehrs im Inland beschränkt. Dieser Bedarf ist, wenn man auch die Silbermünzen nur als unterwertiges Zeichengeld in beschränktem Werte prägt, so daß die Ausfuhr abgeschnitten wird, immerhin noch ein sehr beträchtlicher. Denn nach der Analogie des Deutschen Reiches würde sich der Bedarf für die Gesamtbevölkerung Europas,

Amerikas, Afrikas und Australiens auf rund 5000 Millionen Mark erheben.

2. Da das Metallgeld nicht bloß Tauschmittel, sondern auch Wertmesser ist, so ist die Doppelwährung unzulässig, weil zwei Edelmetalle nicht gleichzeitig als Wertmesser dienen können. Wertmesser kann das eine oder das andere Edelmetall sein. In den ersten Zeiten Roms war es sogar das Kupfer, in Hinterasien ist es das Silber und im internationalen Verkehr des Abendlandes ist es trotz aller teilweise entgegenstehenden Gesetze durch die Macht der wirtschaftlichen Entwickelung — das Gold geworden. Denn für die Werte, welche bei steigendem Wohlstand umgesetzt werden, wird der Transport des Silbers allmählich zu schwerfällig und kostspielig und das Gold tritt an seine Stelle, welches nach den heutigen Wertverhältnissen 19 mal leichter zu transportieren ist. Im römischen Reiche hatten wir bereits das Vorspiel dieser Entwickelung, indem dasselbe mit zunehmender Macht und Wohlhabenheit zur Silber= und zuletzt zur reinen Goldwährung überging. Bei dem heutigen in riesigen Dimensionen entwickelten Weltverkehr ist das Bedürfnis der reinen Goldwährung aber noch stärker geworden, als einst im römischen Reiche. Auch unter der Herrschaft der Doppelwährung macht sich dieses Bedürfnis so überwiegend geltend, daß die Ausgleichung der Forderungen im auswärtigen Handel doch bloß mittelst Gold geschieht, und da wo aus irgend einer Ursache Mangel an Goldmünzen eingetreten war, wie z. B. in Frankreich in den 1830er Jahren, trotz der Doppelwährung Agio für Gold gezahlt werden mußte.

3. Die Hauptgefahr der Doppelwährung liegt aber in den Vorrats= und Preisschwankungen der beiden Edelmetalle, mögen dieselben von Handels= und Finanzkonjunkturen oder von Änderungen in der Bergwerksausbeute herrühren. Jede solche Preisschwankung pflegt von den Edelmetallhändlern und Arbitrageuren rasch zu ihrem Vorteil und zum Nachteil des betreffenden Staates ausgenutzt zu werden. Diese Ausnutzung kann, wo die

Urſachen der Preisänderung mächtige und nachhaltige ſind, ſo bedenkliche Dimenſionen annehmen, daß der Staat und der Geſetzgeber genötigt werden, einzuſchreiten. Wir haben in unſerer Zeit zwei ſolche Perioden erlebt: Die Zeit des Sinkens des Goldpreiſes in den 1850er Jahren und die Epoche des Fallens der Silberpreiſe in den 1870er Jahren. In der erſteren Periode ließ der Staat der Spekulation freie Hand, ſich des Rechtes der Münzprägung für Privatrechnung zu bedienen und die Folge davon war die ſchon oben erwähnte Thatſache, daß über 5000 Millionen Franken in Frankreich geprägt wurden und mehr als 1½ Milliarden Franken Silberthaler aus dem Lande ſtrömten, da unter der Doppelwährung bei einer Preisänderung unter dem Wirken der Arbitrage das im Preis gefallene Metall ſtets das andere verdrängt. In den 1870er Jahren war es umgekehrt das Gold, das durch das Silber aus Frankreich und den übrigen Staaten des lateiniſchen Münzbundes verdrängt wurde. In Frankreich trat die Wirkung des Fallens des Silberpreiſes am ſtärkſten hervor, weil die Schweiz überhaupt damals noch keine Thaler und Goldmünzen prägte, und ſich ſehr bald durch Aufhebung der Prägung für Privatrechnung ſchützte, das Deutſche Reich zur Goldwährung übergegangen war und überhaupt ſtatt Thaler zu prägen, ſolche aus dem Verkehr zurückzog und Italien, Öſterreich-Ungarn und Rußland nur Papierzirkulation hatten, und der Edelmetallſpekulation ſich entzogen. Da der Preisfall des Silbers in den 1870er Jahren ein viel ſtärkerer, ja ein faſt zehnfacher geweſen war, als die Preisermäßigung des Goldes in den 1850er Jahren, ſo würden ohne die Intervention der Regierung und der Geſetzgebung, ſämtliche Goldmünzen allmählich und in dem Verhältnis wie die franzöſiſchen Münzſtätten imſtande geweſen wären Silberthaler zu prägen, durch die Arbitrageure aus dem Lande geführt worden ſein. Denn ihr Gewinn war zu enorm. Wenn der Staat dann zu ſpät eingeſehen haben würde, daß er mit einer bloßen Silberzirkulation im Ausland zu große Verluſte macht, weil zuletzt für die im auswärtigen Handel erforderlichen Goldmünzen ein ebenso hohes Agio gezahlt werden müßte, wie unter der reinen Silberwährung z. B. in Österreich-Ungarn — und wenn Frankreich sich dann doch zuletzt genötigt gesehen haben würde, zur reinen Goldwährung überzugehen, so hätte der Ankauf des dazu nötigen Goldes und die Entäußerung des überflüssigen Silbers einen Kostenaufwand erfordert, welcher je nach dem Umfang des Goldexportes 100 bis 200 Millionen Franken erreichen konnte. So sehr ist unter der Doppelwährung der Staat die Beute der Spekulanten. In der gleichen Zeit war Großbrittannien in seinem Münzbestand gegen solche Ausbeutung gefeit, obgleich London der Mittelpunkt des internationalen Edelmetallmarktes ist.

4. Die Befürchtung, daß bei der allgemeinen Einführung der Goldwährung der disponible Goldvorrat nicht groß genug sein würde, und daß daher bei einer solchen Maßregel die Preise sinken, ein solcher Preisfall aber eine Krisis herbeiführen werde, ist aus mehrfachen Gründen übertrieben. Erstens wäre auf der andern Seite die Besorgnis viel begründeter, daß durch die Einführung der Doppelwährung bei der gestiegenen Silberproduktion Amerikas und dem gesunkenen Bedarf Indiens eine zu große Vermehrung der Umlaufsmittel und als Folge dessen eine viel zu große Steigerung der Preise hervorgerufen werden würde. Zweitens würde man selbstverständlich von Indien und China absehen, weil die Bevölkerung dieser Länder noch nicht auf der volkswirtschaftlichen Höhe und Wohlhabenheit stehen, um sich für ihren großen Verkehr ausschließlich des Goldes bedienen zu können. Dieselben werden vielleicht noch auf Jahrhunderte hinaus bei der Silberwährung verharren. Bei dem Verkehr des Abendlandes mit dem Morgenlande aber muß das letztere, soweit es dem ersteren verschuldet ist, die Kosten des ungünstigen Wechselkurses tragen. Aus diesem Grunde ist es gar nicht denkbar, daß England je einem internationalen Münzbunde zur Durchführung der Doppelwährung mit gesetzlich festgesetzten Wertverhältnissen beitreten werde. Mit dem Beitritte Englands würde der Plan

für einige Zeit Lebensfähigkeit besitzen, d. h. so lange, bis nicht infolge der Auffindung neuer Bergwerke oder des Währungs= wechsels in Asien neue Störungen eintreten. Da aber an den Beitritt Großbrittanniens gar nicht zu denken ist, so zerfällt der Plan in nichts, soweit er überhaupt öffentliches Interesse hat. Die Spekulation freilich würde erst recht im Trüben fischen können, wenn ein internationaler Münzbund ohne England zu Stande käme. Drittens ist in der Begrenzung auf das Abendland der Goldvorrat durchaus genügend. Der Beweis wurde zum Teil in der jüngsten Zeit bei der Wiederherstellung der Valuta in Italien geliefert, welches imstande war, sich innerhalb zweier Jahre vom internationalen Goldmarkt 450 Millionen Franken Gold zu verschaffen, ohne daß deshalb an den Börsen der geringste Druck verspürt wurde, obgleich erst kurz vorher in den Jahren 1880—1882 über 700 Millionen Mark Gold nach Amerika ge= wandert waren. Dagegen waren von 1873—79: 680 Millionen Mark mehr von Amerika nach Europa aus= als zurückgeführt worden. Obgleich die Goldproduktion in den Vereinigten Staaten zurückgegangen ist, so beträgt dessen Goldproduktion doch immer noch jährlich 125—200 Millionen Mark; Australien liefert jähr= lich noch wenigstens 110 Millionen Mark und auch die Pro= duktion Rußlands ist in dem letzten Jahrzehnt auf jährlich 114 Mill. Mark gestiegen. Da der Goldbedarf in den Vereinigten Staaten gegenwärtig im ganzen großen gesättigt ist, Rußland und Österreich=Ungarn wegen des Zwangskurses vorläufig noch nicht in Betracht kommen, auch das Deutsche Reich, Skandinavien, Italien, Holland und selbstverständlich Großbrittannien das für ihren Umlauf erforderliche Gold besitzen, so wären vorläufig nur Frankreich und Spanien zu berücksichtigen. Nehmen wir auch an, daß die Hälfte der jährlichen Goldproduktion von der In= dustrie absorbiert wird, so bleiben immer noch 200 Millionen Mark jährlich zur Verfügung. Da aber Frankreich, Spanien, Belgien und die Schweiz beim Übergang zur Goldwährung immerhin einige Jahre Zeit sich nehmen, während welcher sie

das überflüssige Silbergeld nach Asien abschieben, so reicht die
jährliche Goldproduktion vollkommen zur Ausfüllung der durch
das Silber hinterlassenen Lücke hin. Übrigens sind wir in
den letzten 30 Jahren Zeugen einer viel stärkeren Bewegung im
Münzwesen gewesen, als sie durch den allgemeinen Übergang
zur Goldwährung herbeigeführt wurde. Bloß in den 24 Jahren
von 1851—1874 sind in Europa und Amerika für 16141 Millionen Mark Goldmünzen geprägt worden und zwar in Frank-
für 5463, in den Vereinigten Staaten für 3289, in Großbrittannien
für 2721, in Rußland für 1658, in Deutschland für 1305 Millionen Mark. In den darauf folgenden Jahren hat das letztere
seinen Goldbestand bis über rund 1800 Millionen Mark erhöht,
bei der Gesamtgoldprägung hat es aber doch nur einen ver-
schwindend kleinen Anteil, woraus sich ergiebt, wie übertrieben
die Behauptung der Bimetallisten war, welche das Fallen des
Silberpreises gänzlich auf die Rechnung der deutschen Münzreform
schoben.

In denselben 24 Jahren wurden für 7575 Millionen Mark
Silbermünzen geprägt, wozu aber zum Teil auch alte Silbermünzen verwendet wurden. Teilt man diese Periode in 5 jährige
bezw. 4 jährige Abschnitte, so gewinnt die Münzprägung eine
beachtenswerte Gleichförmigkeit. Es wurden geprägt:

	Gold	Silber
	Millionen Mark	
1851—55:	3202	895
1856—60:	3554	1765
1811—65:	3113	1680
1866—70:	2563	1581
1871—74:	3706	1654

Die Ausfuhr nach Indien erhob sich von 1851—1880 auf
2000 Millionen Mark in Gold und 4900 Millionen Mark in
Silber.

Bei der in weniger als 30 Jahren infolge der Entdeckung
der kalifornischen und australischen Goldschichten vollzogenen Ver-

doppelung des Goldvorrates würde eine reine Preisrevolution ein=
getreten sein, wenn nicht längst in England die Goldwährung
und in den Vereinigten Staaten und Frankreich die Doppel=
währung bestanden hätte und diese Länder, wie wir an jenen
Goldprägungen sehen, den größten Teil des neuen Goldes,
wenn auch nur vorübergehend, in ihre Zirkulation gezogen hätten,
wofür sie zum Teil Silbergeld nach Ostasien abgaben. Das
Abendland befindet sich folglich im Besitze eines Goldvorrates,
welcher den 1850 vorhandenen Stock um mehr als das Doppelte
übersteigt, auf über 15 Milliarden Mark anzuschlagen ist, und
jährlich um wenigstens 400 Millionen Mark wächst. Der Sil=
bervorrat dagegen, welcher 1850 auf 16 Milliarden Mark ge=
schätzt wurde, wozu das Silbergeschirr nicht zu rechnen ist, son=
dern nur Münzen und Barren, hat mehr als 5000 Mill. Mark
an Asien abgegeben und sich nur um ca. 6000 Millionen
Mark vermehrt, wovon mehr als der dritte Teil in den Ver=
einigten Staaten gewonnen wurde, nachdem die Staaten der
Doppelwährung bereits mit Gold übersättigt waren. Stellen
wir diesem Edelmetallvorrat gegenüber eine Schätzung des Be=
darfes an Geld, indem wir teils die Berichte der Münzstätten,
teils den Umlauf an Papiergeld in den Zwangskursstaaten zu
Grunde legen, und nehmen wir die Gesamtbevölkerung Europas
und Amerikas zu 450 Millionen an, so stellt sich der Gesamt=
bedarf auf 27 900 Millionen Mark. Legt man die Bestimmung
des deutschen Münzgesetzes für die Teilmünze zu Grunde, so
würde sich der Bedarf daran auf die Hauptländer Europas
und Amerikas auf 4500 Millionen Mark erheben. Es würde
nur noch ein Zirkulationsbedarf von 23 400 Millionen zu decken
sein. Fünfzehn Milliarden dieser Summe sind allein durch den
seit 1850 produzierten Goldüberschuß gedeckt. Es bleiben also
8300 Millionen, von denen 7500 durch Noten gedeckt werden
können, welchem der doppelte Betrag an Gold gegenüberstehen
würde. Die übrigen 800 Millionen aber können durch die Gold=
produktion zweier Jahre gedeckt werden. Man sieht also, daß

die Gefahr nicht groß wäre, auch wenn Rußland und Österreich-
Ungarn sich zur Goldwährung entschließen würden. Viertens
kommt aber noch eine wichtige Einrichtung hinzu, welche dem
Goldmangel ebenso stark entgegenwirkt, als das ergiebigste Gold-
bergwerk, d. h. die Einrichtung der Clearinghäuser. Zur Er-
härtung dieser Behauptung brauchen wir nur anzuführen, daß
im Londoner Clearinghaus gegenwärtig jährlich Wertumsätze
im Betrage von 120 Milliarden Mark mittelst Kompensation
gemacht werden, wozu höchstens 4% des Betrages an Gold erforderlich sind, und daß an der New Yorker Börse gegenwärtig
jährlich Transaktionen bis zu 136 Milliarden Mark mit 4%
Barzahlung gemacht werden,*) so kann man sich aus dieser
Thatsache einen Begriff bilden, in welchem Maße im Verkehr
der fortgeschrittenen Kulturländer die Münze durch Kompensa-
tionseinrichtungen ersetzt wird, und noch ersetzt werden wird, da
auch andere Staaten Europas, insbesondere das Deutsche Reich
und Österreich bereits Anstalten getroffen haben, um dieses Beispiel nachzuahmen. —

Die Ansicht auf der Konferenz vertretener Nichtbimetallisten
ist am besten in einer Rede des Vertreters Norwegens, des
früheren Finanzministers Professor Dr. Broch zusammengefaßt,
welcher seinen Standpunkt durch ein reiches Material statistischer
Daten unterstützte. Sein Votum hatte um so mehr Gewicht,
als er der einzige Delegierte war, der an sämtlichen internationalen
Münzkonferenzen seit 1867 teilgenommen hatte und überdies einer
der Hauptförderer der skandinavischen Münzreform gewesen war.

Wenn man, sagte Broch, den Münzzustand Europas vor
35 Jahren mit der heutigen Lage vergleicht, so wird man frappiert
von den raschen Fortschritten der reinen Goldwährung. Damals herrschte dieselbe nur in England. Alle anderen Länder
waren entweder thatsächlich und gesetzlich oder wenigstens that-

---

*) Näheres findet man in meinem „Handbuch des Bankwesens",
3. Auflage.

sächlich der Silberwährung zugethan. So schlug man in den Niederlanden zwar Goldstücke, welche auch im Auslande in Umlauf kamen, aber nur als Ware ohne Garantie des Nominalwertes. Wegen ihres reellen Gehaltes waren sie im Orient und insbesondere auf der Balkan-Halbinsel sehr geschätzt, allein sie hatten in den Niederlanden selbst keinen festen Kurs, obwohl ihre Ausprägung freigestellt war. In Wirklichkeit bestand da nur die Silberwährung. Rußland, Deutschland und Österreich-Ungarn schlugen ebenfalls Goldmünzen für den auswärtigen Handel, aber ihr eigentliches Währungsgeld bestand ebenfalls aus Silber. In Frankreich bestand allerdings die Doppelwährung, allein bis zu Anfang der 1850er Jahre überwog da in seinem Umlaufe das Silber bei weitem. Von 1789 bis 1848 hatte es für vier Milliarden Silbermünzen geprägt und nur für eine Milliarde Gold. Vor 1852 wurde überall in Europa für Gold Agio bezahlt. Der Metallgeld-Umlauf bestand nicht bloß im innern, sondern sogar im internationalen Verkehre zum größten Teile aus Silber. Heute ist die Lage vollständig umgekehrt. Es giebt in Europa keine Münzstätte mehr, welche der freien Ausprägung des Silbers geöffnet ist. Überall läßt nur noch der Staat allein dieses Metall in mehr oder weniger beschränkter Quantität ausmünzen; überall vollzieht sich der Umsatz sowohl wie die Berechnung in dem Auslande in Goldmünzen. Das Gold ist in Europa das einzige wirkliche Tauschmittel geworden. In ähnlicher Lage befinden sich die Vereinigten Staaten von Amerika. Nach zahlreichen Änderungen der Gesetzgebung stehen die Vereinigten Staaten heute unter der Herrschaft der Bland-Bill, welche scheinbar eine Art sehr beschränkten Bimetallismus hergestellt hat, aber faktisch besteht die reine Goldwährung in Amerika so gut wie in Europa. Da die Ausprägung des Silbers beschränkt ist und es überdies nicht gelingt, dasselbe dem Umlaufe aufzudrängen, so bleibt das Silber in überwiegendem Maße in der Staatskasse und das Gold beherrscht den Geldmarkt.

Die Ursachen dieser großen wirtschaftlichen Umwälzung sind nicht zufällig, sondern sie sind das natürliche, logische, notwendige Resultat der Umstände und der Kulturfortschritte. Die erste dieser Ursachen ist die Entdeckung der großen Goldlager in Kalifornien, in anderen Teilen der Vereinigten Staaten und in Australien. Seit 20 Jahren hat sich der Goldvorrat verdoppelt. Die Industrie und der Handel haben in diesem kurzen Zeitraume so viel Gold in den Umlauf geworfen, als vorher in vier Jahrhunderten angesammelt worden war. Zwar hat auch die Silberausbeute zugenommen, aber nicht in demselben Verhältnis, wie aus den (von Broch) vorgelegten Tabellen hervorgeht. Die Vermehrung der Edelmetall=Produktion und besonders des Goldes war von wirtschaftlichen und sozialen Phänomenen begleitet, welche unser Jahrhundert zu einer der merkwürdigsten Epochen der Kulturgeschichte stempeln. Viele dieser Erscheinungen waren ohne die wunderbare Vermehrung der Goldproduktion nicht möglich. Man schmeichelt sich freilich, daß man mit Hilfe des Wechsel= und Kompensationsverkehrs, der Clearinghäuser, den Gebrauch der Edelmetalle werde mehr und mehr einschränken können. Dies ist richtig, so weit es den Großhandel angeht; allein im Kleinverkehre giebt es eine Menge Umsätze, zu denen man des Goldes bedarf. So ist Gold das einzige Metall, welches den Reisenden dienen kann und welches den Grenzverkehr vermittelt. Kurz, das Gold ist das Edelmetall, welches am besten, nicht wie man zu sagen pflegt, den reichen Ländern dient, sondern denjenigen, welche verhältnismäßig am meisten Kommunikationsmittel, am meisten Reisende und den höchsten Umfang der Geschäfte haben. Deshalb paßt für West= und Mitteleuropa und die Vereinigten Staaten die reine Goldwährung, während Indien mit seinem zehnmal kleineren Eisenbahnnetz bei der reinen Silberwährung bleibt.

Bimetallisten behaupten, daß die Doppelwährung dieselben Vorteile gewähren würde, als die einfache Goldwährung, vorausgesetzt, daß die Prägung des Silbers freigegeben würde.

Gerade dieses unbeschränkte Recht der Silberprägung, ohne wel=
ches die Doppelwährung nicht denkbar, bietet aber große Ge=
fahren. Man denke sich nur die Verlegenheit einer Liquidation
im Falle der Auflösung einer allgemeinen Münz=Union, wenn
eine solche je zustande käme. Das Münzmetall würde sich vor=
zugsweise an die Münzstätten der großen Staaten wenden und
so würde zwei oder drei Großmächten für den Fall der Auf=
lösung des internationalen Münzbundes die ganze Last des aus=
geprägten Silbers zufallen. Auch würde in einem solchen Münz=
bunde, welcher auf der Basis des Wertverhältnisses zwischen
Silber und Gold wie $15^1/_2 : 1$ zustande käme, gerade wie
früher in Frankreich, dennoch Agio für das Gold gezahlt werden,
weil man es für die auswärtigen Beziehungen vorzieht. Eine
andere Gefahr läge bei der Annahme einer internationalen Dop=
pelwährung in der allgemeinen Vermehrung des Münzvorrates,
der durch die starke Silberproduktion Amerikas noch wesentlich
erhöht wird und welche eine allgemeine bedeutende Steigerung
der Preise hervorrufen würde. Diese Preissteigerung würde na=
mentlich die Arbeiter stark beschädigen, welche nur sehr langsam
und mit Hilfe wiederholter Arbeitseinstellungen imstande sind,
ihre Löhne entsprechend zu steigern. Würde es klug sein, sich
auf eine so gefährliche Bahn zu begeben?

Ohne Zweifel liegt es im allgemeinen Interesse, das Silber
zwar nicht in seinen früheren Stand wieder einzusetzen, aber
doch das weitere Fallen seines Preises wieder aufzuhalten. Allein
das wirksame Mittel zur Erreichung dieses Zweckes besteht nicht
in der willkürlichen Erhöhung des Wertes dieses Metalles in
Europa und Amerika, sondern in der Aufmunterung zu seinem
stärkeren Gebrauche in den Ostländern, welche dieses Edelmetall
noch vorziehen, besonders in dem ungeheuren, dem europäischen
Handel noch kaum eröffneten chinesischen Reiche, auf dem ausge=
dehnten afrikanischen Kontinent, in den man heute von allen
Seiten zu dringen sucht, und in dem industriellen Gebrauche
des Silbers im Abendlande selbst. Hat doch Britisch=Indien

10*

allein von 1855 –1880 nach den vorgelegten Tabellen 2¹/₂ Milliarden Franken Gold und 5¹/₂ Milliarden Franken Silber absorbiert, während gleichzeitig für 4¹/₂ Milliarden Franken Regierungswechsel auf Indien gezogen wurden.

Broch schloß seine Rede mit der Erklärung, daß er wie bei den Konferenzen von 1867 und 1878 bei dem Rate beharre, daß die europäischen Länder und die Vereinigten Staaten die einfache Goldwährung annehmen sollten. —

Das Hauptargument der Bimetallisten und Edelmetallarbitrageure gegen die Durchführung der deutschen Münzreform und gegen die allgemeine Einrichtung der ausschließlichen Goldwährung in Europa besteht in der Behauptung, daß das Sinken des Silberpreises durch das neue deutsche Münzgesetz verursacht worden sei. Der Umstand, daß dieser Preisfall ungefähr gleichzeitig mit dem Anfang der deutschen Münzreform zusammenfällt, hat jener Behauptung in den Augen des Publikums den Schein der Richtigkeit gegeben und zwar soweit, daß sogar Regierungen sich davon beeinflussen ließen. Auch noch unter dem Ministerium Pretis wurde in Österreich jeder Antrag auf Änderung der Valutaverhältnisse von diesem Finanzminister mit dem Hinweis auf die ungewisse Lage des Silbermarktes abgelehnt. Würde jene Behauptung sich bestätigt haben, so könnte man das Zögern der Regierung kaum tadeln, weil der Preis des Silbers nach einer Weile wieder auf den früheren Normalstand zurückgekehrt wäre. Ist hingegen die Ansicht, daß das Fallen des Silberpreises durch die deutsche Münzreform herbeigeführt sei, nicht richtig, dann sind bleibende Ursachen daran schuld, dann kehrt der Silberpreis überhaupt nicht auf seinen alten Stand zurück oder doch nur, wenn diese Ursachen wieder entfernt sind; dann tritt aber auch an die Finanzleiter der europäischen Staaten die Pflicht heran, die Umlaufsverhältnisse ihrer Länder auf der Basis der reinen Goldwährung zu rekonstruieren, wenn sie Handel und Wandel vor ewigen Verlusten bewahren wollen. Neuerdings sind wir nun in den Besitz des amtlichen Zahlenmaterials

gelangt, durch welches sich die Ansicht der Vertreter der Gold=
währung auf das Glänzendste bestätigt, daß nämlich die deutsche
Münzform überhaupt nicht den großen Einfluß auf das Sinken
des Silberpreises gehabt hat, welcher derselben beigemessen worden
ist, daß vielmehr die Vermehrung der Silberproduktion in Amerika
und die Einschränkung der üblichen Silberausfuhr nach Indien, so=
wie das Ausgebot der indischen Regierungswechsel in London einen
viel bedeutenderen Einfluß ausgeübt hat. In den 25 Jahren
von 1855—1856 bis 1879—80 wurden 99 Millionen Pfund
Sterling Gold und über 231 Mill. Pfd. St. Silber in Britisch=
Indien eingeführt, was für das Silber einen Jahresdurchschnitt von
$9\frac{1}{4}$ Mill. Pfd. St. ergiebt. Gerade in den sechs Jahren von 1871
bis 1876, in welche der Sturz des Silberpreises fällt, und während
welcher die deutschen Silberverkäufe so geringfügig waren, daß
sie keinen Einfluß ausüben konnten, erhob sich die Silbereinfuhr
in Indien auf $26\frac{1}{4}$ Mill. Pfd. St. oder auf durchschnittlich jähr=
lich $4\frac{1}{3}$ Mill. Pfd. St. In den 4 Jahren von 1877—1880 be=
trug die Silbereinfuhr in Indien etwas über 40 Mill. Pfd. St.
oder etwas über 10 Mill. Pfd. St. jährlich. In diese Zeit fällt
der Verkauf von ungefähr 600 Millionen Mark oder 30 Mill.
Pfd. St. deutschen Silbers. Allein der Durchschnitt dieser letzten
4 Jahre steht doch noch zurück gegen die 11 ersten Jahre des
genannten Zeitraumes von 1855—65/66, in welchen die Ausfuhr
und Absorbtionskraft Indiens noch nicht durch die aufeinander
folgenden Hungerjahre geschmälert war und überdies das Sinken
des Goldwertes das Silber massenhaft aus Europa nach Asien
getrieben hatte. Denn in diesen 11 Jahren wurden nicht weni=
ger als 129 Mill. Pfd. St. also jährlich $11\frac{3}{4}$ Mill. Pfd. St.
Silber in Indien eingeführt. In jenen Jahren stand der Preis
des Silbers auf durchschnittlich $61\frac{1}{2}$ Pence per Unze Standard,
folglich höher als zu einer anderen Periode des Jahrhunderts,
was freilich durch die erhöhte Goldproduktion hervorgerufen war.
Zur Zeit der Einstellung der deutschen Silberverkäufe im Mai
1879 stand der Silberpreis auf $51\frac{1}{4}$ und heute steht derselbe

auf 50³/₄. Vom Jahre 1862 an hat die enorme Vermehrung der Silberproduktion iu den Weststaaten Amerikas angefangen, infolge deren in den ersten 5 Jahren jährlich 5—8 Millionen Dollar mehr als früher gewonnen wurden. Im ganzen sind seit den letzten 20 Jahren in Amerika über 548 Mill. Dollars oder über 109 Mill. Pfd. St. = 2180 Mill. R.=Mark mehr Silber als früher gewonnen worden. Die Produktion von Gold und Silber war nach den Ermittlungen des statistischen Bureaus der Vereinigten Staaten in Washington von 1855—1882 folgende:

Jahr	Gold Dollars	Silber Dollars	Total Dollars
1855	55 000 000		55 000 000
1856	55 000 000		55 000 000
1857	55 000 000		55 000 000
1858	50 000 000	500 000	50 500 000
1859	50 000 000	100 000	50 100 000
1860	46 000 000	150 000	46 150 000
1861	43 000 000	2 000 000	45 000 000
1862	39 200 000	4 500 000	43 700 000
1863	40 000 000	8 500 000	48 500 000
1864	46 100 000	11 000 000	57 100 000
1865	53 225 000	11 250 000	64 475 000
1866	53 500 000	10 000 000	63 500 000
1867	51 725 000	13 500 000	65 225 000
1868	48 000 000	12 000 000	60 000 000
1869	49 500 000	12 000 000	60 000 000
1870	50 000 000	16 000 000	66 000 000
1871	43 500 000	23 000 000	66 500 000
1872	36 000 000	28 750 000	64 750 000
1873	36 000 000	35 750 000	71 750 000
1874	33 490 902	37 324 594	70 815 496
1875	33 467 856	31 727 560	65 195 416
1876	39 929 166	38 783 016	78 712 182
1877	46 897 390	39 793 573	86 960 963
1878	51 206 360	45 281 385	96 487 745
1879	38 899 858	40 812 132	79 711 990
1880	36 000 000	39 200 000	75 200 000
1881	36 500 000	42 100 000	78 600 000
1882	31 500 000	44 700 000	76 200 000
	1 144 641 532	548 722 260	1 797 363 792

Im Deutschen Reiche waren nach der 8. Denkschrift bis 1880 für 1080'/₂ Million Mark alte Silbermünzen eingezogen worden, wovon für ungefähr 430 Millionen neue Reichssilbermünzen geprägt und ungefähr 600 Millionen Mark verkauft sind. Die Mehrproduktion Amerikas in den letzten 19 Jahren beträgt allein fast das dreifache dieses Betrages. Vergleicht man nun die Silbereinfuhr Indiens in den 6 Jahren, während des Sturzes des Silberpreises gegen die vorhergegangenen 15 Jahre, so findet man, daß jährlich um 6²/₃ Pfd. St. weniger als früher eingeführt wurde und ergiebt sich daraus eine Verminderung der Nachfrage Indiens nach Silber um 400 Mill. Pfd. St. Der internationale Silbermarkt ist daher durch die Vermehrung der Produktion Amerikas und durch die Verminderung der Nachfrage Indiens um über 124 Mill. Pfd. St. belastet worden, gegen welche die 30 Mill. Pfd. St., welche von Deutschland verkauft wurden, nur wenig bedeuten. Da fällt die Einstellung der Silberprägungen von Seiten des lateinischen Münzbundes schon beträchtlicher ins Gewicht, denn Frankreich hat allein von 1867—1877 rund 618 Millionen Francs, Belgien 350 Millionen und Italien 327 Francs Kurant-Silber geprägt, obwohl in den drei letzten dieser Jahre die Prägungen bereits vertragsmäßig eingeschränkt worden waren. Obgleich schon aus diesen Zahlengruppen die Unstichhaltigkeit der Behauptung der Bimetallisten über den Einfluß der deutschen Silberverkäufe hervorgeht, so ergiebt sich doch aus einer Prüfung der Beziehungen Großbrittanniens zu Indien, daß der Verkauf der indischen Regierungswechsel in London den Haupteinfluß auf den Silbermarkt hervorruft und insbesondere fast die alleinige Ursache der häufigen Schwankungen desselben ist. Von hohem Interesse ist der Vergleich des indischen auswärtigen Handels mit dem Erlös der indischen Regierungswechsel und Einfuhr von Silber und Gold.

	Einfuhr £	Ausfuhr £	Überschuß in Millionen £
1. April 1874 bis 1. April 1875	44 363 160	57 984 549	13.6
1. „ 1875 „ 1. „ 1876	44 192 378	60 291 731	16.1
1. „ 1876 „ 1. , 1877	48 876 751	65 043 789	16.5
1. „ 1877 „ 1. „ 1878	58 819 644	67 433 324	8.6
1. „ 1878 „ 1. „ 1879	43 622 943	64 789 156	21.1
1. „ 1879 „ 1. „ 1880	51 397 561	69 101 986	17.7

Ind. Regierungswechsel £	Einfuhr v. Gold	Einfuhr v. Silber	Total Millionen
1874	10 000 000	2 089 236	6 051 810	8.1
1875	13 779 500	1 836 381	3 464 341	5.3
1876	14 179 100	1 443 711	9 992 408	11.4
1877	11 666 000	1 578 927	15 776 532	17.3
1878	16 565 160	1 463 049	5 593 699	7
1879—80	18 350 000	2 050 392	9 605 001	11.6

Aus dem Vergleiche dieser Zahlen entnehmen wir, daß die Bilanz nicht stimmt, weil in jenen Zahlengruppen zwei Elemente fehlen, die indischen Anleihen einerseits und der Betrag der Privatrimessen, welche England aus Indien erhält und die teils in Geldsendungen englischer Beamten und Offiziere an ihre Verwandten, teils auch in Vergütungen für Warensendungen bestehen. Die Anleihen erklären es, wenn in manchen Jahren die Werteinfuhr Indiens dessen Warenausfuhr-Überschuß um 10 bis 20 Mill. £ übersteigt. Welche große Ziffern überhaupt hier in Betracht kommen, ergiebt sich daraus, daß der Betrag der indischen Regierungswechsel in den 6 Jahren von 1874—1880 sich auf über 85 Mill. £ erhebt. Welche Absorbtionskraft Indien für unsere Edelmetalle besitzt, das zeigt jene enorme Summe von über 330 Mill. £ (wovon 99 Mill. Gold), welche in 25 Jahren dort eingeführt worden sind, ohne daß ein nennenswerter Rückfluß nachweisbar wäre. Daher werden auch die noch übrigen 400 Mill. Mark oder 20 Mill. Pfund betragenden deutschen Silbervorräte in jenem Abgrund leicht verschwinden.

Die längere Verzögerung der Veräußerung dieser Vorräte und der vollkommenen Durchführung der deutschen Münzreform

ist daher angesichts dieser Thatsachen nicht mehr zu verant=
worten.

Die Argumente der Gegner der amerikanischen Vorschläge
waren so gewichtig, daß es auf keiner der beiden Pariser Kon=
ferenzen gelang, auch nur eine Mehrheit von Staaten für die=
selben zu gewinnen, geschweige denn ein einstimmiges Votum
herbeizuführen. Die Konferenzen verliefen daher völlig resultat=
los. Sogar die deutsche Reichsregierung, welche durch die
Suspendierung der Silberverkäufe eine gewisse Willfährigkeit
gezeigt hatte, fand sich nicht veranlaßt eine prinzipielle Änderung
der deutschen Münzgesetze zuzusagen. Der Vertreter des Deut=
schen Reiches bei der Pariser Münzkonferenz war nur ermäch=
tigt gewesen, das Entgegenkommen Deutschlands mit einem
Vorschlage auszusprechen, durch welchen, ohne der Goldwährung
zu nahe zu treten, ein stärkerer Gebrauch von Silber herbeige=
führt werden würde. Dieses Anerbieten, das auch der Delegierte
Rußlands, Herr von Thörner, eingehend unterstützte, ging näm=
lich dahin, daß das deutsche Reich bei seiner vorgeschrittenen
Münzreform sich nicht in der Lage sehe, seinerseits die Silber=
prägung freizugeben. Um aber andern Staaten eine solche
Entschließung zu erleichtern bezw. vor dem Zuströmen deutschen
Silbers ihre Münzstätten zu schützen, sei die Regierung geneigt
1. für einen auf mehrere Jahre zu bestimmenden Zeitraum kein
Silber und nachher jährlich nicht über eine bestimmte Summe
zu verkaufen; 2. die goldenen Fünf=Markstücke im Betrage von
$27^3{}_4$ Mill. Mark und 3. die Reichs = Kassenscheine zu 5 Mark
im Betrage von 40 Mill. einzuziehen, sowie 4.71 Mill. silberne
Fünf=Markstücke und 101 Mill. Zwei=Markstücke im Wertver=
hältnis von 1 : 15 ½ umprägen zu lassen. Herr von Thörner
hat dann diesen Vorschlag dahin erweitert, daß alle Goldstücke
unter 20 Frcs. eingezogen werden sollen. Dieser Vorschlag
wurde ein Jahr nach dem Schluß der Konferenz vom Direktor
der deutschen Reichsbank, Herrn von Dechend, wieder aufgegriffen,
indem derselbe in einer Denkschrift die Proposition ausführte,

daß das Deutsche Reich die Zirkulation von Gold und Papiergeld auf die Stücke von mindestens 20 Mark beschränken und
diejenigen unter diesem Betrage möglichst bald einziehen solle,
so daß zu Zahlungen unter 20 Mark nur Silbergeld verwendet
werden könne. Herr von Dechend giebt sich der Hoffnung hin,
daß diese Maßregel auch von andern Staaten möchte nachgeahmt werden; er habe nach den zuverlässigsten Quellen festgestellt, daß unter den auf der letzten Pariser Münzkonferenz
vertretenen Staaten, selbst wenn man von Österreich = Ungarn
und Rußland absieht, an Gold= und Papiergeldstücken zu 20 Frcs.
im Gesamtbetrage von 2550 Mill. Mark umlaufen. Für soviel
Silberstücke würde dann Raum geschafft werden können.

Bevor wir auf die Prüfung dieses Vorschlags eingehen,
wollen wir einen Blick auf die Natur der Gründe werfen, welche
der Antragsteller dafür anführt. Wir können uns dabei nicht
verhehlen, daß uns der Antrag, wenn er auf das ursprüngliche
Maß des Anerbietens des Herrn von Thielmann zurückgeführt
würde, plausibler vorkommt, als die dafür herangezogenen Argumente. Der Hauptgrund des Antragstellers ist die Geldnot,
welche sich aber bei näherer Prüfung als Fiktion erweist, durch
welche der Verfasser sich in Irrtümer und Widersprüche ver-
wickeln läßt. Derselbe verwechselt häufig Geldnot mit Kapital-
not, eine Erscheinung, welche zwar in Handelskreisen nicht selten
ist, aber von dem Direktor einer großen Notenbank billig
Wunder nehmen darf. „Die Geldnot", sagt Dechend, „besteht
überall; am wenigsten aber leiden darunter die Länder mit
Doppelwährung, weil sie zu allen Zahlungen im Inland auch
das Silbergeld verwenden können." (!?)

„Viel deutlicher tritt die Geldnot in den Staaten mit
„Papierwährung" zum Vorscheine, weil sie das Ausland nur
mit Gold bezahlen können, und dieses viel teurer bezahlen
müssen, als früher, wo sie zwischen Gold und Silber wählen
konnten. Am fühlbarsten wird für sie die Geldnot dann, wenn
sie von der Papierwährung zur Metallwährung übergehen

wollen." Diese citierte Stelle leidet an einer bedenklichen Be=
griffsverwirrung. Herr Dechend spricht von einer „Papierwäh=
rung". Nun giebt es wohl eine Gold=, eine Silber= und eine
Doppelwährung in diesen beiden Metallen zugleich — eine Pa=
pierwährung aber giebt es nicht — nur einen Papierumlauf.
In den Staaten, in welchen die Umlaufsmittel aus Papiergeld
mit Zwangskurs bestehen, kann die Silber=, die Gold= oder die
Doppelwährung bestehen. Bei der ersteren tritt die Geldnot
viel stärker hervor, als bei den letzteren. In einen bedenklichen
Widerspruch verfällt Herr von Dechend bei der Beziehung der
Diskonto=Politik zu der Währungsfrage. Zuerst sagt er, „von
der Geldnot seien am unmittelbarsten die Staaten der Gold=
währung betroffen, England am stärksten, Deutschland etwas
weniger gefährdet, weil die Reichsbank noch die Berechtigung
habe, ihre Noten in Thalern einzulösen, auf welche sie faktisch
nur bei der Hauptbank verzichte. Sobald aber die alten Thaler
aufgerufen oder zur Scheidemünze gemacht würden, so würde
dies sich ändern und die Reichsbank würde genötigt werden
ihren Goldschatz zum größten Schaden des Landes durch noch
rücksichtsloseres Erhöhen des Diskontos zu verteidigen." Bei
der darauf folgenden Anführung des Vorschlages der Bi=
metallisten aber bemerkt er, „England werde nach seiner Über=
zeugung niemals zur Doppelwährung übergehen, weil es sich
der vorzugsweise ihm drohenden Gefahr, mit Silber über=
schwemmt zu werden, und infolge dessen sein Gold zu verlieren
nicht aussetzen darf. Für Deutschland liegt diese Gefahr aber
gleichfalls nahe, wenn auch nicht in demselben Maße, weil es
schon mehr Silbergeld hat als England."

Uns leuchtet diese Logik nicht ein, und wie der Widerspruch
zu lösen ist, daß der Besitz von überflüssigem Silbergeld das
eine Mal ein Vorteil, das andere Mal eine Gefahr ist, müssen
wir Herrn von Dechend überlassen.

Was die angebliche Geldnot betrifft, so begegnen wir in
dieser Hinsicht der Behauptung, welche durch die Bimetallisten

bereits stereotyp und auch Veranlassung zu jenem geflügelten
Worte des Fürsten Bismarck „von der kurzen Decke“ geworden
ist. Wir haben diese Behauptung schon mehrmals auf ihr ziffer=
mäßiges Maß zurückgeführt. Wir haben gezeigt, daß durch die
Goldproduktion seit 1851 der Vorrat dieses Metalles im Abend=
lande mehr als verdoppelt wurde, daß in den 15 Jahren von
1851—1866 mehr als 16 Milliarden Mark Goldstücke geprägt
worden sind, auch daß der Vorrat an Gold, wenn man von
Rußland absieht, schon damals mehr als ausreichend war, um
den Bedarf zu decken, selbst wenn sämtliche Länder Europas und
Amerikas zur reinen Goldwährung übergehen wollten. Die jähr=
liche Goldproduktion hat sich aber seitdem noch immer auf der
Höhe von 400—500 Mill. Mark erhalten. Die Geldnot ist
daher, absolut betrachtet, nur eine Chimäre. Die Geldnot, welche
Herr von Dechend im Auge hat, ist entweder eine Kapitalsnot,
wie sie z. B. zeitweise bei Krisen zu Tage tritt, oder sie ist eine
vorübergehende Verschiebung des Gleichgewichtes im Goldvor=
rate, welche durch großartige Spekulationen bewirkt werden kann,
wie solche namentlich in den Vereinigten Staaten in Scene ge=
setzt zu werden pflegen und bei den großen Mitteln, welche
solchen Koalitionen zu Gebote stehen, leicht auch auf den euro=
päischen Geldmarkt zurückwirken können.

Was nun den speziellen Vorschlag selbst betrifft, so bedingt
derselbe zwar an und für sich kein prinzipielles Zugeständnis
an das System der Doppelwährung, denn die Prägung des
Silbers würde nicht freigegeben, sondern nur die Umlaufssumme
der silbernen Teil= und Scheidemünze um einen fest bestimmten
Betrag vermehrt. Für angemessen könnten wir doch nur den
Vorschlag des Herrn von Thielmann halten, nach welchem nur
die Gold= und Papiergeldstücke unter 10 Mark bezw. 10 Francs
eingezogen werden sollen. Da die Goldstücke unter diesem Be=
trage leichter abgeschliffen und verloren werden, überhaupt wegen
ihres minimen Umfanges unbequem sind, so würde unseres Er=
achtens das Publikum sich ohne Sträuben dazu bequemen, für

diesen Betrag Silber zu führen. Die von Herrn von Dechend vorgeschlagene Erhöhung dieser Grenze bis 20 Mark bezw. 20 Francs würde auf der einen Seite dem Publikum eine große Unbequemlichkeit auferlegen, weil dieses wieder so viel Silber in der Tasche haben müßte, andererseits würde es aber auch den beabsichtigten Zweck einer Erhöhung des Silberpreises nicht erreichen. Denn da sowohl die Keller der Bank von Frankreich und der deutschen Reichsbank, wie der niederländischen Bank, der italienischen, der schweizerischen Banken und der belgischen Nationalbank einen sehr bedeutenden Betrag von Silbermünzen bergen, so würde nur die Barschaft dieser Banken reichlicher mit Gold und die Cirkulation im Publikum stärker mit Silber ausgerüstet werden. Betrachtet man daher den Vorschlag des Herrn von Dechend von dem Standpunkte aus, von welchem ihn derselbe speziell aufgefaßt haben will, d. h. von dem des Deutschen Reiches für sich allein, so ergiebt sich daraus der Schluß, daß Herr von Dechend zwar einen vom Standpunkte der Interessen der Reichsbank und des Fiskus nützlichen, aber von dem Gesichtspunkte des Gemeinwohles schädlichen und wenigstens in dieser Ausdehnung unannehmbaren Vorschlag gemacht hat.

Die Geldsurrogate.

Die Geschichte des Geldes würde nur Stückwerk sein, wenn man sich auf die Darstellung der Entwickelung des Metallgeldes beschränken wollte. Denn die Rolle dieses letzteren ist im internationalen Verkehr und im Großverkehr bereits auf den zweiten Rang herabgesunken und wird es mit der weiteren Entwickelung der Volkswirtschaft in der Zukunft immer mehr werden, je mehr sich die Werkzeuge des Umsatzverkehrs, von denen nachstehend die Rede sein soll, vervielfältigen und vervollkommnen. Das Surrogat ist, mit einem Worte gesagt, das Kreditgeld. Die Formen desselben aber und die Maschinerie, mittelst deren es umgesetzt wird, sind mannigfaltig. Die geschichtlich älteste Form desselben ist die Anweisung. Aus ihr und neben ihr entwickelte sich der Wechsel; sodann kam das Staatspapiergeld und die Banknoten, denen sich in gewisser Beschränkung auch die Koupons von Staatspapieren und Obligationen, sowie die Warrants oder Warendepositenscheine anschließen. Als Organe für den Umlauf dieser Umsatzmittel dienen die Banken und die Clearinghäuser oder Kompensationsbörsen. Wir werden diese Einrichtungen der Reihe nach beleuchten:

Anweisungen, Cheques.

Die erste Spur der Anweisung stößt uns, wenigstens im Abendlande, im alten Griechenland auf, wo nach einigen überlieferten Beispielen die Gastfreunde, welche in jener Zeit die Wirtshäuser ersetzten, sich auch mit Geld ausgeholfen zu haben scheinen, um bei der damaligen Unsicherheit der Wege bei den zahlreichen Räuberbanden die Gefahren des Transports großer Wertsummen in Edelmetallen oder Barren zu vermindern. Im römischen Reich ist dieser Branch besser organisiert und allgemeiner gemacht worden, da daselbst schon der Berufszweig der Bankiers sich eingebürgert hatte und Bankhäuser an allen größeren Plätzen sich befanden, welche die Geldgeschäfte der Reichen besorgten.

Im Mittelalter war die kreditweise Übertragung von Geldsummen noch unentbehrlicher, weil die Unsicherheit der Landstraßen wegen der Raubritter zeitweise so überhand nahm, wie es in keiner geschichtlichen Periode vor- und nachher vorgekommen ist. Da aber sehr bald der aus der Anweisung hervorgegangene, aber wirksamere Wechsel überhand nahm, so erlangte die Anweisung eine größere Bedeutung erst in der Gegenwart durch die Organisation des sogenannten Chequeverkehrs. Dieser

Verkehr mittelst Chèques oder Anweisungen hat nämlich zuerst in London die vollendetste Ausbildung und größte Ausdehnung erhalten. Er hat sich von da an langsam auch auf die übrigen Haupthandels- und Industrieplätze Großbritanniens ausgedehnt und ist sodann auch in den größeren Städten der Vereinigten Staaten aufgenommen worden. Auf dem europäischen Kontinent und in den übrigen Ländern, vielleicht mit Ausnahme Chinas, will derselbe nicht recht Wurzel greifen. Diese Lauheit scheint in der Hauptsache folgenden Gründen zu entspringen: Im großen Verkehr der Börse wie des Warenhandels dienen die Giro-abteilungen der großen Zettelbanken und ihrer Zweiganstalten diesem Zwecke. Für eine größere Ausdehnung des Chèqueverkehrs fehlt jene Übertragbarkeit und Zirkulationsfähigkeit derselben, welche durch die Clearinghäuser möglich gemacht wird, wo an jedem Tage der Woche eine besondere Gattung von Schuldscheinen von den Bank- und Geschäftshäusern unter Kompensierung der gegenseitigen Forderungen ausgetauscht wird, wobei nur die Differenz mittelst Geld, d. h. nur ein kleiner Bruchteil, mit Noten und noch ein kleinerer mit Münze beglichen wird. Eine andere Ursache mag darin liegen, daß die Sitte der Bar-zahlung noch nicht so verbreitet ist, von der in England nur der Adel eine Ausnahme bildet, und daß noch nicht so viele Personen sich Geldvorrat halten wie in Großbritannien. Zum Teil mögen auch unsere bequemeren Münzeinrichtungen mit schuld sein.

Die Bevölkerung auf beiden Kontinenten ist so sehr an das Papiergeld meist auch in kleinen Abschnitten gewöhnt, daß man damit fast niemals in Verlegenheit kommt. In London dagegen ist wenigstens der Fremde nicht selten Scherereien ausgesetzt, wovon zwei Vorfälle Zeugnis ablegen mögen, welche mir selbst begegnet sind. In England lautet die kleinste Banknote auf 5 £ oder rund 100 Mk.; in Deutschland haben wir auch nach der neuen Ordnung noch Reichskassenscheine von 50, 20 und 5 Mk., um das kleine Bedürfnis zu befriedigen. Als ich einst in der

City von London eine 10-Pfundnote wechseln wollte, mußte mir mein Freund einen Kommis zum Wechsler mitgeben, weil unbekannten Personen nicht gewechselt wird. An der Kasse des Grosvenor-Hotels an der Viktoriastation, wo ich ein anderesmal wohnte, wurde mir eine 5-Pfundnote zurückgewiesen, weil sie von der Filiale der Bank von England in Southampton ausgegeben war, und ich mußte den zweistündigen Weg zur Kasse der Bank von England machen, um diese Note in Geld umgewechselt zu erhalten. Das sind Plackereien, welche auf dem Kontinent nicht vorkommen und vielleicht auch gerade eine Folge des Chequeverkehres sind, da es einmal in London Sitte geworden ist, daß jeder geordnete Mann sein Guthaben bei einem Bankhause hat, alle seine Rechnungen nur durch Cheques auf dieses Bankhaus begleicht, alle seine Einkünfte dahin einzahlt oder einzahlen läßt und nur Taschengeld mit sich führt.

Der Wechsel.

Aus der Anweisung ist in natürlicher Fortbildung der Wechsel entstanden. Mit der größeren internationalen Entwickelung des Verkehrs, mit der größeren Regelmäßigkeit des Warenhandels, insbesondere aber mit der Entstehung der Post, mußte sich das Bedürfnis kundgeben, die Anweisungen nicht bloß zur Übertragung einer Schuld auf eine zweite Person auszustellen, sondern dieselben auch noch als ein Umsatzmittel von Guthaben zu verwenden, welches von einem größeren Kreise von Personen gebraucht werden kann, als bloß vom Gläubiger, dem Schuldner und dem Cessionar. So entstand der Wechsel, welcher, soweit die historische Überlieferung reicht, im 14. Jahrh. im Verkehre zwischen den Städten Venedig und Florenz entstanden ist. Der älteste Wechsel, welcher aufbewahrt ist, stammt nach Macleod aus dem Jahre 1380. Ein anderer Wechsel aus dem Jahre 1404, von Capmany erwähnt, ist von einem Kaufmann in Lucca auf einen andern in Brügge zu gunsten seines Korrespondenten in Barcelona gezogen und von letzterem in Brügge einkassiert worden. Damit ist der Beweis geliefert, daß bereits um die Scheide des 14. und 15. Jahrh. Wechselverkehr zwischen Italien, Spanien und den Niederlanden bestand.

Der Wechsel ist entweder Zahlungsbefehl und wird gewöhnlich mit Primawechsel bezeichnet, oder Zahlungsversprechen, d. h. Solawechsel (promissory note, billet à ordre). Der Aussteller eines Wechsels, beim Primawechsel in der Regel der Gläubiger, heißt Trassant, der Bezogene, in der Regel der Schuldner, Trassat; die Zwischenmänner, durch deren Hände der Wechsel läuft und deren Dasein in Verbindung mit einer bestimmten vorgeschriebenen Zahlungsfrist den Wechsel eben von der Anweisung unterscheidet, heißen Indossanten und Indossaten; die Überschreibung an einen dritten das Giro; die Unterschrift des Trassaten des Primawechsels, welcher die Zahlung verspricht, Accept. Daher kommen die Zeitwörter indossieren, girieren und acceptieren.

Ist es auch wahrscheinlich, daß der Wechsel gleich der Anweisung seinen Ursprung dem Wunsch der Kaufleute verdankt, die Gefahr der Geldsendungen und des Transportes zu vermeiden, so fiel dieser Grund mit der Einrichtung der Post weg und die Hauptursache des Wechselverkehrs blieb nur noch der Drang nach Vereinfachung und Verwohlfeilerung des Umsatzes der Werte durch Kompensation der gegenseitigen Verschuldung zwischen entfernt voneinander wohnenden Geschäftsleuten, der Kompensation der Forderungen des Warenverkehrs von Land zu Land.

In der ältesten Periode des Handels wurde direkt Ware mit Ware vertauscht. Die Kaufleute brachten, wie noch heute in Afrika, ihre Waren selbst an einen andern Platz oder in ein anderes Land, um dafür die Produkte des letzteren direkt einzutauschen.

In der zweiten Periode wurde zur Barzahlung der gekauften Waren in Metallgeld geschritten.

Von der Zeit an aber, wo ein regelmäßiger Frachtverkehr

zu Wasser und zu Land eingerichtet war und die Kaufleute nicht genötigt waren, die Waren selbst zu bringen und zu holen, sondern solche Fuhrleuten und Schiffern anvertrauen konnten, als die Post die Bürgschaft für die sichere Übermittelung von Wertpapieren übernahm, da mußte sich dem Kaufmann, dessen Sorge es in erster Linie sein muß, seinen Gewinn durch Verminderung seiner Produktionskosten zu mehren, die Überzeugung aufdrängen, daß durch die Einsendung der Geldbeträge für erhaltene Waren bei dem steten Wachsen des Güterverkehrs überflüssigerweise Mühe, Zeit und Transportkosten vergeudet werden, da die gegenseitigen Forderungen kompensiert werden können. Der europäische Kontinent schickt Mastvieh nach Großbritannien, England sendet Zuchtvieh und Rassepferde zurück. Der Kontinent schickt Getreide, Wein, Butter, Eier nach England, Großbritannien schickt Baumwollenwaren, Eisen- und Stahlartikel, Alpaccazeuge und Maschinen nach allen Teilen des Kontinents. Diese gegenseitigen Sendungen repräsentieren einen Wert von vielen hunderten von Millionen während fortwährender Hin- und Hertransport der Wertbeträge nicht nur überflüssige Transportkosten verursachen, sondern zuweilen Stockungen auf dem Geldmarkte hervorrufen würde, so daß die Länder genötigt wären, einen weit größeren Vorrat an Metallgeld zu halten und dadurch ansehnliche Kapitalzinsen zu verlieren. Jetzt geht die Sache sehr einfach vor sich. Der Getreide- oder Zuckerexporteur in Berlin oder Wien zieht für den Betrag seines Guthabens einen Wechsel auf die Käufer, ihre Schuldner, in London und übergiebt diesen Wechsel einem Bankhause oder der Reichsbank, indem er solchen auf diese indossiert. Nun hat eine Fabrik in Österreich oder Deutschland für bezogene Maschinen oder eine Anzahl von Kaufleuten haben für erhaltene Textilwaren entsprechende Summen in England zu zahlen. Statt bares Geld zu schicken, kaufen sie die auf die Bank indossierten Wechsel und schicken sie an ihre Gläubiger, welche deren Betrag bei den englischen Trassaten einkassieren.

Diese Transaktion ist der Wechselverkehr in seiner einfachsten

Gestalt, wie wir uns an anderer Stelle ausdrückten, gewisser=
maßen „in seiner Zelle". Im großen internationalen Verkehr
können nur die Eingeweihten unterscheiden, welche Wechsel reelle
Warentransaktionen repräsentieren und welche zur Übertragung
von Forderungen für Börseneffekten oder Edelmetall dienen oder
solche, welche wirkliche Geldsendungen repräsentieren und mit dem
Namen „Bankierswechsel" bezeichnet werden.

In der heutigen Entwickelung des Weltverkehrs werden nach
runder Schätzung ⁹/₁₀ aller Waren im internationalen Verkehr
durch Wechsel kompensiert und die Sendungen in Edelmetall und
Münze repräsentieren höchstens durchschnittlich ¹ ₁₀ des Wertes
der im auswärtigen Handel umgesetzten Güter.

Der Wechselverkehr hat aber eine so wundervolle Entwicke=
lung genommen, daß er nicht bloß die Ausgleichung der Schuld=
forderungen zwischen zwei Ländern vermittelt, welche sich gegen=
wärtig Waren zusenden, sondern daß sogar Warensendungen von
Ländern gezahlt werden, welche diese Güter gar nicht empfangen
haben. So bezieht z. B. Amerika seinen Thee aus China; so=
weit es denselben aber nicht in Silber zahlt, kann es seine
Schuld mit Waren nicht decken. Der Thee, welchen die Ver=
einigten Staaten aus China beziehen, wird daher in England,
d. h. durch in China auf London gezogene Wechsel bezahlt, für
deren Betrag aber England aus Amerika Getreide und Fleisch=
waren empfangen hat. In dieser Weise werden auch häufig
Saldo=Differenzen zwischen zwei Ländern, welche durch Geldsen=
dungen zu decken wären, durch Wechsel auf dritte Länder getilgt.
Denn ob man zu Geldsendungen schreiten muß, das hängt vom
Stand des Wechselkurses ab, über welchen wir uns näher er=
klären müssen.

Der Wechselkurs oder mit anderen Worten der Preis des
Wechsels ist der Nominalwert unter Hinzurechnung eines Betrags,
welcher zwischen dem Nominalbetrag des Wechsels und diesem
unter Hinzurechnung der Transportkosten des Geldes einschließ=
lich der Versicherungsprämie schwankt, welche bei Einsendung von

barem Gelde zu entrichten wären. Würde Großbrittannien in
einer gegebenen Zeit in die Vereinigten Staaten einen Betrag
von Waren und Wertpapieren senden, deren Wert genau den
von den Vereinigten Staaten zurückgeschickten Gütern entspräche,
dann würde der Wechselkurs nicht über den Nominalbetrag des
Wechsels steigen. Sobald hingegen die Vereinigten Staaten
mehr Waren und Effekten nach England schicken, als von da
nach der Union exportiert werden, so sind mehr Zahlungen von
seiten Englands als Amerikas zu machen, folglich sind Wechsel
von London nach New York gesuchter und steigen so lange im
Preise, bis die Differenz zwischen diesem und dem Nominalwert
der Wechsel die Transportkosten und Versicherunsprämie von
London nach New York übersteigt. Von diesem Augenblick an
wird an Zahlungsstatt Gold geschickt, weil dieses dem Schuldner billiger zu stehen kommt. Man sagt dann, der Wechselkurs
steht ungünstig für England bezw. gegen London und zu Gunsten New Yorks. Bei dem gegenwärtigen Stand des Handels
zwischen Großbrittannien und den Vereinigten Staaten, wo die
Ausfuhr der letzteren bedeutend überwiegt, würde der Wechselkurs permanent gegen London stehen und fortwährend Gold nach
New York abfließen, wenn derselbe nicht einen internationalen
Charakter hätte. Auf Grund des letzteren kann sich England
auch die Goldsendungen ersparen, wenn es ihm gelingt, Schulden, welche die Vereinigten Staaten in anderen Ländern kontra-
hiert haben, mit anderen Worten, Wechsel, welche von anderen
Ländern auf die Vereinigten Staaten gezogen sind, aufzukaufen
und an Zahlungsstatt nach Amerika zu schicken. Wir haben schon
oben erwähnt, daß auf diese Weise der von Amerika aus China
bezogene Thee gezahlt wird. Ähnlich geschieht es mit dem Wein,
der Seide und anderen Luxuswaren, welche Frankreich nach Amerika exportiert. Soweit auch diese Kombinationen nicht ausreichen, um das Guthaben der Amerikaner zu decken, dienen an-
statt der Goldsendungen auch noch die Koupons der amerikanischen Wertpapiere oder amerikanische Bonds selbst, welche zum

Verkäufe in die Union geschickt werden, im Falle der Kurs der=
selben sich günstig gestellt hat. Andererseits kann es auch Zeiten
geben, wo bei völligem Gleichgewicht der Handelsbilanz Gold
aus Europa nach Amerika abfließt, sei es, daß dieses auf un=
serem Kontinent eine große Anleihe ko: 'rahiert hat, oder daß
der Preis der amerikanischen Wertpapiere bedeutend gesunken ist,
so daß er europäische Käufer anlockt.

Der Wechselkurs ist nicht mit dem Diskontosatz zu vermen=
gen, d. h. dem Zins, welcher von vornhinein für gekaufte Wechsel
für deren Laufzeit abgezogen wird. Die Zeit, auf welche gute
kaufmännische und Bankierswechsel ausgestellt zu werden pflegen,
beträgt in der Regel nicht über 3 Monate. Indessen werden
auch noch im regelmäßigen Warengeschäft 6=Monat=Rimessen ver=
wendet. Bankierswechsel und Devisen für Geldgeschäfte pflegen
aber nicht über 3 Monate zu laufen. Wechsel, welche auf über
6 Monate ausgestellt sind, greifen bereits in das Gebiet der
Spekulation, an welche sich die Wechselreiterei schließt, eine Mani=
pulation in Verlegenheit befindlicher Spekulanten, welche auf
Strohmänner ziehen und diese acceptieren lassen, indem sie vor
Verfall derselben Deckung einschicken, welche oft ebenfalls wieder
durch gerittene Wechsel beschafft ist. Solche Krüge gehen so
lange zu Wasser, bis sie brechen. Außerdem giebt es auch auf
kürzere Zeit und auf Sicht gestellte Wechsel, welche bei dem Bank=
verkehr eine große Rolle spielen.

Außer den obengenannten Ursachen des Schwankens des
Wechselkurses giebt es auch noch andere, welche aus der Ver=
schiedenheit des Zustandes der Umlaufsmittel der miteinander
verkehrenden Länder entspringen. In dem einen Staate besteht
die Goldwährung, in dem andern die Silberwährung; in dem
einen sind die Barzahlungen ungeschmälert, in dem andern be=
steht der Zwangskurs und für sein übermäßig emittiertes Papier=
geld muß gegen Metallmünze Agio gezahlt werden. Je nach
der Höhe des Agios, welches für Wechsel in Silbervaluta bei
dem gegenwärtig gesunkenen Preis des Silbers gegen Gold ab

zuziehen ist, oder für Wechsel, die in den Noten eines im Zwangskurs befindlichen Staates zu zahlen sind, ist der Kurs solcher
Wechsel ein sehr ungünstiger. Bei Wechseln, welche von Berlin
auf Wien gezogen werden, braucht seit dem Herbst 1878 nur der
Unterschied der Währung, dort Gold, hier Silber, in Anschlag
gebracht zu werden. Vor dieser Zeit mußte auch das Agio,
welches für Silber gegen Noten zu entrichten war, berechnet
werden, weil erst seitdem die Parität zwischen Silber und Noten
wiederhergestellt ist. Noch im Mai des Jahres 1878 mußten
für 100 fl. Silber 105 fl. 37 kr. Noten, für 100 fl. Gold 120 fl.
Noten gezahlt werden. Außerdem wird in solchen Fällen auch
noch eine Prämie für die Gefahr entrichtet, daß am Verfalltage
das Silber oder Gold noch mehr gestiegen sein werde.

Unter normalen Verhältnissen kommt bei Berechnung des
Wechselkurses noch in Betracht eine Prämie für die Gefahr, daß
der Schuldner vor der Verfallzeit insolvent wird, daß eine
Diskontoänderung eintritt und daß die Handelsbilanz sich
verschiebt.

Diese kurzen Erläuterungen werden genügen, um klar zu
machen, daß der Wechselverkehr den Gebrauch ungeheurer Summen baren Geldes erspart und daß er ganz im Verhältnis zu
dem wachsenden Umfang der Handelsumsätze sich steigert. Während mit der Vermehrung des Kapitalreichtums, der landwirt-
schaftlichen und gewerblichen Produktion, sowie des Handels eines
Landes der Umfang der Transaktionen und der zu deckende Betrag der Käufe riesige Dimensionen annimmt, steigt der Gebrauch von Münze in der Regel keineswegs in demselben Verhältnis, ja es giebt Länder, wo er sogar noch abnimmt, weil die
Münzsurrogate in Gestalt von Wechseln, Noten, Chèques und
Clearinghäusern immer mehr Münze entbehrlich machen. So
hat z. B. Frankreich weit mehr Münze im Umlauf, als Großbritannien und die Vereinigten Staaten, obgleich die beiden letzteren Länder bedeutend mehr Umsätze haben. Diese ungeheure
Zunahme der Münzsurrogate im Verhältnis zu den Fortschritten

der Volkswirtschaft macht es begreiflich, daß die Sorge um die „kurze Decke" nach dem bekannten Gleichnis des Fürsten Bismarck eine durchaus unbegründete ist. Um sich einen annähernden Begriff von den Summen von Münze zu machen, welche durch den Wechselverkehr ersetzt werden, braucht man nur einen Blick auf den Warenverkehr im auswärtigen Handel einiger Hauptländer zu werfen. So erhob sich die Gesamtsumme der Ausfuhr und Einfuhr Großbrittanniens i. J. 1882 auf 13 260 Mill. Mk., während davon nur 890 Mill. in Kontanten verschickt wurde. Ähnlich steht das Verhältnis in den anderen Ländern, wenn deren auswärtiger Handel auch nicht die enormen Ziffern des brittischen erreicht.

Papiergeld und Banknoten.

Ein weit identischeres Münzsurrogat, als die Wechsel, sind das Papiergeld und die Banknote. Das Papiergeld scheint zuerst in China in Gebrauch gekommen zu sein. Die ausgebreitete, mehr als ein Jahrtausend alte Anwendung desselben scheint auch allein zu erklären, daß dieses große Reich, dessen Bevölkerungszahl jene Europas übertrifft, so lange mit der Kupferwährung auskommen konnte und nur im internationalen Handel des Silbers sich bedient. Im Abendlande kam der Versuch des Gebrauches eines analogen Geldzeichens im Mittelalter auf. Der erste Fall, welcher uns bekannt ist, war die Ausgabe von Ledergeld, welche Kaiser Friedrich II. versuchte, als ihm bei der Belagerung von Faënza das Geld zur Löhnung seiner Soldaten ausgegangen war. In Europa scheinen die ersten Banknoten in Schweden in Anwendung gekommen zu sein, wo die schon sehr früh gegründete Stockholmer Bank sogenannte Transportzettel ausgab, und zwar im Jahre 1661. In regelmäßiger Weise kam der Gebrauch von Banknoten durch die Gründung der Bank von England 1694 auf. Im zweiten Jahrzehnt des 18. Jahrhunderts brachte sodann der Schotte Law den Gebrauch der Banknoten nach Frankreich, wo mit der übermäßigen Ausgabe derselben

der Anfang gemacht wurde. Schon 1768 folgte Rußland diesem
Beispiel, indem Katharina II. dort Papiergeld ausgab, welches
sogar zeitweise über Pari stand. Gegen Ende des 18. Jahrhunderts aber wurde mit den Banknoten und dem Staatspapiergeld ein Mißbrauch getrieben, welcher den Staat in ungeheure Verwirrung brachte und die Bevölkerung in verderbliche
Verluste stürzte. Es ist die Zeit der Assignaten in der ersten
französischen Revolution, von der wir sprechen wollen und welche
für alle Zukunft als warnendes Beispiel vor den Gefahren der
Übertreibung einer an und für sich nützlichen Einrichtung dienen
mag. Es hatte sich aus der vorhergegangenen Erfahrung namentlich in England gezeigt, daß die Banknoten bis auf einen
gewissen Grad das Metallgeld wirksam vertreten können und
daß zeitweise Lücken in den Umlaufsmitteln rascher und billiger
damit ausgefüllt werden, als wenn man erst das entsprechende
Metallgeld schlagen müßte. Bei den Banknoten ist die oberste
Bedingung ihrer Existenz die Unterhaltung eines Einlösungsfonds,
welcher das Emissionsinstitut instand setzt, seine von den In-
habern präsentierten Noten jederzeit und ohne Hindernis gegen
klingende Münze einzulösen. Es hat sich in dieser Hinsicht sogar eine auf vieljähriger Erfahrung — keineswegs auf einem
Prinzip — beruhende Praxis herausgebildet, welche auch in
den Gesetzen und den meisten Statuten der Banken Eingang fand,
wonach ein Drittteil der Summe der umlaufenden Noten in
Währungsmünze ausreiche, um die Bank instand zu setzen,
die umlaufenden Noten stets auf Verlangen einzulösen. Diese
Praxis heißt die sogenannte Dritteldeckung, welche in der That
bis jetzt überall ausgereicht hat. Die Beobachtung, daß die
Banknoten häufig noch in viel größerer Menge ungestört zirkulieren konnten, ohne zu entwerten, hat sehr bald geldbedürftige
Regierungen, nachdem das Verfahren der Münzverschlechterung
sich ausgelebt hatte, verlockt, zur Ausgabe von uneinlöslichem
Papiergeld zu schreiten, bei welchem an die Stelle des Barschatzes
die Verpflichtung der Staatskassen trat, das Papiergeld gleich

Währungsmünze bei der Entrichtung von Steuern, Gebühren u. a. öffentlichen Verbindlichkeiten an Zahlungsstatt anzunehmen. Wir haben bereits gesehen, daß sogar ein Staat, der kaum die Schwelle der Kultur überschritten, Russland, den Anfang damit gemacht hatte. Der erste Mißbrauch damit wurde in Frankreich schon in der Lawschen Schwindelperiode zu Anfang des 18. Jahrhunderts, der ärgste Unfug aber zu Ende des 18. Jahrhunderts während der französischen Revolution getrieben. Trotz der dabei gemachten traurigen Erfahrungen wiederholte sich doch dieser Mißbrauch in vielen Fällen, wo Regierungen keinen anderen Rat wußten, bis in unsere Zeit. Regierungen und Völker hatten sich merkwürdig leicht und rasch daran gewöhnt, Papiergeld gleich klingender Münze zu gebrauchen. Obgleich man beim Aufkommen der Banknoten noch mitten in der Wirkung sich befand, welche die gewaltige Vermehrung des Edelmetallvorrates infolge der Entdeckung Amerikas und seiner Silber- und Goldschätze auf das Steigen der Preise in Europa gehabt hatte, so ging dennoch der allgemeine Glaube der Regierungen und Völker dahin, daß man nicht genug Geld haben könne. Denn der Staat identifizierte sich damals noch mit den Individuen, unter welchen allerdings der einzelne nie zu viel Geld haben kann. Da man sich also noch nicht davon überzeugt hatte, daß es auch ein Übermaß an metallenen Umlaufsmitteln geben könne, welches durch Steigerung der Preise die Produktion hindert und den Absatz lähmt, und da man gesehen hatte, daß Banknoten und Papiergeld die Währungsmünze wirksam vertraten, so gaben sich sowohl Regierungen wie Völker lange Zeit dem Glauben hin, daß man auch den Umlauf an Papiergeld maßlos vermehren können. Davon aber glaubte jedermann überzeugt sein zu dürfen, daß Papiergeld oder Banknoten, für welche ein Wertobjekt als Pfand hafte, bis zum annähernden Wert desselben unbedingt und ohne Gefahr ausgegeben werden könne. Man hatte lange Zeit keinen Begriff davon, daß Kapital etwas anderes ist als Geld, daß man zwar Kapital schrankenlos vermehren kann, aber nicht das Geld, daß das Geld zwar überall da, wo das Kapital in den Handel und Wandel eintritt, als Repräsentant und Wertmesser desselben erscheint, daß es aber in seinem Umfang an die Summe der Umsätze gebunden ist, welche in einem gegebenen Raum und in gegebener Zeit vollzogen werden. Bei dem Bäcker und dem Fleischhauer, wo die Ware fast jeden Tag erneuert werden muß, genügt ein sehr geringer Betrag von Umlaufsmitteln, um die erforderlichen Umsätze zu bewerkstelligen. Beim Juwelier und beim Weinhändler aber, wo Umsätze nur in sehr langen Perioden vorkommen, sind auf einmal sehr bedeutende Summen von Umlaufsmitteln erforderlich. Für die Umsätze, welche in einem Lande innerhalb eines Jahres gemacht werden, reicht also ein Bruchteil derselben als Summe der Umlaufsmittel aus. Giebt es in einem Lande bloß Währungsmünze, so ist das Mengenverhältnis zwischen den Umlaufsmitteln und den Umsätzen leicht reguliert, denn fehlt es den Kaufleuten für ihre Zahlungen an Geld, so bringen sie Barren zur Münzstätte und lassen sie in dem erforderlichen Betrage ausmünzen. Vermindern sich aber in einem Lande die Käufe und Umsätze und braucht man deshalb weniger Geld, so wandert die überflüssige Münze ins Ausland, bis das Gleichgewicht wiederhergestellt ist. Der Kausalnexus kann hier ein mehrfacher sein. Die Umsätze können sich vermindert haben, weil die Preise zu hoch sind. Dann wandert Geld ins Ausland, um dieselben Waren dort billiger einzukaufen, oder sind weniger Waren vorhanden, wie z. B. nach einer Mißernte, dann geht ebenfalls Geld ins Ausland, um den notwendigen Bedarf anzuschaffen. Bei vorübergehenden Geldstauungen sorgt auch die Arbitrage für die Herstellung des Gleichgewichtes.

Besteht in einem Lande neben der Währungsmünze auch Banknotenumlauf, so erhält sich das Gleichgewicht zwischen Umlaufsmitteln und Umsätzen ebenfalls ohne Störung, so lange das Emissionsinstitut die überall auferlegte Pflicht erfüllt, seine Noten jederzeit gegen bar einzulösen. Denn sobald infolge außer-

gewöhnlicher Bedürfnisse die Bank zeitweise mehr Noten ausgegeben hat, als für die Umsätze auf die Dauer notwendig sind,
so strömen dieselben wieder an die Kasse zurück. Es ist gerade
der Nutzen der soliden Zettelbanken, daß sie plötzlichen Expan-
sionsbedürfnissen des Verkehrs augenblicklich zu Hilfe kommen
können und daß sich der Rückgang in das normale Verhältnis
dann wieder ganz von selbst und ohne Störung vollzieht. Denn
sobald eine Bank von diesem Prinzip abweichen und ungemessen
Banknoten ausgeben wollte, so würden zuletzt so viele an ihre
Kasse zurückkehren, daß sie zuletzt nicht mehr imstande wäre,
ihrer Einlösungspflicht rechtzeitig nachzukommen, und genötigt
wäre, die Zahlungen einzustellen. Sobald darin der Staat, statt
der gesetzlichen Liquidation ihren Lauf zu lassen, sich einmischt,
und den Zwangskurs erklärt, wie dies häufig der Fall gewesen
ist, wenn die Regierung eine privilegierte Zettelbank in Zeiten
der Not zu großen Vorschüssen gezwungen hat, dann fängt das
Metallgeld an, im Verhältnis wie die Umlaufsmittel den Bedarf überschreiten, aus dem Lande zu strömen, und in demselben Verhältnis sinkt der Wert der Banknoten unter den Nominalbetrag und bedingt Metallgeld gegen Noten Agio oder Auf-
geld. Dieselbe Erscheinung zeigt sich bei Staatspapiergeld, soweit davon Beträge über das Verkehrsbedürfnis hinaus ausgegeben werden. Im Verhältnis zu solchem Übermaß kann dasselbe bis zur völligen Wertlosigkeit sinken. Dies hat sich am ekla-
tantesten bei den französischen Assignaten gezeigt. Der Konvent
hatte die Güter des französischen Adels konfisziert und deren
Verkauf an die Meistbietenden angeordnet. Da letzterer zu langsam für die Bedürfnisse der in Krieg verwickelten Republik vor-
rückte, so wurde der Beschluß gefaßt, unter dem Namen Assignaten Staatspapiergeld auszugeben, für welches die konfiszierten
Güter im vollen Betrag als Unterpfand dienen sollten. Der
Wert der Herrschaften des Adels sollte also gewissermaßen in
Staatspapiergeld ausgemünzt und repräsentiert werden. Da der
Versuch anfangs, so lange man sich in den mäßigen Grenzen des

Bedürfnisses hielt, ganz gut gelang und die Staatskasse überdies
(durch den voreiligen Versuch auf Grund des Prinzips des
Physiokraten, daß nur der Boden Wert produziere, alle Steuern
abzuschaffen und nur die Grundsteuer bestehen zu lassen) in die
größte Verlegenheit geraten war, so deckte die Regierung alle
Staatsausgaben eine Zeitlang mit Assignaten. Das Übermaß
dieser Ausgabe konnte nicht lange verborgen bleiben, das Metall=
geld begann zu verschwinden, das Staatspapiergeld im Werte zu
sinken, die Preise der Waren enorm zu steigen! Die Regierung
half sich gegenüber den hohen Preisen in immer kolossalerer
Weise mit der Druckerpresse, so daß die Gesamtsumme der ausge=
gebenen Assignaten bis auf 40 000 Mill. Livres oder Franken ge=
trieben worden sein soll. Bevor noch diese Höhe erreicht war, hatten
zwei Ereignisse dazu beigetragen, die Verwirrung und Entwer=
tung der Assignaten zu steigern. Infolge einer Mißernte war
der Preis des Getreides schon an und für sich auf ungewöhn=
liche Höhe gestiegen und durch die Entwertung der Assignaten
wurde er noch ins maßlose getrieben, so daß der Konvent sich
entschloß, einen Maximalpreis für das Getreide festzusetzen. Als
infolgedessen die Getreidebesitzer ihre Ware versteckten, der
nötige Bedarf kaum unter Androhung der Guillotine herbeige=
schafft werden konnte und eine förmliche Hungersnot drohte und
als überdies die Leichtfertigkeit, mit welcher die Assignaten ge=
druckt waren, zahlreiche Fälscherbanden, namentlich in England,
verlockt hatte, falsche Assignaten in ungezählten Millionen über
die Grenze zu werfen, da sank dieses Staatspapiergeld auf Null
und endigte sein Dasein als Zimmertapete. Ich selbst sah noch
anfangs der 1840er Jahre ein Waterkloset am Rhein mit Assig=
naten tapeziert. Viele Familien wurden durch diesen Staats=
bankrott ins Unglück gestürzt.

Trotz der traurigen Erfahrungen, welche in diesem Falle
mit der übertriebenen Ausgabe von Papiergeld gemacht wurden,
nistete sich in weiten Volkskreisen bis auf den heutigen Tag der
Aberglaube ein, daß der Staat durch schrankenlose Notenaus=

gabe sich aus Geldverlegenheiten ziehen könne, wenn er für das ausgegebene Papiergeld ein reelles Unterpfand in Gestalt von Domänen, Eisenbahnen oder anderem Staatseigentum bieten könne. So lockend ist dieser Wahn, daß bei allen Handelskrisen Individuen auftauchen, welche den Staat und die Gesellschaft durch diesen Vorschlag retten zu können glauben, das Ei des Kolumbus gefunden zu haben wähnen. Von jener Zeit an bis auf den heutigen Tag, d. h. nahezu ein Jahrhundert lang, waren die Regierungen vieler Staaten nur zu leicht bereit, sich bei Verlegenheiten dieses Vorurteil zu nutze zu machen und in jeder Kriegsnot durch Zwangsanleihen in Gestalt übertriebener Aus= gabe von Papiergeld oder Banknoten sich zu helfen. So ge= schah es in Österreich schon sehr bald nach dem finanziellen Zusammenbruch der Assignatenwirtschaft. Österreich hatte sich in der zweiten Hälfte des 18. Jahrhunderts eines sehr geregelten Staatshaushaltes zu erfreuen und wurde erst durch die napo= leonischen Kriege aus seiner Ordnung gerissen. Es wurde durch seinen mehrmaligen Kampf mit dem französischen Eroberer nicht bloß genötigt, die Staatsschuld bis auf eine bis dahin im Deutschen Reiche unerhörte Höhe zu schrauben, sondern auch übermäßig Papiergeld auszugeben. Von 1797 bis 1810 wurde die fundierte Schuld von 466 auf 658 Mill. fl. C. M. gesteigert, die Zinsenlast von 16 919 295 fl. C. M auf 39 735 568 fl. und das Papiergeld von 74 228 960 auf 994 986 170 geschraubt. Der Wert des letzteren fing bei dem damaligen geringeren Be= darf an Umlaufsmitteln an, dermaßen zu sinken, daß man 1811 für 1800 fl. Papiergeld nur noch 100 fl. Silber erhielt. Die Preise stiegen enorm, die allgemeine Not wurde unerträglich. Am 29. Februar 1811 war das Papiergeld bis auf 1061 Mill. an= gewachsen und überdies noch für 330 Mill. unterwertiges Kupfer= geld im Umlauf. Da sah sich die Regierung genötigt, das Pa= piergeld wie die Kupfermünze außer Kurs zu setzen und diese Umlaufsmittel zum fünften Teil ihres Nominalwertes mittelst eines neuen Papiergeldes, den Zetteln wiener Währung, einzu=

wechseln, welches als gesetzliches Zahlungsmittel dienen, nicht zu einem höheren Betrage als mit 212 459 750 fl. in Zirkulation sein und allmählich wieder eingelöst werden sollte. Auch dieses Versprechen konnte wegen des 1812 ausgebrochenen Krieges nicht gehalten werden. Es wurde abermals ein neues Papiergeld unter dem Namen Anticipationsscheine geschaffen, wodurch die Summe der umlaufenden Zettel innerhalb vier Jahren von der garantierten Höhe von 112 Mill. auf 338 715 920 fl. gesteigert wurde. Es war ein Glück, daß Napoleons Macht niedergeworfen war und ein dauernder Friede hergestellt wurde. Denn Österreich war am Anfang des Jahres 1816 am Ende seiner Hilfsquellen.

Da ergriff die österreichische Finanzverwaltung die glückliche Idee, die Geldverhältnisse durch die Gründung der österreichischen Nationalbank wieder dauernd zu ordnen. In dem kaiserl. Patent vom 1. Juni 1816, in welchem dieser Entschluß verkündet wurde, sind goldene Worte ausgesprochen, welche viele Jahre zu strenger Richtschnur genommen wurden und in der folgenden langen Friedensperiode eine gute Ordnung schufen, allein bei wieder hereinbrechender Kriegsnot doch wieder umgangen wurden. „Die gewaltsamen Erschütterungen", heißt es in jenem Patent, „die in den letztverflossenen 25 Jahren Europa zerrissen, haben uns seit dem Anfang unserer Regierung in eine Reihe schwerer Kriege verwickelt, bei welchen die Erhaltung der Selbständigkeit der Monarchie, alles dessen, was Regenten und Völkern am teuersten sein muß, gefährdet war. Wir konnten und durften unseren Völkern keine Anstrengungen ersparen." „Es soll von nun", heißt im § 1 der Statuten des neuen Institutes, „nie mehr die Ausfertigung eines neuen Papiergeldes mit Zwangswert und Zwangsumlauf oder irgend eine Vermehrung des gegenwärtig im Umlauf befindlichen statthaben. Sollten durch außerordentliche Umstände Ausgaben, welche die gewöhnlichen Finanzmittel des Staates überschreiten, herbeigeführt werden, so wird die Finanzverwaltung darauf bedacht sein, solche Ausgaben, ohne sich jemals eines Papiergeldes mit gezwungenem Umlaufe zu bedienen, durch Eröffnung neuer Zuflüsse oder andere außerordentliche Hilfsmittel zu bestreiten". Dieses Versprechen wurde zwar formell bis zum Jahre 1866 gehalten, indem der Staat kein Papiergeld ausgab, allein es wurde doch indirekt sehr bald dadurch umgangen, daß die Regierung Vorschüsse von der Nationalbank sich geben ließ, deren Betrag langsam wuchs, im Jahre 1829 bereits 106 Mill. fl., 1847 126 Mill. fl. überschritten hatte, im Jahre 1848 aber fast 179 Mill. erreichte, 1854 auf 294 Mill. und nach teilweiser Abtragung im Jahre 1858 bis auf 145 Millionen sank, infolge des darauf ausbrechenden italienischen Krieges 1859 wieder auf 300 Mill. fl. stieg. Die Nationalbank war genötigt, sich durch vermehrte Ausgabe von Banknoten zu helfen. Deshalb war zu Anfang des Jahres 1848 das Edelmetallagio erschienen und ist unter unaufhörlichen Schwankungen bis zum heutigen Tage geblieben. Im Jahre 1865 war die Schuld bei der Bank wieder bis auf 144 Mill. abgezahlt; allein infolge des im Jahre 1866 ausgebrochenen deutschen Kriegs begann die Ausgabe von Staatsnoten neben den Banknoten, von denen heute noch über 358 Mill. fl. im Umlauf sind. Seit dem Jahre 1873 spaltete sich das Edelmetallagio infolge des Fallens des Silberpreises in ein Silber= und Goldagio. Ende 1878 hatte sich der gesunkene Silberpreis dermaßen festgesetzt, daß die Parität zwischen den Silbermünzen und den Staats= und Banknoten wieder hergestellt wurde. Da in Österreich gesetzlich die Silberwährung besteht, so wäre mit dieser Parität, welche sich bis zum heutigen Tage erhalten hat, faktisch eigentlich die Valuta wiederhergestellt. Allein mittlerweile ist das Goldagio bis auf nahezu 20% gestiegen, so daß im Vergleich zu den Ländern der Goldwährung und Doppelwährung, in welcher letzterer das Gold maßgebend ist, gegenüber dem Ausland doch keine Besserung eingetreten ist. Die österreichisch=ungarische Volkswirtschaft selbst muß innerhalb der letzten 20 Jahre bedeutende Fortschritte gemacht haben, denn die Umsätze haben sich sehr bedeutend ver=

mehrt. Während in der erſten Hälfte der 1860er Jahre bei einem Banknotenumlauf von durchſchnittlich 460 Mill. das Edel=metallagio durchſchnittlich 25 % betrug, iſt heute bei einem Agio von 19½ % der Geſamtumlauf auf rund 725 Mill. geſtiegen.

Um dieſelbe Zeit, wo Öſterreich=Ungarn zur Ausgabe von Staatsnoten ſchritt, hatten ſich die Vereinigten Staaten von Amerika in der Geldnot des Bürgerkrieges in ähnlicher Weiſe zu helfen geſucht. Zuerſt war die Bankgeſetzgebung in der Art revidiert worden, daß den Zettelbanken, in der Abſicht, ein Anlehen von 300 Mill. Dollars zu erlangen, die Pflicht aufer=legt wurde, ihre Notenemiſſion mittelſt Bundesobligationen zu decken, welche bei einem beſonders errichteten Kontrollamte hinter=legt werden mußten, und zwar in der Art, daß für 90 Dollar Noten 100 Dollar Bonds als Deckung dienen. Nachdem auch dieſe Hilfsquelle bald erſchöpft war, ſchritt die Union zur Kreierung von Bundesnoten, welche bis zum Betrage von über 400 Mill. Dollar ausgegeben wurden, ſo daß zu einer Zeit der Geſamtzettelumlauf einſchließlich der 353 Mill. Banknoten 800 Mill. Dollar erreichte und daß, da dieſe ungeheure Summe an Umlaufsmitteln bei der damaligen Flauheit der Geſchäfte den Bedarf überſtieg, das Gold=agio bis auf 40 % und höher getrieben wurde. Gleichzeitig gaben auch die konföderierten Südſtaaten Papiergeld aus, wel=ches noch weit mehr entwertete. Nach der Wiederherſtellung der Ordnung begingen die Vereinigten Staaten den Mißgriff, ſtatt eine entſprechende Summe von Papiergeld zurückzuziehen, mit der Rückzahlung der verzinslichen Bundesſchuld zu beginnen, ſo daß die Bevölkerung noch 13 Jahre lang den Schaden der ent=werteten und ſchwankenden Valuta tragen mußte, zum ausſchließ=lichen Nutzen der Edelmetallſpekulanten, welche überwiegenden Einfluß beim Kongreß auszuüben verſtanden. Vom 1. Jan. 1879 an ſind endlich die Barzahlungen wieder aufgenommen worden, nachdem der Bundesſchatzmeiſter vorher eine genügende Summe Goldes geſammelt hatte, um die im Umlauf gelaſſenen circa 350 Mill. Bundesnoten jederzeit gegen bar einlöſen zu können. Die

Operation gelang so vollständig, daß das Publikum nicht einmal viel Gold verlangte, weil es sich an den Gebrauch des bequemen Papiergeldes gewöhnt hatte, so daß der Bundesschatz fortwäh= rend über 200 Mill. Dollars Münze vorrätig hat, ohne durch die Zahlungen der Zinsen der Bundesschuld unter diese Summe zu kommen. Freilich haben sich nicht bloß die Geschäfte der Ver= einigten Staaten seitdem riesig gehoben, sondern auch die Zahl der Bevölkerung der Union ist seit 20 Jahren um 20 Mill. gestiegen, so daß der Bedarf an Umlaufsmitteln sich ungeheuer vermehrt hat. Am 1. November 1882 wurde der Vorrat an Umlaufsmitteln vom Bundeskontrolleur auf rund 1489 Mill. Dollars geschätzt, nämlich auf über 567 Mill. Dollars Gold= münze, wovon 307 in Händen des Publikums und der Rest im Bundesschatze und den Kassen der Banken sich befanden, 213,3 Mill. Silbermünze, wovon nur 81 Mill. in Händen des Publi= kums und der Rest im Bundesschatze sich befand, 347 Mill. Bundesnoten und 363 Mill. Nationalbanknoten, von denen zu= sammen 519 Mill. in Händen des Publikums sich befanden, so daß der öffentliche Umlauf im ganzen mit 936,5 Mill. Dollars an Gold, Silber und Noten bewerkstelligt wird.

Durch dasselbe Kriegsereignis, welches Anlaß zur Emission der Staatsnoten in Österreich=Ungarn war, wurde auch Italien 1866 genötigt, zur Bestreitung der Kriegskosten die italienische Nationalbank um ein Darlehen von 600 Mill. Lire anzugehen, zu dessen Beschaffung diese Anstalt ermächtigt wurde, ihren Noten= umlauf um ebenso viel auszudehnen. Da hierdurch der Bedarf an Umlaufsmitteln überschritten wurde, so wurde der Zwangs= kurs eingeführt, welcher von da an bis April 1883 in Geltung blieb. Die Nachteile dieser Vermehrung des Notenumlaufs waren durch die verwickelten Bankverhältnisse des Landes noch erhöht worden. Außer der italienischen Nationalbank, welche ihren Sitz zuerst nur in Turin, jetzt aber in Turin und Rom hat, und den fünf anderen Notenbanken, nämlich der Bank von Neapel, der toskanischen Bank in Florenz, der toskanischen In=

dustrie- und Handelsbank, der römischen Bank und der Bank von
Sizilien bestand noch eine Menge Noten ausgebender Kreditinstitute bis zu unbedeutenden Volksbanken, welche Zettel bis zum
Nominalbetrage von 20 Centimes herab in Umlauf setzten
und dadurch eine große Unsicherheit und Belästigung des Verkehrs herbeiführten. Man schätzte vor 1874 die Gesamtzahl der
umlaufenden Noten auf 2000 Mill. Lire, wovon wenigstens $\frac{1}{3}$
von kleinen Banken emittiert waren, welche nicht genügende Bürgschaft der Solidität boten. Diese Unsicherheit der Umlaufsmittel
führte eine Revision der Gesetzgebung i. J. 1874 herbei, durch
welche das Recht der Notenausgabe auf die oben erwähnten sechs
großen Zettelbanken beschränkt wurde. Dem neuen Gesetz zufolge
mußten sich die sechs Notenbanken in ein Konsortium vereinigen
und als solches dem Staatsschatze 1000 Mill. Lire ausfolgen,
welche für ihre Kosten herzustellen und zu erneuern waren. Von
dieser Summe wurden 890 Mill. innerhalb eines Jahres von
der Promulgation des Gesetzes an emittiert und der Rest nach
und nach. Der Staat zahlte dem Konsortium für die Summe
dieser Noten eine Annuität von $\frac{1}{2}$% in den ersten vier Jahren
und von $\frac{4}{10}$% in den darauffolgenden Jahren unbeschadet der
Einkommensteuer. Diese Konsortial- oder Staatsbanknoten ge-
nossen den Zwangskurs kraft des Dekrets vom 1. Mai 1866.
Die sechs Banken stehen für diese Noten solidarisch, aber im Verhältnis zur Höhe des Kapitals ein. Der Staat überließ den
Banken als Garantie für diese Noten Staatsrente, welche von
der Depositenkassa taxfrei aufbewahrt wurde. Die Noten wurden in Abschnitten von 50 Centimes und von 1, 2, 5, 10, 20,
100, 250 und 1000 Lire ausgegeben. Die Regierung hatte mit
diesen Konsortialnoten die Schuld an die italienische Nationalbank
zurückzuzahlen, einschließlich einer Summe von 50 Mill., welche
von der Bank in Gold umgewechselt waren und welche unter
die sechs Banken im Verhältnis zu ihrem Kapital repartiert wurden. Was die eigenen Noten einer jeden dieser Zettelbanken betrifft, so darf deren Umlauf niemals höher sein, als das drei-

fache des eingezahlten Aktienkapitals ausschließlich des Reservefonds, noch höher als das dreifache des Barbestandes. Die Konsortialnoten wurden der Barschaft gleichgeachtet. Die Banknoten
wurden auf farbiges Papier in Abschnitten zu 50, 100, 200, 500
und 1000 Lire gedruckt, die Staatsnoten auf weißes Papier.
Nach Rückzahlung der Schuld an die italienische Nationalbank
durfte die Notenemission dieses Instituts 450 Mill. Lire nicht
überschreiten. Noten der Zettelbanken haben gesetzlichen Kurs.
Die Banken besorgen die Verwaltung der Gelder des Staates
umsonst. Sie zahlen 1 % Steuer von ihrem Notenumlauf, soweit er die Barschaft überschreitet. Die Staats- oder Konsortialnoten waren frei von Besteuerung. Durch dieses Gesetz wurden für mehr als 300 Mill. Lire kleine Zettel der untergeord-
neten Banken beseitigt. An ihre Stelle traten zwar ebenfalls
kleine Noten bis zu 50 Cent. oder halbe Lire herab, allein dieselben hatten größere Gewähr, weil es nur Konsortialnoten oder
Zettel der sechs großen Banken waren. Der Gesamtumlauf erreichte am 30. November 1882: 1658, wovon 940 Mill. Konsortialnoten. Dieser Notenumlauf war für die Bedürfnisse des
Umsatzes noch immer viel zu hoch, deshalb mußte der Zwangskurs aufrecht erhalten werden, und deshalb bestand auch das
Goldagio fort. Dasselbe hatte im Jahre 1873 den höchsten
Stand von 14$\frac{1}{2}$ % erreicht und stellte sich noch 1880 auf 10$\frac{1}{5}$ %.
Hier mag die Thatsache hervorgehoben werden, daß dieses Gold-
agio in Italien fast um die Hälfte niedriger stand als in Österreich-Ungarn, obwohl hier der Notenumlauf nicht bloß relativ,
sondern absolut geringer war. Die Ursache liegt in der Ver-
schiedenheit der Währung, denn in Österreich-Ungarn besteht die
Silberwährung, in Italien die Doppelwährung, in welcher das
Gold die herrschende Rolle spielt. Obgleich Italien das Jahr
1866 mit einem Defizit von 721$\frac{1}{2}$ Mill. Lire abschloß und
1870 noch ein solches von rund 215 Mill. Lire aufwies, hatte
sich die Regierung von da an so wirksame Mühe gegeben, Ordnung in den Staatshaushalt zu bringen, daß 1874 das Defizit

aus der Staatsrechnung schwand und letztere von 1875 an einen
steigenden Überschuß aufwies, welcher die Regierung in stand setzte,
1880 Vorbereitungen zur Wiederherstellung der Valuta zu treffen.
Derselben gelang es innerhalb nicht viel mehr als zwei Jahren
mittelst einer Anleihe von 644 Mill. Lire, wovon 450 Mill. in
Gold, die Valuta wiederherzustellen, eine Operation, welche in
jeder Hinsicht so geschickt durchgeführt wurde, daß sie ein hervor=
ragendes Blatt in der Finanzgeschichte einnimmt.

Auch Rußland hat seine Valuta durch Geldnot im Kriege
gestört. Der Krimkrieg 1854—56 war es, wo es seine bis dahin
geordneten Finanzverhältnisse zerrüttete. Zur Bestreitung der
Kriegskosten wurde der Umlauf an Reichskreditbilleten bis 700
Mill. Rubel gesteigert. Um das Umlaufswesen zu ordnen, wurde
die russische Reichsbank gegründet, welche am 1. Juli 1860 ins
Leben trat, wo derselben die Handhabung der Keditbilletzirkula=
tion von 704 900 000 Rubeln übergeben wurde. Von diesen
waren nur 92$\frac{1}{2}$ Mill. Rubel oder 13% durch Barschaft in
Gold und Silber gedeckt. Die übrigen 612,4 Mill. bestanden
aus 170$\frac{1}{3}$ Mill., welche das alte Staatspapiergeld repräsen=
tierten und aus 363,7 Mill., welche von den zur Deckung der
Krimkriegskosten emittierten noch im Umlauf blieben, sowie 78$\frac{1}{2}$
Mill., welche den Depositenbanken vorgeschossen wurden. Statt
in der darauffolgenden 20jährigen Friedensperiode für die Zurück=
ziehung einer angemessenen Summe von Noten zu sorgen, um
das Agio zu bannen und die Metallgeldzahlungen wieder aufzu=
nehmen, wurde der Umlauf noch vermehrt, so daß derselbe vor dem
Ausbruch des letzten Türkenkrieges 1876 auf 735 Mill. Rubel
stand, wovon 180$\frac{1}{2}$ Mill. Rubel durch Barschaft gedeckt waren.
Die Summe des ordentlichen Umlaufes an Reichskreditbilleten
wurde von 1880 an im eisernen Bestand von rund 7,16$\frac{1}{2}$ Mill.
erhalten. Während des Krieges 1876—77 wurden zur Bestrei=
tung der Kosten außer einer beträchtlichen Summe von Dar=
lehen auch noch Vorschüsse von der Reichsbank im Gesamtbetrage
bis zu 450$\frac{1}{2}$ Mill. Rubel erhoben, wofür die Reichsbank er=

mächtigt wurde, provisorische Noten für Rechnung der Sukkursalen auszugeben, wofür noch 1880 417 Mill. im Umlauf waren, so daß die Gesamtzirkulation auf 1133 Mill. Rubel sich erhob, denen nur ein Barschatz von 171 472 495 Rubel, wovon 170 344 261 in Gold und 1 128 223 in Silber, gegenüberstehen. Bei diesem Mißverhältnis des Barschatzes zum Notenumlauf ist es kein Wunder, daß das Goldagio in Rußland bis auf ungefähr 40 % gestiegen ist.

Während England eine Entwertung seiner Valuta nur während der Napoleonischen Kriege und der Regierung des jüngeren Pitt durchzumachen hatte, deren Spitze noch durch den Patriotismus der Kaufmannschaft abgebrochen wurde — hatte Frankreich auch noch in der neuesten Zeit infolge seiner Kriegserklärung gegen Deutschland von 1870—78 eine Störung seiner Valuta durchzumachen, da der Staat von der Bank ein Darlehn von 850 Mill. entnommen und derselben durch Dekretierung des Zwangskurses das Recht eingeräumt hatte, die Notenemission nach Bedürfnis auszudehnen, ohne zur Einlösung mittelst Metallgeld verpflichtet zu sein. Bei der musterhaften Leitung, welcher dieses Institut sich von jeher erfreut, war die Bank nie genötigt, von ihrem ganzen Rechte Gebrauch zu machen, sondern setzte im beschränkten Maße ihre Barzahlungen fort, so daß das Edelmetallagio kaum je mehr als 1 % überschritt, obgleich der Notenumlauf zuweilen bis auf 3000 Mill. Franken gesteigert wurde, d. i. um 1/3 höher als gegenwärtig.

Aus allen Erfahrungen, welche bisher mit dem Staatspapiergeld gemacht wurden, geht hervor, daß sowohl das Staatspapiergeld wie die Banknote ein unentbehrliches Geldsurrogat geworden ist, welches, falls es im richtigen Maße gebraucht wird, die Münze ohne alle Gefahr zu ersetzen imstande ist.

Die Kompensationsbörsen.

Außer den Zettelbanken giebt es noch eine besondere Klasse von Anstalten, durch welche in den Ländern, wo sie seit längerer

Zeit bestehen, eine riesige Summe von Münze erspart wird. Dies sind die Clearing= oder Clarirungshäuser, auch Kompensationsbanken oder Kompensationsbörsen genannt. Diese Institute, von welchen das erste 1775 in London gegründet wurde, haben sich im Verhältnis zu ihrem großen Nutzen nur langsam verbreitet. In England bestehen sie nur in den Haupthandelsplätzen Liverpool, Manchester, Leeds, Birmingham, Bristol 2c. In den Vereinigten Staaten wurde das erste 1853 in New York gegründet. In Wien wurde ein solches erst im Jahre 1872 (nämlich der Giro= und Kassenverein) eröffnet und in Berlin, Paris und Frankfurt a. M. ist erst kürzlich ein kleiner Anfang gemacht worden. In den Städten, wo diese Anstalten ins Leben gerufen wurden, haben sich in der Regel sofort alle Banken daran beteiligt; in New York z. B. schon im Gründungsjahr 57 Banken mit einem Stammkapital von 60½ Mill. und einem Reservefonds von 33 Mill. Dollars. In Boston, wo das Clearinghaus i. J. 1856 gegründet wurde, beteiligten sich sofort 51 Banken mit einem Gesammtkapital von 62 Mill. Dollars. In Philadelphia, dessen Clearinghaus 1858 ins Leben trat, waren sofort 30 Banken mit 46 Mill. Kapital vertreten. In ähnlicher Weise ging es in den folgenden Jahren fort, bis 1880: 28 größere Städte der Vereinigten Staaten mit Clearinghäusern versehen waren, von welchen das New Yorker den Löwenanteil der Kompensationsgeschäfte vorweg nimmt.

Die Summe der Kompensationen, welche i. J. 1880 von diesen 28 Clearinghäusern abgeschlossen wurde, erhob sich auf 50 724 616 647 Dollars, wovon 38 614 448 233 Dollars auf New York allein und nur 12 110 168 424 Dollars auf die Clearinghäuser der übrigen Städte kommen. Die Feiertage abgerechnet, kommen auf jeden Geschäftstag in New-York Kompensationen im Betrage von 128 Mill., von denen ein Differenzsaldo von 5 % wirklich in Münzen oder Noten gezahlt wurde. Nach neueren Berichten, die uns aus dem Jahre 1883 vorliegen, betrugen die Saldierungen in Gold und Silber in mancher Woche weniger als 1%. Auch der Kompensationsumsatz des Wiener Clearinghauses hat sich innerhalb 10 Jahren von $1^{1}/_{2}$—$2^{1}/_{2}$ Milliarden auf $8^{1}/_{2}$ Mill. i. J. 1882 gehoben. Das New Yorker Clearinghaus hat bereits sogar London überflügelt, wo die Kompensationen von 3 257 411 000 Pfund Sterling i. J. 1867—68 auf 6 382 654 000 Pfund Sterling i. J. 1881—82 sich gehoben haben und wo ebenfalls die in Noten und Gold gezahlte Saldodifferenz 5% nie überschritten hat. Diese Bewegung der Clearinghäuser spielt auf dem Geldmarkte eine so wichtige Rolle, daß wir in den nachfolgenden Tabellen ihre Entwickelung darstellen zu sollen glauben.

Kompensationen der New Yorker Clearinghäuser in Bundespapiergeld und Banknoten.

Jahr	Zahl der beteiligten Banken	Kapital der beteiligten Banken	Summa der Kompensationen	Differenzzahlungen in Noten und Münze	Prozentsatz der gezahlten Differenz
1853	—	—	304,09	71,2	5,46
1854	50	47,0	5 798,6	295,0	5,09
1855	48	48,9	5 673,6	299,3	5,27
1856	50	52,9	7 346,8	343,1	4,67
1857	50	64,4	7 196,1	347,4	4,83
1858	46	67,1	5 376,1	336,6	6,26
1859	47	67,9	6 598,8	364,6	5,52
1860	50	69,9	7 393,8	386,1	5,22
1861	50	68,9	5 516,4	357,2	6,47
1862	50	68,4	8 234,8	460,4	5,59
1863	50	68,9	17 427,7	732,9	4,20
1864	49	68,6	25 640,0	942,4	3,68
1865	55	80,4	25 857,9	1 033,4	3,99
1866	58	82,4	31 466,5	1 135,3	3,61
1867	58	81,8	25 811,2	1 075,4	4,17
1868	59	82,3	31 159,7	1 192,2	3,83
1869	59	82,7	35 541,1	1 061,7	2,99
1870	61	83,6	27 086,3	1 041,7	3,85
1871	62	84,4	30 643,0	1 263,3	4,12
1872	61	84,4	34 834,1	1 209,8	3,47
1873	59	83,4	28 325,0	1 051,4	3,71
1874	59	81,6	22 223,2	1 024,7	4,61
1875	59	80,4	22 475,3	1 106 1	4,92
1876	59	81,7	19 584,4	995,7	5,03
1877	58	71,1	21 285,3	1 005,9	4,72
1878	57	63,6	19 858,7	962,8	4,85
1879	59	60,8	29 235,6	1 449,9	4,96
1880	57	60,8	38 614,4	1 559,2	4,04

Clearinghäuser in den Vereinigten Staaten von Amerika.

	Grün-dungs-Jahr	Zahl der beteilig-ten Ban-ken	Stammkapital Dollars	Reservefonds Dollars	Gesamtkapital Dollars
New York	1853	57	60 475 200	33 181 169	93 656 360
Boston	1854	51	49 350 000	12 389 198	61 939 198
Philadelphia	1855	30	16 878 000	9 271 647	26 149 647
Chicago	1856	18	7 886 000	4 587 590	12 473 590
Cincinnati	1857	15	5 065 000	4 402 320	6 467 320
St. Louis	1858	18	11 328 617	2 908 292	14 236 909
New Orleans	1859	10	4 875 000	1 034 403	5 909 403
Baltimore	1860	19	11 862 830	3 427 680	15 290 510
San Francisco	1861	14	22 000 000	8 000 000	30 000 000
Milwaukee	1862	9	1 575 000	467 756	2 042 756
Louisville	1863	19	8 211 939	942 585	9 154 524
Pittsburg	1864	17	9 613 650	3 796 075	13 409 725
Kansas City	1865	5	825 000	196 435	1 021 435
Cleveland	1866	8	3 700 000	1 044 584	4 744 584
Lowell	1867	7	2 500 000	728 162	3 228 162
Indianopolis	1868	14	3 484 000	575 670	4 059 670
St. Paul	1869	7	2 625 000	719 185	3 344 185
New Haven	1870	10	4 764 000	1 387 419	6 151 419
Hartford	1871	14	7 907 000	2 562 155	10 469 955
Columbus	1872	12	612 500	226 571	839 071
Worcester	1873	8	2 450 000	650 056	3 100 056
Springfield	1874	9	2 300 000	1 380 293	4 680 293
Memphis	1875	6	1 478 300	264 729	1 743 029
Syracuse	1876	9	1 330 000	517 702	1 847 702
Norfolk	1876	5	450 000	190 227	646 227
St. Joseph	1877	3	233 850	55 852	289 702

Kompensationen des Wiener Giro- und Kassenvereins.

Jahr	Durchschnittliche Girobestände		Kassa-Revrement	
	Gulden	Kr.	Gulden	Kr.
1872	4 022 198	36	2 525 352 149	56
1873	6 220 424	84	2 781 033 157	03
1874	2 951 617	06	1 378 456 760	14
1875	4 585 640	15	1 563 162 022	13
1876	5 234 282	44	1 622 193 391	68
1877	5 714 678	29	2 554 959 172	78
1878	5 676 955	80	2 895 088 778	62
1879	7 591 895	08	4 451 683 261	18
1880	9 242 513	75	5 835 469 432	15
1881	11 589 513	78	8 032 899 891	22

Die Kompensationen der sämtlichen 28 nordamerikanischen Clearinghäuser in den 28 Jahren von 1833—1880 zeigen die nachfolgende Entwickelung:

Kompensationen der Clearinghäuser der Vereinigten Staaten.

	Gesamtzahl der Clearinghäuser	Anzahl der Rechnung legenden Clearinghäuser	Summa der Kompensationen	Außerhalb New Yorks	Zahl d. nicht Rechnung legenden Clearinghäuser
1853	1	1	$ 1 304 865 880	—	—
1854	1	1	5 798 643 578	—	—
1855	1	1	5 673 672 235	—	—
1856	2	2	8 404 181 448	$ 1 057 358 514	—
1857	2	2	8 591 435 324	1 395 344 685	—
1858	5	3	7 215 690 341	1 839 539 304	2
1859	5	3	9 069 288 437	2 470 465 543	2
1860	5	3	10 022 078 003	2 628 241 008	2
1861	6	4	7 507 420 447	1 991 041 238	2
1862	6	4	10 120 143 060	1 885 275 405	2
1863	6	4	20 442 402 673	3 014 702 166	2
1864	6	4	30 053 462 777	4 413 428 025	2
1865	7	5	30 437 001 513	4 579 041 685	2
1866	10	7	36 644 728 128	5 178 179 221	3
1867	11	7	30 637 295 773	4 826 062 912	4
1868	12	7	36 400 613 930	5 240 897 582	5
1869	14	9	41 565 106 378	6 024 018 113	5
1870	14	9	33 267 044 551	6 180 793 529	5
1871	15	10	37 628 706 243	6 985 703 427	5
1872	17	11	43 776 270 157	7 406 698 654	6
1873	19	12	38 167 413 521	8 326 929 776	7
1874	20	13	32 372 668 281	7 922 623 389	7
1875	20	15	32 863 448 382	8 549 651 133	5
1876	23	18	30 175 355 346	8 700 699 421	5
1877	25	22	32 513 044 838	8 712 395 937	3
1878	25	22	30 600 789 048	8 199 660 971	3
1879	25	22	39 150 445 402	9 914 798 573	3
1880	28	23	50 724 616 647	12 110 168 424	5
		Summa	701 127 832 344	139 553 718 635	
Schätzung der Beträge der nicht Rechnung legenden Clearinghäuser			9 000 000 000	9 000 000 000	
			710 127 832 344	148 553 718 635	

Gold- und Noten-Transaktionen der New Yorker Clearinghäuser.

Jahr	Gold-kompensa-tionen	Differenz-zahlungen in Gold	Prozentsatz der gezahlten Differenz	Total-Gold- u. Notenkom-pensationen	Total-Gold- u. Noten-Differenz-zahlungen	Prozentsatz der Total-Differenz
1853—71	—	—	—	311 073,68	12 739,66	—
1872	1 535,45	296,76	19,3	36 369,57	1 506 58	4,14
1873	1 515,46	307,27	20,3	29 848,40	1 358,65	4,55
1874	2 226,83	332,39	14,9	24 450,01	1 367,10	5,55
1875	1 838,43	288,17	15,7	24 313,79	1 394,31	5,73
1876	1 892,26	311,41	16,4	21 476,65	1 307,14	6,09
1877	2 515,37	348,72	13,8	23 800,64	1 354,61	5,70
1878	2 542,45	351,56	13,8	21 401,13	1 314,41	5,87
1879	—	—	—	29 235,64	1 449,87	4,96
1880	—	—	—	38 614,45	1 559,22	4,04
Total	14 066,28	2 236,32	15,9	561 576,11	25 541,59	4,51

Umsätze des Londoner Clearinghauses.

1867—68	3 257 411 000 Pfund Sterling
1868—69	3 534 039 000 „ „
1869—70	3 720 623 000 „ „
1870—71	4 018 464 000 „ „
1871—72	5 359 722 000 „ „
1872—73	6 003 335 000 „ „
1873—74	5 993 586 000 „ „
1874—75	6 013 299 000 „ „
1875—76	5 407 243 000 „ „
1876—77	4 873 000 000 „ „
1877—78	5 066 533 000 „ „
1878—79	4 885 091 000 „ „
1879—80	5 265 976 000 „ „
1880—81	5 909 939 000 „ „
1881—82	6 382 654 000 „ „

Dieser riesenhafte Aufschwung der die Münze ersetzenden Einrichtungen in den wirtschaftlich am meisten vorgeschrittenen Ländern liefert den Beweis, daß die Besorgnis, das Abendland könnte bei Einführung der reinen Goldwährung wegen Mangels an Material in Verlegenheit geraten, vollständig unbegründet ist.

Schon die Thatsache, daß Großbrittannien, obwohl sein auswär=
tiger Gesamthandel die Ziffer des französischen um mehr als
das doppelte, d. h. relativ und absolut um mehr als 1500 Mill.
Mark übeiragt, weniger Münze besitzt als Frankreich, zeigt deut=
lich, wie mit der fortschreitenden Wirtschaftsentwickelung das
Metallgeld mehr und mehr durch Surrogate und Krediteinrich=
tungen ergänzt und ersetzt wird, welche gegenwärtig in allen zivi=
lisierten Staaten einen integrierenden Teil des Systems der Um=
laufsmittel bilden.

Wir führen nunmehr die Umlaufsmittel der Hauptstaaten
nach ihrem heutigen Stande auf.

Die Umlaufsmittel der verschiedenen Staaten in der Gegenwart.

Deutsches Reich.

Nachdem wir bereits oben die Hauptbestimmungen der gegen=
wärtigen deutschen Münzgesetzgebung vorgeführt, bleibt uns hier
nur übrig den gegenwärtigen Bestand des Umlaufsmittel zu ver=
zeichnen. Es waren bis Ende November 1883 geprägt worden:

1857 411 600 Mk. Goldkronen, halbe und Doppel=Kronen,

441 073 500 Mk. Reichssilbermünzen und

44 756 300 Nickel= und Kupfermünzen.

Dazu sind noch im Umlauf für ungefähr 400 Mill. Mk.
alte Silberthaler, welche sich aber zum größten Teil im Besitz
der deutschen Reichsbank befinden, da sie dahin immer wieder
zurückkehren. Von der oben erwähnten Summe der Goldmünzen
ist indessen ein Teil schon von 1874 an ins Ausland gewandert
und da eingeschmolzen worden. Deren Betrag genau anzugeben

ist nicht möglich. Er wird in Börsenkreisen auf etwa 300 Mill. Mk. geschätzt.

Außerdem befanden sich gegen Ende 1883 im Umlaufe 152 164 210 Mk. Reichskassenscheine und 1 036 863 000 Banknoten, wovon aber nach Abzug des zur Deckung vorhandenen Barvorrates nur rund 388 Mill. ungedeckte Banknoten zirkulierten. An Wechseln waren um dieselbe Zeit für ungefähr 3300 Mill. Mk. im Umlauf.

Österreich-Ungarn.

Im Donaureiche herrscht gegenwärtig noch der Zwangskurs. Es ist daher schwer anzugeben wie viel Metallgeld noch in den Händen der Bevölkerung sich befindet. Bezüglich der Währung selbst können wir auf die oben geführten Erläuterungen hinweisen. Hinsichtlich des Metallvorrates müssen wir uns auf den Bestand der österreich-ungarischen Bank beschränken. Dieses gut geleitete Institut ist durch die Ausgabe der Staatsnoten und den dafür dekretierten Zwangskurs seit 1866 verhindert, seine Noten mit Metallgeld einzulösen, da es genötigt ist, die Staatsnoten zu respektieren. Die Bank hatte vom ersten Augenblick an, wo ein Sinken des Silberpreises zu befürchten war, unter ihrem früheren Generalsekretär Lucam, mit großer Voraussicht und Geschicklichkeit ihren Goldvorrat zu vermehren gewußt, so daß sie Ende des Jahres 1882 in ihrem Barschatze 68 841 593 Gulden bares Gold und 10 426 795 in Gold zahlbare Wechsel zusammen also eine Goldbarschaft von 79 268 388 fl. besaß, welcher ein Silberbestand von 114 567 301 fl. gegenüberstand. Der Stand der Bank würde also den Übergang Österreich-Ungarns zur Goldwährung sehr erleichtern, und an ihr liegt es nicht, wenn die Barzahlungen nicht wieder aufgenommen sind. Der Notenumlauf erhob sich Ende November 1883 auf 358 Mill. Gulden und der Umlauf an Staatsnoten auf 367 Mill., welchen ein Barschatz in der Bank von 202 Mill. Gulden gegenüberstand. Da die Silbergulden seit Ende 1878 mit dem

Papiergeld pari stehen, bei besonderen Konjunkturen sogar gegen Noten Agio zahlen mußten, so hat die Regierung zu ihren Silberzinszahlungen neue Ausmünzungen vornehmen lassen, infolge deren wieder für 40—50 Mill. Silbergulden in Österreich-Ungarn im Umlauf sein mögen.

Großbrittannien und seine Kolonieen.

In der brittischen Währung ist seit dem Gesetz von 1816 keine Änderung vorgenommen worden. Die Prägung der Münzen wird auf den Staatsmünzstätten in der Regel nur für Privatrechnung gewöhnlich durch Vermittlung der Bank von England bewerkstelligt. Die Legierung der Goldmünzen ist $^1/_{12}$, d. h. im Sovereign befinden sich $^{11}/_{12}$ Feingold. Die Bank von England kauft Feingold zum Preise von 77,9 Schilling per Unze mit ihren Noten und ist in gleicher Weise verpflichtet, diese Noten auf Verlangen ohne weiteres gegen Goldmünzen umzuwechseln. Das Gold, welches sie verkauft oder prägen läßt, rechnet sie wieder zu 77s 10½d per Unze an. Eigentliche Prägekosten werden nicht entrichtet.

Silbermünzen werden nicht für Rechnung des Publikums geprägt und dienen überhaupt nur als Zeichengeld. Die Staatsmünzstätte kauft Silber am Geldmarkt und prägt aus einem Pfund Troy 66 Schilling, oder aus einer Unze 66 Pence. Die Silbermünzen haben nur bis zu 40 Schilling gesetzlichen Zwang bei einer Zahlung; die Kupfermünzen nur bis zu einem Schilling. Die Regierung nimmt die abgeschliffenen Münzen zurück. Eine eigentliche Einlösungskasse besteht aber nicht. Münzstätten giebt es nur sehr wenige oder eigentlich nur eine zu London — für Großbrittannien und Irland nebst 2 Zweiganstalten in Australien für die Umprägung des dort gewonnenen Goldes in Sovereigns und zwar eine in Sydney, deren Goldmünzen seit 1863, und eine in Melbourne, deren Münzen seit 1869 gesetzlichen Kurs haben, und auf der Rückseite die Bezeichnung Australia tragen.

Es giebt in Großbrittannien auch einige Privatmünzstätten,

unter welchen die vornehmste die von Ralph Heathon & Söhne in Birmingham ist. Dieselbe ist von der englischen Regierung ermächtigt, für die brittischen Kolonieen und für fremde Länder zu arbeiten. Zuweilen hilft diese Firma auch der Londoner Münzstätte aus.

Die Noten der Bank von England haben gesetzlichen Kurs. Außerdem kursieren noch im geringen Betrage Noten englischer Aktienbanken, der schottischen und der irischen Banken. Nicht bloß die Notenzirkulation ist ihrer Natur im Verhältnis zur Variation der Geschäfte schwankend, sondern viel mehr noch ist es auch der Goldumlauf, weil die Bank von England das Zentralreservoir für den internationalen Goldmarkt ist, in welches der Überschuß aus den Goldproduktionsländern einströmt und aus welchem der vorkommende Bedarf der verschiedenen Länder gedeckt wird. Nach einer durchschnittlichen ungefähren Schätzung beläuft sich der Umlauf an Münze in Großbrittannien auf 2300 Mill. Mk., während er in Frankreich auf 4000 geschätzt wird. Der Notenumlauf erhob sich anfangs 1882 im Vereinigten Königreich auf 41 687 477 Pfd. Sterling, woran die Bank

von England beteiligt war mit   25 547 295 £
die engl. Provinzial-Privatbanken   1 689 497 „
„   „   Aktienbanken   1 668 539 „
„   schottischen Banken   5 585 306 „
„   irischen Banken   7 196 840 „

Die brittischen Kolonieen einschließlich Kanada haben die brittische Währung und ihre eigenen Banken. Der Umfang ihres Umlaufs an Münze und Noten ist aber nicht genau bekannt.

Frankreich.

Das Münzsystem Frankreichs ist in der neueren Zeit nicht verändert worden, und es ist daher den weiter oben gegebenen Erläuterungen hier wenig beizufügen. Da in Frankreich das Chequesystem nur wenig entwickelt ist und Noten unter 100 Frcs. Münze, Zwischenperioden abgerechnet, nicht zirkulieren, da das Geschäftswesen außerdem sehr solid, der Gebrauch der Wechsel aber nicht so sehr in die Masse des Volkes gedrungen ist, so ist in Frankreich unter allen Ländern vielleicht am meisten Edel= metall im Umlauf. Man schätzt dasselbe auf wenigstens 5000 Mill. Fres., wovon gegenwärtig ungefähr die Hälfte aus Silber und die Hälfte aus Gold bestehen mag. Der Barbestand der Bank von Frankreich, welche letztere in anerkennenswerter Offen= heit seit den letzten beiden Jahren das Gold und das Silber in in ihrem Metallschatze spezifiziert, umfaßte im Durchschnitt des Jahres 1883 eine Summe von 2050 Mill., wovon rund 1000 Mill. aus Goldmünzen bestanden. Der Notenumlauf stellte sich durchschnittlich auf 2900 Mill.

Seit der Suspension der Silberprägungen der Münzstätte (welche sich nach der Aufhebung der Münze zu Bordeaux auf die in Paris beschränkt) für Rechnung von Privaten ist durch die sprichwörtliche Geschicklichkeit der Direktion der Bank von Frankreich, — welche nur in der Zeit der Börsenklemme i. J. 1882 eine Ausnahme zeigte, — der Spekulation der Arbitrageure auf die französischen Goldbestände ein solcher Damm entgegen= gesetzt worden, daß die Bank nicht genötigt wurde zu besonderen Erhöhungen zu schreiten und ihren Zinssatz konstant niedrig halten konnte. Um den reellen Handel zu stützen, nimmt die Direktion keinen Anstand Wechsel von Spekulanten zurückzuweisen, welche nur zum Zwecke der Edelmetall=Arbitrage präsentiert werden. Die Bank von Frankreich ist selbst eine große Edel= metallhandlung geworden, welche aber, da neuerdings noch ihre Kommissionsgebühr von 1% aufgehoben wurde, nur im Interesse der Bevölkerung operiert. Die Bank kauft das Kilo Feingold für 3734 Fres. und nimmt auch die fremden Goldmünzen an= statt Barren zu einem gewissen tarifierten Preise an.*)

*) Näheres über die Usancen der Bank der Frankreich und des wichtigen Pariser Platzes findet sich in dem sorgfältig zusammengestellten Börsen= Handbuch von Ottomar Haupt, „Arbitrages et Parités,“ Traité des Opé= rations de Banque (J. H. Truchy in Paris).

Italien.

In Italien ist durch die Vorbereitungen zur Wiederherstellung der Barzahlungen der Bestand an Edelmetall um 440 Mill. Lire Gold und 200 Mill. Lire Silber vermehrt worden. Dort läßt sich weniger sicher, als in anderen Ländern, in welchen der Zwangskurs herrschte, der Vorrat an Edelmetallgeld, welcher sich in Händen der Bevölkerung befindet, schätzen, weil es auch unter der Herr-schaft des Zwangskurses Sitte geblieben war, denjenigen Fremden, welche in Gold zahlten, auch in Gold und Silber herauszugeben. Ende des Jahres 1881, vor der Wiederherstellung der Valuta, belief sich die Barschaft der Notenbanken auf 316 139 600 Lire, der des Volksbanken auf 9 631 000, der der Kreditinstitute auf 37 393 000, der der Agrarbanken auf 6 121 000 Lire und der der Hypothekenbanken auf 1 269 000 Lire, der Kassebestand der sämtlichen Banken auf 370 553 000 Lire. In derselben Zeit erhob sich der Notenumlauf auf 795 579 000 Lire. Außerdem zirkulierten noch 960 Mill. Konsortialnoten, was also einen Gesamtnotenumlauf von rund 1755 1/2 Mill. Lire ausmachte. Nach der Wiederherstellung der Valuta und zwar im September 1883 besaßen die 6 italienischen Zettelbanken einen Kassebestand von 403 510 376 Lire, worunter sich aber 97 250 059 Lire frühere Konsortialnoten und 11 556 995 Staatsnoten befanden, für deren Einlösung der Staat einsteht, so daß dieselben für die Banken selbst dem Metallgeld gleichwertig sind. Rechnen wir aber auch diesen Betrag ab, so bleibt noch ein reiner Barbestand von 294 703 331 Lire und mit den Kassebeständen der übrigen Banken von 343 239 228 Lire. Der Notenumlauf hat sich seit der Wieder-herstellung der Valuta in folgender Weise vermindert: Die Zirku-lation der Banknoten war am 30. Sept. 1883 auf 740 459 183 Lire und die der Konsortialnoten auf 701 530 620 Lire ge-sunken, so daß die Gesamtzirkulation sich auf 1455 739 804 Lire stellte.

Die Nationalbank in Rom hat bezüglich des Ankaufes des

Goldes und der Goldmünzen den gleichen Tarif und die gleichen
Usancen adoptiert wie die Bank von Frankreich.

Den beiden Großmächten Frankreich und Italien schließen
sich seine Verbündeten in der lateinischen Münzunion, nämlich
Belgien, die Schweiz und Griechenland zunächst an, sodann diejenigen Staaten, welche das französische Dezimalsystem, wenn
auch unter anderen Namen adoptiert haben, nämlich Spanien,
Rumänien, Serbien und Bulgarien.

Belgien.

Das Münz- und Bankwesen ist in Belgien ganz nach dem
französischen Vorbilde eingerichtet und Gold und Silber werden
von der belgischen Münzstätte unter den gleichen Bedingungen
gekauft wie in Paris. Nur hat die belgische Münzstätte in
Brüssel eine noch elastischere Aufgabe, als die Pariser, da dieselbe gewissermaßen als bevorzugte Werkstätte des Arbitrage-
geschäftes dient, indem daselbst am meisten fremde Goldmünzen
umgeschmolzen und geprägt werden, wenn der Goldkurs zu
Gunsten der lateinischen Münzunion steht. Außerdem wird die
Brüsseler Münzstätte sehr häufig auch von fremden Staaten,
besonders bei Währungsänderungen und bei anderen Münzprägungen im großen angegangen. So hat dieselbe in neuerer
Zeit in dieser Richtung große Bestellungen von Seite der Schweiz,
Italiens, Rumäniens, des Großherzogtums Luxemburg, Brasiliens,
Ägyptens, Perus und Venezuelas ausgeführt. Der Umfang
des Münzumlaufs ist aus dem obigen Grunde sehr schwankend,
da unaufhörlicher Geldverkehr zwischen Brüssel und Paris besteht. Wir können daher nur anführen, daß die Barschaft der
belgischen Nationalbank sich im Durchschnitt des zweiten Semesters
1882 auf 222 497 000 Frcs. erhob, während der Notenumlauf
439 170 000 Frcs. betrug. In den 50 Jahren von 1830—1880
sind in Belgien für 1150 Mill. Fr. Münzen geprägt worden, und
zwar 588 300 000 Fr. Goldstücke, 514 500 000 silberne 5 Franken-
taler, 33 000 000 silberne Teilmünze, 6 600 000 Nickelmünzen

und 8 600 000 Kupfermünzen. Die Summe der in dieser Zeit ausgeführten und eingeschmolzen 5=Frankenthaler wird auf 200 Mill. Frcs. geschätzt, und der an Goldmünzen noch etwas höher. Man schätzt den gegenwärtigen Bestand an Goldmünzen auf 350 Mill. und an Silberthalern auf 300 Mill. Franken.

Schweiz.

Den jeweiligen Münzenvorrat der Schweiz anzugeben, ist ganz unmöglich, weil dieselbe bis jetzt nur ihre Scheidemünzen und einen beschränkten Betrag an Silberthalern für eigene Rech= nung hat prägen lassen, während sie ihren meisten Bedarf an 5=Frankenthalern und ihren ganzen Bedarf an Goldmünzen, haupt= sächlich aus Frankreich bezog. In den ersten beiden Jahrzehnten von Einführung des Dezimalsystems (1852) an sind nur unge= fähr 32 Mill. Frcs. geprägt worden, wovon $2^1/_2$ Mill. 5=Frankenthaler, 12 Mill. 2 Frankenstücke, $9^1/_3$ Mill. 1 Franken= stücke, $2^1/_4$ Mill. $^1/_2$ Frankenstücke in Silber und sodann $5^1/_2$ Mill. Billonmünzen in Gestalt von 20, 10 oder 5 Centimen oder Rappenstücken und für 400 000 Frcs. kupferne 2 und 1 Rappenstücke. Der Notenumlauf der gesetzlich autorisierten schweizerischen Emissionsbanken belief sich im Durchschnitt des II. Semesters 1882 auf $102^1/_3$ Mill. Frcs., wovon aber etwas über 12 Mill. in den Kassen der Banken sich befanden. Die Barschaft betrug 52 Mill. Frcs. Am 24. November 1883 erhob sich die Notenemission auf $122^1/_2$ Mill., wovon $6^2/_3$ Mill. in den Kassen der Banken selbst sich befanden. Die Barschaft be= trug $53^1/_2$ Mill., wovon fast 37 in Gold und $18^1/_2$ in Silber.

Griechenland.

Das griechische Münzsystem, welches auf der Drachme, einer Silbermünze im Gewichte von 4,4777 Gramm beruht, mit $^1/_{10}$ Legierung, sollte infolge des prinzipiellen Anschlusses Griechen= lands an den lateinischen Münzbund vom 1 Januar 1872 an, durch den Franken zu 5 Gramm Gewicht ersetzt werden, wobei aber der Name Drachme statt Franc beibehalten wurde. Die

Hundertteilung derselben sollte statt „Centime" Lepta heißen. Bis zum völligen Umtausch der alten gegen die neuen Münzen sollten 100 neue Drachmen = 112 alten und 20 neue = 22½ alten gelten. Aus Mangel an Mitteln war aber die Regierung bis jetzt außer Stande die Münzreform durchzuführen. Statt eigener Münzen gelten daher die der anderen Staaten der Münzunion als Währungsmünze und die griechischen sind nach dem obigen Verhältnis tarifirt. Münzen anderer Staaten haben natürlich nur Handelswert. Die noch kursierende alten griechischen Münzen sind nach dem Gesetz von 1833 die Drachme im Gewichte von 4,4777 gr, das 5 Drachmenstück zu 22,385 gr, die halbe Drachme zu 2,238 gr und die ein viertel Drachme zu 1,119 gr. An Goldmünzen sind vorhanden Stücke zu 20 Drachmen in Gewicht von 5,776 gr und zu 40 Drachmen in Gewicht von 11,553 gr.

In Griechenland herrscht wegen übermäßiger Ausgabe von Papiergeld der Zwangskurs. Die Regierung hat im Augenblick, wo wir daher schreiben (Anfang Dezember 1883) der Kammer den Gesetzentwurf zur Aufnahme eines Anlehens von 170 Millionen Drachmen vorgelegt, von denen — vorausgesetzt, daß die Anleihe zu Stande kommt, — 72 Millionen verwendet werden sollen, um das Zwangskurspapiergeld einzuziehen.

Rumänien.

Das neue Königreich, in welchem früher das türkische Münzsystem mit dem Piaster zu 40 Paras herrschte, hat seit dem 1. Januar 1868 das französische Münzsystem angenommen, mit dem Unterschied, daß man statt der Doppelwährung die einfache Goldwährung adoptierte. Daher sollten 5=Frankenthaler nicht als Währungsmünze gelten und nicht einmal geprägt werden. In letzter Stunde entschloß man sich doch von diesem Entschluß abzugehen und fing an, 5=Frankenstücke mit gesetzlichem Kurs zu schlagen. — Trotzdem will die Bevölkerung sich damit nicht befreunden und die Silberthaler werden gegen Gold nur mit Ver=

lust ausgetauscht. Das Land ist erst seit neuester Zeit mit eigenen Münzen versehen, welche in Frankreich geprägt wurden. Der Franc trägt den Namen „Lei" und ist in 100 Bani (centimes) getheilt. Bevor genügend eigene Münzen vorhanden, waren die kursirenden fremden in folgender Weise tarifirt.

Das 20-Frankenstück gleich 20   Lei.
Der engl. Sovereign   „   25   „
Der österr. Dukaten   „   11,75   „
Das türkische Pfund   „   22,70   „
Der russische Imperial „   20,60   „

Die Münzprägung von der Einführung des neuen Systems betrug bis 1881 59 345 000 Lei und zwar für 100 000 Francs 20-Lei-Goldstücke, 25 Millionen 5-Lei-Thaler und 30 Millionen 2-, 1- und 1/2-Leistücke, endlich 4 245 000 Francs Bronzemünze. Seit 1881 ist die Regierung noch zu einer Emission von 25 Millionen 5-Lei-Thalern ermächtigt worden, welche bereits zum Teil ausgeführt ist, da viele rumänische Thaler nach Bulgarien und Serbien geflossen sind. Die Zirkulation an Goldstücken, welche hauptsächlich aus Napoleons und österreichischen 8- und 4-Guldenstücken besteht, wird auf 75 Millionen geschätzt.

Serbien.

Dieses neue Königreich hat im Jahre 1879 das französische Dezimalsystem angenommen, wobei der Franken den Namen „Dinar" erhielt und in 100 Paras getheilt wurde. Dabei wurde indessen die reine Goldwährung adoptiert und gesetzlich festgestellt, daß niemand verpflichtet ist, bei einer Zahlung mehr als 500 Dinar in 5-Dinarthalern, noch mehr als 50 Dinar in Stücken 2-, 1 und 1/2-Dinar-Stücken anzunehmen. An Bronzemünzen braucht weder von Privaten noch von Staatskassen auf einmal mehr als ein Dinar angenommen zu werden. Der Wert der alten Münzen wurde wie folgt tarifiert: Ein alter Steuerpiaster auf 42,1 Paras, ein alter Handelspiaster auf 19,9 Paras. Auch Serbien hat seine neuen Münzen im Ausland prägen

lassen und zwar die Gold= und Silbermünzen in Wien und
Paris und die Bronzemünzen in Birmingham. Nach dem Ge=
setz sollten geprägt werden für 5 Millionen Dinars 20=Dinar=
stücke, für 5 Millionen 10=Dinarstücke, 1 Mill. Thaler, 1,5 Mill.
2=Dinarstücke, 800 000 1=Dinarstücke, 300 000 ¹/₂=Dinarstücke,
1 200 000 Dinar=Bronzemünzen. Die 20 Dinarstücke haben den
Namen Miland'or erhalten. Außerdem ist eine serbische National=
bank gegründet worden mit einem Kapital von 20 Mill. Franc,
deren Notenemission immer zu einem Drittheil mit Münze ge=
deckt sein muß. Die Noten sollen auf 50, 100, 500 und 1000
Franken lauten.

Bulgarien.

Auch dieses neue Fürstentum hat 1880 das französische
Dezimalsystem angenommen, wobei der Franken „Lew" genannt,
in 100 Centimes oder Stotinki getheilt wird. Das dem Napo=
leon gleiche 20=Lewastück heißt Alexanderd'or. Nach dem Ge=
setz sollte die Ausmünzung, die jetzt zum Teil ausgeführt ist,
zunächst 12 350 000 Lewa Teilmünzen betragen und zwar
4 Millionen 2=Lewastücke, 4,5 Millionen 1=Lewastücke, 1 750 000
¹/₂=Lewastücke und 2 100 000 Bronzemünzen.

Rußland.

Das russische Münzsystem beruht auf der Silberwährung,
deren Einheit der Rubel bildet, im Gewichte von 20,7350 gr
mit einem Feingehalt von 0,868. Der halbe Rubel wiegt 10,366 gr.
Der Rubel enthält 100 Kopeken und in demselben Verhältniß
sind ¹/₄ Rubel zu 25 Kopeken, ¹/₅ Rubel oder 20 Kopeken, und
kleinere Stücke zu 10 und zu 5 Kopeken geprägt. Diese sowie die
Kupfermünzen haben gesetzliche Zahlungsgeltung bis zu 3 Rubel.
Die Goldmünzen werden als Handelsmünzen geprägt, ohne
Prägungskosten zu berechnen und zwar Imperialen im Werthe von
5 Rubeln 15 Kopeken und im Gewichte von 6,544 gr; ferner
Imperial=Dukaten zu 3 Silberubel gleich 20 polnischen Gulden
im Gewichte von 3,9264 gr, sämtlich im Feingehalt von 916²/₃

Tausend-Theilen. Da in Rußland der Zwangscurs herrscht, so beschränkt sich der sichtbare Münzvorrath auf die Barschaft der Reichsbank, welcher Ende November 1883, 170 344 265 Rubel in Gold und 1 128 229 Rubel in Silber besaß. Seit der Einführung der Zahlung der Eingangszölle in Gold giebt die Reichsbank Goldcertifikate von 10, 50 und 100 Imperialen aus, erstens für russische Goldbarren, auch Münzen, den Imperial zu 15, den Dukaten zu 3,09 Dukaten gerechnet, zweitens für fremde Goldmünzen, welche, wie folgt, tarifirt sind: Amerikanische Eagles zu 10 Dollars 12,92 Rubel, Sovereigns zu 6,28 Rubel, 20-Frankenstück 5 Rubel, 20-Markstück 6 Rubel 16 Kopeken, holländ. 10-Guldenstück 5,19 Rubel, holländ. Dukaten 2,93 R., skandinavisches Kronenstück 6,92 R. und das türkische Pfund 5,67 R. Die Goldmünzen wandern meistens wieder aus für die Zahlung der Zinsen der Staatsschuld. Der Notenumlauf bestand Ende November 1883 aus 716 515 125 Rubel ordentl. Reichskreditbilleten und 417 Millionen prov. Reichsbanknoten, welche letztere aber jetzt mittelst Anlehen allmälig zurückgezogen werden sollen.

Finnland.

Politisch von Rußland getrennt, besitzt Finnland auch eine eigene Münzordnung, welche seit 1877 auf der Goldwährung beruht, die Mark Gold zu 100 Penni gerechnet. Eine Mark ist gleichwerthig mit dem Franken und man rechnet rund 4 Mark auf einen Rubel. Das Silber hat gesetzlichen Kurs nur bis zu 10 Mark und werden davon nur 1- und 2-Markstücke geprägt, da auch die russische Scheidemünze bis zu 10 Mark oder 2½ Rubel gesetzlichen Kurs hat.

Skandinavien.

Die skandinavischen Königreiche haben i. J. 1873 einen Münzbund geschlossen, kraft dessen in Schweden, Norwegen und Dänemark die Silberwährung durch die Goldwährung auf der Basis der Krone verdrängt wurde. So werden Stücke von 10 und 20 Kronen geprägt. Die Krone enthält 100 Öre. Aus einem Kilo Feingold werden 248 Zehn-Kronenstücke und 124 Zwanzig-Kronenstücke geschlagen. Die letzteren wiegen 8,9606 gr Rauh und enthalten 8,0646 gr Feingold, die Zehn-Kronenstücke 4803 Rauh 4,0323 Fein mit einer Legierung von $^1/_{10}$.

Die Münzstätte in Kopenhagen schlägt nur wenig für Privatrechnung. Sie nimmt die fremden Goldmünzen nach ihrem Feingehalt abzüglich $^1/_4$% Prägungkosten an und zahlt in 20-Kronenstücken, z. B.

für	1000 Sovereigns	1809	Kronen	60	Öre
„	1000 Napoleons	1434	„	36	„
„	1000 Reichs-Markstücke	1771	„	56	„
„	1000 holländ. Zehn-Gldstck.	1494	„	69	„
„	1000 Imperiale	1492	„	48	„

Die dänische Nationalbank hatte am 31. Juli 1881 einen Metallbestand in Währungsmünze von 29 463 550 Kronen, 8 967 000 fremden Goldmünzen und von 6 460 858 Goldbarren. Ihr Notenumlauf betrug 78 000 000 Kronen.

In Stockholm bestehen die gleichen Bräuche. Die Barschaft der schwedischen Reichsbank betrug nach dem letzten uns zugegangenen Ausweis rund 30 Millionen Kronen und der Notenumlauf einschließlich der Zettel und Postnoten der Provinzialbanken 70 Millionen Kronen.

Auch in Christiania bestehen jetzt seit Einführung der Goldwährung ähnliche Verhältnisse, nur ist die norwegische Nationalbank durch ein Spezial-Gesetz verpflichtet, alles Gold, das ihr angeboten wird, zu kaufen und zwar zum Nettopreis von 2473 Kr. 80 Ören per Kilo Feingold, d. h. 2480 Kronen weniger den Schlagschutz von $^1/_4$%. In Norwegen ist es daher die Nationalbank allein, welche Goldmünzen schlagen läßt. Die Nationalbank hatte nach den letzten uns vorliegenden Ausweisen einen Metallschatz von 8—9 Mill. Kronen und einen Notenumlauf von 11—12 Mill.

Holland.

In den Niederlanden ist in der neuesten Zeit keine Änderung des oben geschilderten Münzwesens vorgenommen worden. Die Silberausmünzungen erhoben sich von 1840—1874 d. h. bis zum Zeitpunkt der Suspension der Silberprägungen auf 461 233 413 Gulden Währungsmünzen, wovon 346 068 225 2½-Guldenstücke, 89 902 359 Guldenstücke und 25 262 859 ½-Guldenstücke. Außerdem wurden noch 8 326 186 Gulden Scheidemünzen für das Mutterland und 17 844 368 für die Kolonien, sowie für Rechnung Ostindiens für 3½ Mill. Gulden geprägt. Davon wurden von 1842—1880 fast 321 Mill. außer Landes, namentlich in die holländischen Kolonien im Orient geschickt und gingen nur 5 Mill. wieder zurück. Die niederländische Bank hatte im Durchschnitt des Jahres 1882 auf 1883 einen Metallschatz von 103 Millionen (gegen 112⅓ Mill. i. J. 1881 1882) und einen Notenumlauf von 189⅓ Mill. (210⅓ Mill.).

Auf Java besteht das Münzsystem des Mutterlandes und floß die oben erwähnte Silberausfuhr größtenteils dahin. Die Bank von Java hatte am 6. September 1882 eine Barschaft in Münze von 26 982 000 und in Silberbarren von 1 647 000 Gulden; ihr Notenumlauf erhob sich auf 39¼ Mill. Gulden.

Spanien.

Spanien ist im Jahre 1868 zum französischen Dezimalsystem übergegangen. Da dieser Übergang zuerst nicht mit großen Umprägungen verknüpft war und nur von 1876 an unter dem Namen Alphonsd'or neue Goldmünzen im Feingehalt von 0.900, im Rauhgewicht von 8.065 Gramm und im Feingewicht oder Korn von 7.2585 Feingold = 25 Pesetas (1 Peseta = 1 Franc) geschlagen werden, so bedient sich das Volk heute noch neben seinen alten Münzen auch der alten Benennungen.

Die hauptsächlichen alten Münzen sind die folgenden:

Gold: die Dublone im Gewicht von 4.387 Gr. und 0.900 Gr. Feingehalt, zu 100 Realen oder 10 Escudos (gleichen Ursprungs mit Scudi und Ecu vom [Wappen=]Schild auf der Münze); 40= und 20=Realen=Stücke; 1 Escudo = 2.60 Gold=Pesetas; 1 Dublone = 26 Gold=Pesetas.

Silber: 1 Piaster oder Duros = 20 Realen, im Gewicht von 25,96 Gr., in Feingehalt von 0,900 Gr.

1 Escudo = 10 Realen oder 2.596 Pesetas.

1 Piaster = 5.191 Pesetas (in Stücken zu 5 Pesetas).

Außerdem sind noch spanische Piaster im Umlauf im Durch=schnittsgewicht von 26.89 Gr. und im Feingehalt von 0.893³/₄ Gr., sowie auch mexikanische Goldmünzen.

Im Kleinverkehr war und ist heute noch der in 100 Centimen eingeteilte Real die praktische Münzeinheit Spaniens.

Diese Münzen werden aber seit dem Übergang zum Dezimal=system nicht mehr geprägt. Seitdem werden aus dem Kilo Feingold geschlagen 3444.44 Gold=Pesetas in 25 Pesetasstücken, genannt Alphonsd'or.

Aus dem Kilo Feinsilber werden geprägt: 222.22 Pesetas in 5=Pesetasstücken. Die Prägung dieser Thaler hat sich der Staat vorbehalten; den Privaten ist sie untersagt. Die Madrider Münzstätte zahlt den Feingehalt des Goldes ohne Abzug von Schlagschatz, und zwar den Kilo mit 3444.44 Pesetas. Da in Frankreich nur Fr. 3437 bewilligt werden, so hat der Verkäufer von Goldbarren in Spanien im Vergleich dazu einen Vorteil von 2%₀. Die Bank von Spanien gewährt Vorschüsse bis zu 90% gegen Depot von Goldbarren an der Münzstätte, mit Ab=zug einer Commission von ¹/₄ — ¹/₂%₀. Fremde Goldmünzen werden von der Münzstätte nicht angenommen.

Die Bank von Spanien hat das Noten=Monopol. Mit einem Stammkapital von 150 Millionen Pesetas ausgerüstet giebt sie auf Grund einer Barschaft von durchschnittlich 120 Millionen für 340 Millionen Noten in Abschnitten von 25, 50, 100, 500 und 1000 Pesetas aus. Ende November 1883 betrug der Noten-Umlauf 154 607 975 Pesetas und der Barbestand 120 700 508 Pesetas.

Der Vorrat an Metallgeld im Lande wird auf 760 Millionen in Gold und 350 Millionen in Silbermünzen geschätzt.

Portugal.

Das gegenwärtige gesetzliche Münzsystem beruht seit 1854 auf der reinen Goldwährung, indem ein Milreis 1,774 gr wiegt. Die Hauptgoldmünzen sind außerdem bei einem Feingehalt von 0,916²⁄₃ die Krone im Werte von 10 Milreis und im Gewichte von 17,735 gr, die halbe Krone im Werte von 5 Milreis und im Gewichte von 8,868 gr; die ¹⁄₅-Krone = 2 Milreis im Gewicht 3,547 gr. Das engl. Pfund Sterling ist tarifiert = 4¹⁄₂ Milreis. Die Münzstätte ist verpflichtet für Privatrechnung Gold zu prägen gegen einen Schlagschatz von 1 Milreis per Kilo Feingold. Die silbernen Teilmünzen bestehen aus Stücken von 500, 200, 100 und 50 Reis. Mehr als 5 Milreis braucht niemand auf einmal in Silber anzunehmen. Für ¹⁄₃ dieses Betrages sind auch Silber- und Bronzemünzen zugelassen. Von 1854—1882 wurden für 6 073 200 Milreis Goldmünzen und für 8 817 436 M. Silbermünzen geprägt. Dieses Überwiegen der Silbermünze in einem Goldwährungsland erklärt sich dadurch, daß die hauptsächlich im Gebrauch befindliche Goldmünze der Sovereign ist, welcher bei dem starken Verkehr mit England wie oben tarifiert ist. Der Umlauf an Sovereigns wird auf 20 Mill. Milreis geschätzt.

Brasilien.

Die Währung Brasiliens war ursprünglich die portugiesische. Auch hier ist die Münzeneinheit das goldene Milreis oder 1000-Reisstück, allein dasselbe gilt gegenwärtig nur noch die Hälfte des portugiesischen Milreis. Es werden Kronen zu 20 Milreis im Gewichte von 17,930 gr geprägt, sowie 10- und 5-Milreis-stücke im Feingehalt von 0,916²⁄₃ gr. Ein Kilo Feingold =

1 216 875 Milreis, 100 Milreis = 283 frcs 20 centimes und gleich 50 548 portugiesischen Milreis. Die kleine Silbermünze hat nur bis zu 20 Milreis gesetzlichen Kurs.

Argentinische Republik.

Die La Plata=Staaten hatten früher wie sämtliche spanische Kolonien das Münzsystem des Mutterlandes, welches auf dem spanischen Thaler, Piaster oder Peso beruht. Im Jahre 1875 wurde beschlossen Goldstücke von 5, 10 und 20 Pesos ungefähr im gleichen Wert wie die amerikanischen Eagles zu schlagen, da aber noch der Zwangskurs herrscht und die Mittel zur Prägung der neuen Goldmünzen nicht vorhanden waren, so beschloß man einstweilen Silbermünzen zu prägen und zwar im gleichen Feingehalt wie die französischen. Den Peso oder Dollar zu 25 gr mit $^9/_{10}$ Feingehalt, sowie Stücke von 50, 20 und 10 Centimen, Nickelmünzen von 5 und 2 Centimen und Bronzemünzen zu 1 Centime. Die Silbermünzen sollten nur gesetzlichen Kurs bis zu 10 und die Bronzemünzen bis zu 1 Peso haben. Früher waren Goldstücke unter dem Namen Onzas oder Dublonen im Rauhgewichte von rund 27 gr und zum festen Preis von 17 Pesos geschlagen worden.

Chile.

Auch in Chile ist die Grundlage der Münzordnung der spanische Thaler (Piaster oder Peso) gewesen und seit dem Münz= gesetz von 1851 dem französischen im Gewicht (25 gr) und im Feingehalt ($^9/_{10}$) gleichgestellt worden. Der Peso zerfällt in 100 Centavos = Centimen. Als Goldmünze dient der Condor zu 10 Pesos im Gewichte von 15 253 gr. Es besteht noch die Doppelwährung mit dem festen Verhältnis des Goldes zum Silber wie 1:16 39. Da diese Schätzung noch zu hoch ist, so strömt das Gold aus dem Lande und Chile befindet sich jetzt faktisch in der hinkenden Währung. Die Teilmünze hat nur ge= setzlichen Kurs bis zu 10 Pesos.

Peru.

In Peru besteht das gleiche System mit Ausnahme des Namens, welcher nach dem neuesten Gesetz von Peso in Sol zu 100 Centavos verwandelt wurde. Das Land hatte die Absicht, zu reiner Goldwährung überzugehen mit einer Hauptwährungsmünze Inka genannt, welche 5 Pesetos oder 10 Realen enthalten sollte, daneben sollten auch Silberthaler von 5 Pesetas = den französischen 5 Frankenthalern, sowie in demselben Verhältnis kleinere Silbermünzen geprägt werden. Infolge des Krieges mit Chili mußten aber alle Pläne vertagt werden.

Bolivia.

Auch in Bolivia, Columbien, Ecuador, Neu = Granada, Venezuela ist der Piaster als Grundlage der Währung geblieben, nur mit der Modifikation, daß der ursprüngliche Gehalt von 26—27 gr vielfach und zwar mitunter bis auf 22 gr verschlechtert wurde.

Mexiko.

Am treuesten ist Mexiko der Münzordnung des Mutterlandes geblieben, indem sein Thaler (Piaster, Pesos) zu 8 Realen ganz wie in Spanien seit 1772 geprägt wird. Denn im Besitz reicher Silberbergwerke, hatte es ein großes Interesse daran, seinen Thaler im vollen Feingehalt zu erhalten, weil er dadurch Handelsmünze bis nach Ostasien wurde und in dieser Gestalt die Ausbeute der Silberminen von Zarateros und Guanajuato (Potosi) am leichtesten abgesetzt werden konnte. Mexiko hat auch Dublonen (Onyas) zu 8 Escudos (Scudi) oder 16 Pesos ganz wie seit 1786 Spanien, sowie Unterabteilungen derselben. Aus einem Kilo Feingold werden 42.228 Onyas oder 675.64 Pesos geprägt. Seit 1861 werden auch 10=Pesostücke unter dem Namen Hidalgos geschlagen. Diese Goldmünzen dienen nur als Handelsmünzen, da die Silberwährung besteht. Der früher bestan=

dene Ausfuhrzoll auf Silberdollars ist aufgehoben. Die Silber=
prägung wiegt bedeutend vor und liefert schon seit Jahrhunderten
das meiste Silber, eine Produktion, die gegenwärtig nur von
Newada überholt ist. $^9/_{10}$ der Produktion wird in Gestalt von
ungefähr 20 Mill. Piaster jährlich ausgeführt. Die Edelmetall=
ausbeute war überhaupt von jeher so bedeutend, daß eine genaue
Statistik davon erhalten ist, welche ergiebt, daß von 1537—1879
118 961 149 Piaster Goldmünzen und 2 964 432 109 Silber=
thaler geprägt worden sind. Ende 1882 wurde der Münzvorrat
im Lande selbst bei einer Bevölkerung von 9 Mill. auf 65 Mill.
Silberthaler und 4 Mill. Goldmünzen geschätzt.

Dazu kamen 2 868 000 Piaster Noten der mexikanischen Na=
tionalbank, welche übrigens nur eine Privatgesellschaft ist und
zur Deckung Ende Februar 1883 eine Barschaft von 1 772 000
Piaster hielt.

Auch in den Staaten Centralamerikas herrscht das
spanisch=mexikanische Münzsystem mit dem Piaster als Grundlage.

Nordamerika.

In Canada besteht dasselbe Münzsystem wie in Groß=
brittannien.

Das System der Umlaufmittel in den Vereinigten Staaten
ist oben genau erörtert und erübrigt etwa nur den neuesten
Stand der Umlaufsmittel im Bundesschatze und in den National=
banken anzugeben. Im Bundesschatze befanden sich am 31. Ok=
tober 1883 an Metall und Wertpapieren 459 Mill. Dollars
wovon 147 Mill. Goldmünzen, $62^1/_3$ Mill. Goldbarren, 160 Mill.
Währungs=Silberdollars, 27 Mill. kleine Silbermünzen, 5 Mill.
Silberbarren und das übrige in Bundesnoten, Banknoten, Silber=
und Goldzertifikaten rc. Der Überschuß, nach Abzug der Ver=
bindlichkeiten, welcher zur Deckung der Noten bereit lag, erhebt
sich auf 162 Mill. Dollars. Der Umlauf an Nationalbank=
noten betrug 352 Mill. Dollars, an Bundesnoten $346^1/_4$ Mill.
Dollars. Der Gesamt=Vorrat des Landes in Goldmünzen wurde

vom Münzkontrolleur auf 581 970 254 Dollars und der von Silbermünzen auf 242 701 832 geschätzt.

Türkei.

Im ottomanischen Reiche besteht seit neuerer Zeit die Doppelwährung. Die Grundlage des Münzfußes ist der Piaster im Gewichte von 1,200 gr. Außerdem werden geprägt 20-Piasterstücke im Gewichte von 24,055 gr, welche also dem 5-Frankenthaler nahe kommen. Außerdem werden noch 10, 5, 2 und $1\frac{1}{2}$ Piasterstücke aus Silber geprägt. Die Zwanzig-Piasterstücke, welche gesetzlich gleich 4 Franken 50 Centimes tarifiert sind, heißen nach den älteren Bezeichnungen Medjidies, das 6-Piasterstück Altilik und das 5-Piasterstück Beshlik. Das Verhältnis des Silbers zum Golde steht wie $1 : 15\frac{1}{10}$. Der Feingehalt ist 0.830. Die Münzen werden ausschließlich auf der Reichsmünzstätte geprägt mit einem Schlagschatze von 1% für das Gold und $2\frac{2}{3}$% für das Silber. An Gold werden geprägt 500-Piasterstücke zu 36,082 gr, 250-Piasterstücke zu 18,041, 100-Piasterstücke zu 7,216, 50-Piasterstücke zu 3,608 und 25-Piasterstücke zu 1,804. Die kaiserliche Münze zu Konstantinopel kauft Gold- und Silberbarren ein, die ersteren zu 48 Piaster für die Drachme Feingold und die letzteren zu 3 Piaster für die Drachme Feinsilber, eine Drachme zu 16 Karat oder $3\frac{2}{10}$ Gramm gerechnet. Aus einer Oka oder 400 Drachmen = 1 Kilogramm 283 Gramm Feingold werden 192 Goldstücke türkische Pfunde zu 100 Piaster ausgeprägt. Der Kurs des türkischen Pfundes ist 22 Franken 75 Centimen. Seit einiger Zeit ist die Silberprägung eingestellt, nachdem das Goldagio auf 8% gestiegen war. Von 1800 - 1880 waren an kleineren Silbermünzen für fast 500 Mill. Piaster geprägt worden. Davon sind wieder $121\frac{1}{5}$ Mill. Piaster eingezogen worden. An Medjidies zu 20 Piaster sind 8 Millionen türkische Pfund geschlagen worden. An Goldmünzen sind von 1844 bis 1880 30 750 000 türkische Pfund geprägt worden und an Kupfermünze 114 Mill. Piaster. Der gegenwärtige Münzbestand wird auf 18 Mill. türkische Pfund in Gold, 6 Mill. in Silber und 3 Mill. in kleiner Münze geschätzt. Das Papiergeld, welches seit dem Krieg von 1876 in unbekanntem Betrage ausgegeben wurde, ist sehr bald beispiellos entwertet, so daß das Agio gegen Gold einmal bis auf 1000% stieg und bis in der neuesten Zeit bis auf 800 sich erhielt.

Tunis.

In Tunis besteht die Doppelwährung, jedoch bei der häufig vorgekommenen Münzverschlechterung kann ein festes Verhältnis zwischen den beiden Edelmetallen nicht angegeben werden. Man rechnet in Piastern zu 16 Kharub und diesen zu $3\frac{1}{4}$ Aspers. Die Hauptmünzen sind Goldstücke von 100, 50, 25 und 10 Piastern, wovon $5711\frac{1}{2}$ auf das Kilo Feingold gehen. Das Korn ist zu 0,900. In Silber werden geprägt 5=Piasterstücke, ebenfalls im Feingehalt von 0,900 und im Gewicht von 15,65 gr. Aus einem Kilo Feinsilber werden 355 Piaster geprägt. Außerdem werden Stücke von 4, 3, 2, 1, $\frac{1}{2}$ Piaster geschlagen, welche bis zu 10 Piaster gesetzliche Zahlungskraft haben. Früher zirkulierten auch Goldzechinen und andere ältere italienische, jetzt französische Münzen.

Egypten.

Das Münzwesen im Nillande hat sich nach seiner faktischen Trennung von der Türkei unter Beibehaltung des Piasters als Grundlage einigermaßen abweichend entwickelt, in dem das egyptische Pfund = 100 Piaster im Gewicht von 8,554 gr geprägt wurde, während der engl. Sovereign nur 7,988 gr und das türkische Pfund 7,216 gr wiegt. Es werden auch 50= und 20= Piasterstücke geprägt. In Silber werden 20=Piasterstücke im Gewichte von 27,864 gr = 4 Mark 11 Pf. oder 2 fl. $9\frac{1}{2}$ Kr. ö. W., sowie 10, 5, 1, $\frac{1}{2}$, $\frac{1}{4}$=Piasterstücken geprägt, von dem die letztern 10 Para enthalten. Infolge des starken Exportes egyptischer Produkte, der großen egyptischen Anleihen und des

Baues des Suezkanals sind bedeutende Summen von fremden Goldstücken, namentlich 20=Frankenstücke und Sovereigns ins Land gekommen, während unter den Silbermünzen die Maria= Theresienthaler wie überall im Orient den Vorrang haben. Auch in Egypten herrscht die Doppelwährung und ist das Verhältnis des Silbers zum Golde wie 1 : 15.13. Die fremden Münzen sind wie folgt tarifiert, im Vergleiche zum egyptischen Pfund zu 100 Piastern

Englisches Pfund Sterling	Piaster 97.20	Paras
Türkisches Pfund.	„ 87.30	„
Russischer Imperial	„ 79.18	„
20=Frankenstück	„ 77.6	„
Silberthaler (Maria=Theresienth.)	„ 19.10	„
5=Frankenthaler	„ 18.30	„

Tripolis.

Tripolis prägt nur Scheidemünze und bedient. sich im Handel der französischen, italienischen und türkischen Münzen.

Britisch=Indien.

Im indischen Reiche herrscht die Silberwährung. Das Münzsystem beruht auf der Rupie, welche 16 Annas zu je 12 Pie enthält. Man teilt die Rupie auch in Viertel zu 100 Reas Bei großen Summen gilt der Ausdruck „lac" für 100 000 Rupien und „Crore" für 700 Lacs oder 10 Millionen Rupien. Man teilt in Indien die Zahlen eigentümlich ab, z. B.

$$1 \text{ lac} = 1.00.000 \text{ Rupien}$$
$$1 \text{ crore} = 1.00.00.000 \text{ Rupien}.$$

Früher gab es je nach den Provinzen verschiedene Rupien mit sehr geringen Differenzen in Schrot und Korn. Seit dem 1. September 1835 aber gilt nur die Rupie der ostindischen Kompagnie im Gewichte von 11 664 gr und einem Feingehalt von 0.916²/₃, 42.7¹/₂ aus dem Kilo Feinsilber, gleich 1 Mark 93 Pf. Reichswährung oder 96²/₁₀ Kreuzer ö. W. Als Handels=

münze werden auch Goldstücke im Feingehalt von 0·916 geprägt nämlich der Mohur zu 15 Rupien. Seit 1835 sind ungefähr für 2500 Millionen Rupien geprägt worden. Wenigstens war der Überschuß der Einfuhr an Silber über die Ausfuhr noch etwas höher. Die Summe des bestehenden Umlaufes genau anzugeben ist nicht möglich, weil die Sitte des Geldversteckens in Indien noch mehr im Schwunge ist, als einst bei den deutschen Bauern.

China.

Im himmlischen Reiche herrscht noch, wie in den ersten Jahrhunderten Roms, die Kupferwährung. In der That wird der Kleinverkehr im Innern auch noch durch Münzen aus Kupfer und aus Zink vermittelt, von denen 2000 auf ein Taël gehen. Der Taël ist nur Rechnungsmünze. Er zerfällt in 10 Maces zu 10 Candareens zu 10 Cash. Der Taël repräsentiert ein Gewicht, dessen man sich überall in China bedient. Es giebt zweierlei Taël: den Canton-Taël für das Silber, welches aus dem Abendlande kommt und das Shangai-Taël für das chinesische Silber und das Gold. 102½ Shangai-Taël sind 100 Canton-Taëls. Bei der internationalen Verrechnung nimmt man den Canton-Taël zu 100 Cents. Nach den Handelsverträgen von 1858 soll der Canton-Taël 37.783 gr wiegen. In der Regel stellt er sich auf 37.58 gr. Zum großen Verkehr im Innern des Landes bedient man sich hauptsächlich des Papiergeldes, dessen Gebrauch durch die schwerfällige Währung seit vielen Jahrhunderten im weitesten Umfang eingebürgert worden ist. Im internationalen Verkehr dient das Tauschmittel hauptsächlich das Silber, teils in Barren, teils in Handelsthalern, unter welchen die mexikanischen Piaster und die amerikanischen Dollars die hervorragendste Rolle spielen; die letzteren zumal seit der großen Vermehrung der Silberproduktion in Newada, welches den größten Teil seiner Ausbeute in Ostasien als seinem nächsten billigsten und natürlichsten Markt verwertet. Auch Goldbarren dienen in beschränktem Maße als Tauschmittel des internationalen Verkehrs. Die Eingangszölle in China werden von Fremden wie von Einheimischen im Haikwan Sycee=Silber bezahlt, welches Feinsilber ohne Legierung repräsentieren soll, in Wirklichkeit aber doch auf höchstens 0.985 kommt. Fremde Silbermünzen müssen nach den Handelsverträgen ebenfalls angenommen werden nach einem Tarif, welcher in Canton 1844 nach einer amtlichen Probe festgestellt worden ist.

Cochinchina.

Auch die französische Kolonie Cochinchina bedient sich der fremden Silberthaler als internationales Tauschmittel, und zwar vorzugsweise der spanischen und mexikanischen Piaster.

Japan.

In Japan herrscht nach dem neuen Münzsystem von 1871 die Doppelwährung. Das System ist basiert auf dem Silber=Yen von 26.956 gr, also ungefähr im Werte des amerikanischen Thalers. Der Yen, welcher ursprünglich in länglichen Stäbchen oder Plättchen ausgeprägt wurde, ist in 100 Sen eingeteilt. Das Verhältnis zwischen Gold und Silber wurde wie 1 : 16.17 angenommen. Der Gold=Yen wurde in Gewicht von 1.667 gr geprägt, so daß er gleich 5 Franken 17 Centimes ist, während der Silber=Yen = 5 Franken 39 Centimes. An Goldmünzen werden 5=, 10=, 20=Yenstücke geprägt: 100 Goldyen sind = 418 Mark 50 Pfennige = 99.69 Dollars. Der Umlauf wurde Mitte 1882 geschätzt an Gold in Münzen und Barren im Staats=schatz und in den Banken auf 12 Mill. Yen, an Goldmünzen im Umlauf 85 Mill. Yen, Silber in Münzen und Barren im Staats=schatz und in den Banken 5 Mill. und Silbermünzen im Umlauf 50 Mill. Der Notenumlauf des Landes erhob sich 1880 auf 137 Mill. Yens, wovon 130 Mill. vom Staate und 17 Mill. von den Notenbanken ausgegeben sind.

Sachregister.